AF567204

JOSEF WILFLING

Geheimnisse der Vernehmungskunst

JOSEF WILFLING

Geheimnisse der Vernehmungskunst

Die Strategien des legendären Mordermittlers

HEYNE <

Sollte diese Publikation Links auf Webseiten Dritter enthalten, so übernehmen wir für deren Inhalt keine Haftung, da wir uns diese nicht zu eigen machen, sondern lediglich auf deren Stand zum Zeitpunkt der Erstveröffentlichung verweisen.

Anmerkung: Aus Gründen der leichteren Lesbarkeit wird im vorliegenden Handbuch die gewohnte männliche Sprachform bei personenbezogenen Substantiven und Pronomen verwendet. Dies soll im Sinne der sprachlichen Vereinfachung als geschlechtsneutral zu verstehen sein und bedeutet keine Benachteiligung des weiblichen Geschlechts.

Verlagsgruppe Random House FSC® N001967

2. Auflage
Copyright © 2019 by Wilhelm Heyne Verlag, München,
in der Verlagsgruppe Random House GmbH,
Neumarkter Straße 28, 81673 München
Redaktion: Johann Lankes
Umschlaggestaltung: Nele Schütz Design, München,
unter Verwendung eines Fotos von Frank Bauer
Satz: Schaber Datentechnik, Austria
Druck und Bindung: GGP Media GmbH, Pößneck
Printed in Germany 2019

ISBN: 978-3-453-20270-2

www.heyne.de

Inhalt

Vorwort

»Es gibt nichts zu verbergen, aber viel zu erklären.«

Ich habe lange überlegt, ob es sinnvoll ist, diese Ausarbeitung, die mir bei meiner langjährigen Tätigkeit als Gastreferent an den Beamtenfachhochschulen der bayerischen Polizei als Grundlage diente, auch für die Öffentlichkeit freizugeben. Schließlich will ich Rechtsbrechern kein »Aha-Erlebnis« verschaffen, so nach dem Motto: »Jetzt weiß ich endlich, worauf ich im Fall der Fälle achten muss.« Kritiker werden eventuell argumentieren, Ermittler sollten keinerlei Einblicke in ihre Arbeit geben, damit sich Rechtsbrecher nicht darauf einstellen können. Aber worauf sollen sie sich nicht einstellen können? Auf die noch immer gängigen Klischees und Unterstellungen, wie sie mich während meiner 42-jährigen Dienstzeit bei der Polizei und insbesondere meiner Tätigkeit in der Mordkommission permanent begleitet haben und wie sie immer noch grassieren? Beispielsweise die Behauptung, wir würden immer dann Unschuldige zu Tätern stempeln, wenn wir unter Druck stünden und der Öffentlichkeit einen schnellen Erfolg präsentieren müssten. Jeder sachlich denkende Mensch weiß, dass derartige Willkürakte allein aufgrund der verschiedenen, voneinander unabhängigen

Entscheidungsebenen gar nicht möglich wären, dennoch handelt es sich hier um eine der häufigsten Verschwörungstheorien, wenn es darum geht, Ermittlungsergebnisse infrage zu stellen. Oft werden auch psychischer Druck oder andere verbotene Vernehmungsmethoden als Grund dafür genannt, warum Geständnisse, die »nur« vor der Polizei abgelegt wurden, widerrufen werden. Selbst die berühmte Lampe, mit der Tatverdächtige angeblich stundenlang angestrahlt werden, geistert noch immer in vielen Köpfen herum, angeregt durch realitätsferne Kriminalfilme und -romane.

Nein, hier geht es neben Aus- und Fortbildung um einen offenen Einblick in unsere Arbeit, wobei natürlich nicht verschwiegen werden soll, dass auch schon Grenzen überschritten wurden und Rechtsverletzungen vorkamen. Aber das sind Einzelfälle, die man zwar ansprechen und aufklären muss, die man aber nicht verallgemeinern darf. Weil nämlich dadurch die gute Arbeit aller anderen Ermittler in ein dauerhaft schlechtes Licht gerückt wird. Deshalb ist es vernünftig, einen Blick hinter die Kulissen zu gewähren, um zu zeigen, dass bei uns rechtskonform ausgebildet und gearbeitet wird.

An dieser Stelle eine Zwischenbemerkung für jene Leser, die nicht dem professionellen Bereich angehören: Ihnen sei gesagt, dass die Erfahrungswerte, die wir Ermittler vorwiegend vor dem Hintergrund von Straftaten gewonnen haben, selbstverständlich auch »alltagstauglich« sind. Damit meine ich, dass auch Laien etwas dazulernen können, denn die Grundmuster, die im Zusammenhang mit polizeilichen Vernehmungen gelten, sowie die daraus abgeleiteten Taktiken und Techniken sind auch in vielen anderen Bereichen des menschlichen Zusammenlebens anwendbar. Angefangen bei kontroversen Meinungen und Streitigkeiten im engsten Familienkreis oder konfliktträchtigen Problemen im privaten Umfeld, bis hin zu schwierigen Verhandlungen im beruflichen Bereich. Auch hier geht es oft um Schadensverursachung, um Vorteilssuche, Egoismus, Betrug, Vorurteile, Lügen oder sonstiges Fehlverhalten. Auch hier kommt es zu kontroversen Diskussionen oder verbalen Auseinandersetzungen, zum Beispiel mit Ehepartnern, Kindern, Freunden, Nachbarn oder Kollegen. Auch hier gelten deshalb die gleichen Regeln wie im professionellen Bereich. Der Unterschied besteht nur darin, dass niemand neutral bleibt, der persönlich betroffen oder beteiligt ist. Hier mischt nämlich jener »Sachlichkeitskiller« mit, den man unbedingt ausschalten bzw. beherrschen sollte, und der nennt sich »Emotionen«. Denn wenn man emotional beteiligt ist, verlieren sogar solche Leute leicht die Beherrschung, die sich vorgenommen haben, sachlich und objektiv zu bleiben. Nicht umsonst werden bei schwierigen Verhandlungen im geschäftlichen oder politischen Bereich neutrale Moderatoren bzw. Vermittler eingesetzt. Weil sie nicht persönlich involviert sind. Diese Erfahrung habe ich übrigens selbst oft genug gemacht, wenn ich im Familienkreis kontroverse Diskussionen führte. Meine berufliche Professionalität war dann wie weggeblasen, und ich machte jene Fehler, die mir im Dienst nie untergekommen wären. Die wichtigsten seien hier kurz aufgezählt:

- Negatives vorzuhalten, statt Positives hervorzuheben
- Aggressiv zu sein, statt Gelassenheit zu zeigen
- Laut statt leise zu sprechen
- Reden statt Zuhören
- Vorwürfe statt Verständnis
- Selbstherrlichkeit statt Bescheidenheit und Einsicht
- Tadel statt Lob
- Bestreiten statt Eingeständnis von Fehlern
- Drohung statt Beruhigung

Es gibt viele Fachbücher zu diesem Thema, sodass hier eigentlich keine Geheimnisse verraten werden. Allerdings orientiert sich dieses besonders eng an der polizeilichen Praxis, in der nämlich umgesetzt wird, was später vor Gericht zu Buche schlägt. Sicherlich wird es gerade deshalb auch Leser geben, die an der ein oder anderen Stelle unterschiedlicher Meinung sind, aber das akzeptiere ich ausdrücklich. Schließlich handelt es sich nicht um eine Vernehmungsbibel, sondern um eine Vernehmungsfibel, aufgebaut auf persönlichen Erfahrungswerten. Deshalb ist es auch kein Lehrbuch im klassischen Sinne. Ein solches, welches in der Praxis auch Punkt für Punkt umsetzbar wäre, kann es m. E. auch gar nicht geben, zu unterschiedlich und facettenreich sind die Inhalte der vielen Vernehmungslehren. Die Frage ist nämlich, ob die in Lehrbüchern niedergelegten, differenzierten Vorgaben in der Praxis überhaupt umsetzbar sind. Damit soll nicht die Richtigkeit der einzelnen Inhalte infrage gestellt werden, entscheidend ist deren praxisnahe Anwendbarkeit. Als Beispiel sei hier auf die viel gerühmte Körpersprache hingewiesen, die anhand sogenannter nonverbaler Signale erkennen hilft, ob jemand lügt oder die Wahrheit spricht. Wollten aber Ermittler dieses Wissensgebiet mit seinen unendlich vielen Facetten beherrschen, müssten sie ein langjähriges Zusatzstudium durchlaufen. Nützen würde es aber trotzdem nicht viel. Weil nämlich nonverbale Signale allenfalls ein Hinweis auf die Lüge sein können, es sind aber keine zweifelsfreien Beweise. Jedenfalls wird wohl kein Gericht in unserem Lande jemanden verurteilen, nur weil er auf eine bestimmte Frage nervös mit dem rechten Auge nach oben geschaut und gleichzeitig mit dem linken Knie gewackelt hat, oder so ähnlich. Außerdem besteht in der Praxis das Hauptproblem nicht darin, die Lüge zu erkennen (das ist in den meisten Fällen eher leicht), sondern darin, den Lügner zum Lichte der Wahrheit zu führen. Den meisten Lügnern sehen erfahrene Ermittler nämlich schon nach fünf Minuten an der Nasenspitze an, dass sie nicht die Wahrheit sagen. Die Kunst besteht vielmehr darin, die zu vernehmende Person zu überzeugen, dass wahrheitsgemäße Angaben für sie von Vorteil sind.

Übrigens: Ein Mensch, der Böses im Schilde führt, studiert nicht erst ein Fachbuch, um sich auf die Taktik polizeilicher Ermittler einstellen zu können. Zumal es sich gerade bei Gewaltdelikten in der Mehrheit um sogenannte Spontan- bzw. Affekttaten handelt, die also weder einstudiert noch vorbereitet sind. Und jene, die ihre Taten akribisch planen und dabei die angeblichen Methoden der Polizei mit einbeziehen, orientieren sich erfahrungsgemäß auch nur an Klischees und unterstellen der Polizei generell illegales, unseriöses Vorgehen. Es dominieren also auch hier Vorurteile. Das wiederum verhindert den Aufbau von Vertrauen und behindert ganz allgemein die Aussagebereitschaft von Tatverdächtigen und Beschuldigten. Aber selbst wenn sich der ein oder andere Straftäter am Inhalt dieses Handbuchs orientieren sollte, es würde ihm wenig nützen, weil nämlich das Wichtigste nicht kalkulierbar ist: die Individualität, Kreativität und Unberechenbarkeit der Ermittler selbst. Denn Geschriebenes dient zwar der Information, Anleitung und Orientierung, entscheidend sind aber Vernehmungsgeschick, Einfühlungsvermögen und Gespür derjenigen, die es in der Praxis umsetzen müssen. Dazu ein Beispiel aus der Praxis: Ein BND-Agent, ein Vollprofi also, ermordete seine Ehefrau und täuschte einen Raubmord vor. Natürlich hatte er sich entsprechend seiner Kenntnisse gründlich vorbereitet und die Abläufe bis ins kleinste Detail geplant. Er wurde überführt, weil er sich in seiner Zeugenvernehmung in zahlreiche Widersprüche verwickelt hatte, in seiner Beschuldigtenvernehmung legte er dann ein Geständnis ab. Der Vorsitzende Richter sagte später in seiner Urteilsbegründung: *»Sie sind bzw. waren zwar ein Profi und haben an alles gedacht. Aber dem Vernehmungsgeschick der Ermittler waren Sie nicht gewachsen.«*

Genau aus diesem Grund ist dieses Fachbuch keine Betriebsanleitung für Verbrecher, sondern Ausbildungs- und Fortbildungshilfe für die einen sowie Aufklärungsschrift für die anderen. Und zwar darüber, warum die Dinge nicht so sind, wie viele noch immer glauben und einige glauben machen wollen.

1 Die Vernehmung

Vernehmungen sind neben Sachbeweisen die wichtigste Informationsquelle polizeilicher Ermittlungen. Angefangen bei leichten Verkehrsunfällen bis hin zu Tötungsdelikten. Denn ohne zielgerichtete Befragungen wären weder Ermittlungsverfahren noch Strafprozesse durchführbar. Obwohl nichts unsicherer ist als das »Beweismittel Mensch«. Denn Menschen haben Vorurteile, irren sich und lügen. Dennoch beruhen 95 Prozent aller Gerichtsurteile auf dem Personenbeweis, also den Aussagen von Zeugen, Sachverständigen und Beschuldigten bzw. Angeklagten. Und dies trotz revolutionärer Fortschritte in der Kriminaltechnik und forensischen Medizin. Man denke nur an AFIS (Automatisches Fingerabdruck-Identifizierungs-System) oder DNA (Deoxyribonucleic Acid). Trotzdem bleibt der Personenbeweis dominierend. Wie auch sonst sollte man zum Beispiel Motivlagen, Alibis oder Täterprofile erarbeiten? Selbst klare Sachbeweise erlangen ihre Beweiskraft erst, wenn sie vor Gericht hinsichtlich ihrer Tatrelevanz von Gutachtern, Sachverständigen oder Ermittlern entsprechend interpretiert wurden.

Um den Personenbeweis möglichst effektiv ausschöpfen zu können, muss man die Gefühle, Gedanken und Reaktionen von Menschen, die in eine Straftat verwickelt wurden, richtig einordnen können. Das funktioniert nur, wenn man gelernt hat, eigene Emotionen zu beherrschen – selbst den widerwärtigsten Rechtsbrechern gegenüber. Menschen, die zur Vernehmung kommen oder vorgeführt werden, befinden sich häufig in hoch emotionaler Stimmungslage. Entweder weil sie zu Opfern wurden oder weil sie als Täter verhindern wollen, überführt zu werden. Bei der polizeilichen Vernehmung werden also schlimme Ereignisse in vielleicht traumatischer Weise noch einmal durchlebt, auf Täterseite erzeugt die Angst vor den Konsequenzen nicht selten ablehnendes oder sogar feindseliges Verhalten. Umso wichtiger ist es, dass Ermittler keinen Belastungseifer zeigen und als souverän, objektiv, vertrauenswürdig und kompetent wahrgenommen werden.

Bei Tätern setzen bereits zwischen dem Ereignis und der Vernehmung individuelle Bewältigungsstrategien ein, wie zum Beispiel Bestreiten jeglicher Schuld, hartnäckiges Schweigen oder der Versuch, den Verdacht in eine andere Richtung zu lenken. Oft kommt es auch zu Vertuschungshandlungen, der Beeinflussung von Zeugen oder sonstigen Manipulationen. Zeitnahe Vernehmungen sind daher besonders wichtig, denn je mehr Zeit zwischen Ereignis und erster Vernehmung verstreicht, desto mehr verfliegen die so wichtigen psychologischen Aspekte der Anfangsphase. Monate später vor Gericht besteht allenfalls noch eine formelle Druckkulisse, in welcher Emotionen weitgehend kanalisiert sind. Und weil die so entscheidenden Erstvernehmungen ausschließlich von Polizeibeamten geführt werden, müssen diese auch am ehesten wissen, wie man Opfern, Zeugen, Tatverdächtigen und Tätern emotional begegnet und wie man sie zugleich zielgerichtet vernimmt.

Vernehmer brauchen ein gutes Gespür für den richtigen Umgang sowohl mit schwierigen Zeugen als auch mit den verschiedenen Tätertypen, die ja bekanntlich völlig unterschiedlich »ticken«. Nur wenn man solche Unterschiede kennt, wird man die richtige Vernehmungstaktik (Vorbereitung, Planung) finden und die richtige Technik (Aufbau, Fragen, Protokollierung) anwenden. Dabei bedarf es neben guter Ausbildung vor allem praktischer Erfahrung. Denn je mehr Erfahrung man hat, desto leichter durchschaut man Manipulationen, täuschendes Verhalten oder Lügengebilde (s. Kapitel 1.5).

Ziel polizeilicher Ermittlungen ist die Wahrheitsfindung, aber nur im gesetzlich zulässigen Rahmen. Denn in einem Rechtsstaat gibt es keine Wahrheitsfindung um jeden Preis. Ermittler dürfen nur Maßnahmen treffen und Methoden anwenden, die der Gesetzgeber billigt. Das macht unsere Arbeit zwar schwieriger, aber auch anspruchsvoller. Einen Tatverdächtigen unter Druck zu setzen, bis er endlich sagt, was man hören will, ist nicht nur verboten, es ist auch wesentlich einfacher, als ihn zu einem Schuldeingeständnis unter Wahrung seines freien Willens zu bewegen.

Vernehmungen sind eine untrennbare Mischung aus Psychologie und Recht, wobei die Strafprozessordnung enge Grenzen setzt. Wichtig ist deshalb in erster Linie, die rechtlichen Vorschriften strikt einzuhalten. Andernfalls droht vor Gericht die Unverwertbarkeit des zuvor mühevoll Erarbeiteten. Am Ende zählt nämlich ausschließlich die formelle Wahrheit. Das bedeutet, dass auch wahrheitsgemäße Erkenntnisse oder Aussagen nicht verwertet werden dürfen, wenn sie außerhalb des gesetzlich zulässigen Rahmens erlangt wurden. Da genügt oft schon ein Formulierungsfehler bei der Belehrung oder der Verdacht, der freie Wille des Aussagenden könnte unzulässig beeinträchtigt worden sein.

Die Praxis beweist eindrucksvoll, dass die Qualität einer Vernehmung umso höher ist, je gründlicher sie vorbereitet wurde. Allerdings werden Polizeibeamte oft mit Ad-hoc-Situationen konfrontiert, auf die man sich nicht vorbereiten kann. Deshalb brauchen sie ein solides Vernehmungsgrundwissen, das sie in die Lage versetzt, auch ohne Nachfragen bei der Staatsanwaltschaft oder Nachschlagen in Gesetzesbüchern sofort die richtigen Entscheidungen treffen zu können. Wann und wie muss ich belehren? Wann liegt eine Spontanäußerung vor, und wie weit gehen informatorische Befragungen? Wann muss ich spätestens von der Zeugen- zur Beschuldigtenvernehmung übergehen? Wann muss ich qualifizierend belehren? Was ist eine qualifizierte Belehrung überhaupt? Wie muss ich reagieren, wenn ein Anwalt einen tatverdächtigen Zeugen sprechen möchte? Gibt es tatverdächtige Zeugen, und wenn ja, was versteht man darunter? Wie arbeitet man Tatbestandsmerkmale und Schuldformen heraus? Wie protokolliert man richtig und sichert Aussagen gegen Widerruf ab? Was ist zu beachten, um nicht in den Bereich verbotener Vernehmungsmethoden zu geraten?

Um all diese komplexen Problembereiche richtig erfassen und einordnen zu können, muss man zunächst einmal die Zusammenhänge verstehen. Das ist viel wichtiger, als tiefgründige juristische Erörterungen durchzuführen. Deshalb müssen Ermittler in erster Linie verinnerlichen, welche rechtlichen Absichten hinter den zu beachtenden Gesetzen und Vorschriften stehen, wie man diese psychologisch am besten umsetzt und wie man dadurch der Wahrheitsfindung möglichst nahekommt. Und wenn man die Zusammenhänge und Hintergründe sowie die dahinterstehende Logik erst einmal begriffen hat, wird man im Einzelfall fast instinktiv wissen, was man tun muss, was man tun darf und was man unbedingt unterlassen sollte. Und genau das ist Sinn und Zweck dieses Handbuchs: »Aus der Praxis für die Praxis« lautet die Devise.

Gemäß unserem gesetzlichen Auftrag, Straftaten aufzuklären, wollen wir sowohl Zeugen als auch Beschuldigte zu wahrheitsgemäßen Angaben bewegen. Wissend, dass 50 Prozent aller Zeugenaussagen falsch oder mangelhaft sind, und hoffend, dass Beschuldigte wenigstens den objektiven Tatbestand, also die bloße Täterschaft, einräumen. Den subjektiven Tatbestand, das heißt die für die Bewertung der Tat so entscheidende Frage nach dem Warum bzw. den inneren Beweggründen, versucht man dann in der Regel im zweiten Anlauf zu erarbeiten.

Bleibt nur noch die Frage, wer wohl so dumm ist, ein Verbrechen zu gestehen und damit eine langjährige Freiheitsstrafe zu riskieren? 80 Prozent der Beschuldigten tun das! Die einen früher, die anderen später, und manche auch erst in letzter Minute vor Gericht. Warum das so ist und welche »Wege zum Geständnis« führen können, wird in Kapitel 7 dargelegt.

Ganz ohne Theorie geht es freilich nicht. Besonders nicht bei einem Thema, bei dem rechtliche Aspekte mit psychologischen Erfahrungswerten verwoben sind. Ein solides theoretisches Fundament hilft außerdem, die Gesamtzusammenhänge besser zu verstehen. Und genau darum geht es hier. Deshalb beginnen wir quasi bei null.

1.1 Das Wichtigste zuerst – die Vernehmer

Vom Geschick der Vernehmungsbeamten hängt letztendlich der jeweilige Erfolg einer Befragung ab. Dass die Beamten dabei auf solider und vor allem praxisnaher Ausbildung aufbauen, sollte selbstverständlich sein. Praxisnah heißt aber natürlich nicht, dass theoretische Kenntnisse unbedeutend oder unwichtig wären. Es ist wie in der Formel 1, wo auch immer wieder die Frage gestellt wird, wer einen höheren Anteil am Erfolg hat, das Auto oder der Fahrer. Ähnlich ist es bei Vernehmungen. Das psychologische

Geschick des Vernehmers (= Fahrer) einerseits und die korrekte Anwendung und Ausschöpfung der rechtlichen Rahmenbedingungen (= Auto) andererseits führen zum Erfolg. Rechtliche Befugnisse einerseits und das Geschick des Vernehmers andererseits sind also untrennbar miteinander verbunden. Besonders zu beachten sind natürlich die rechtlichen Vorschriften, die jene Rahmenbedingungen aufzeigen, die man strikt einzuhalten hat. Aber auch auf dem Gebiet der Psychologie, wo es in erster Linie auf die Erfahrung und das Vernehmungsgeschick der einzelnen Beamten ankommt, können ein paar Hinweise und Anleitungen selbst »alten Hasen« nicht schaden.

Über Vernehmungstaktik und -technik gibt es bereits vielfältige Literatur, sowohl von reinen Theoretikern als auch von Praktikern. Aber wenn man solche Bücher liest, stellt man fest, dass sie zwar in vielen Punkten übereinstimmen, aber im Grunde genommen jeder Autor seinen eigenen Ansatz hat. Das hat damit zu tun, dass es keine wissenschaftlich-psychologisch festgelegten Grundsätze und Regeln dafür gibt, wie man mit Tätern, Opfern oder Zeugen umgehen sollte. Die kann es auch gar nicht geben, denn die jeweils richtige Taktik und Technik müssen Vernehmer in jedem Einzelfall selbst herausfinden, denn in diesem Bereich ist die Vielfalt riesig. Und genau das ist der springende Punkt. Denn nichts ist komplizierter und undurchschaubarer als die menschliche Psyche, als der Mensch mit seinen Emotionen und Gefühlen. Und gerade sie lassen Menschen völlig unberechenbar, irrational und undurchschaubar handeln, also wider jede Vernunft und Logik. Das sind dann die Fälle, bei denen man trotz fundierter Analyse nicht nachvollziehen kann, warum ein Täter so und nicht anders gehandelt hat bzw. was wohl in dessen Kopf vorgegangen sein muss. So gibt es gerade im Tötungsbereich immer wieder Fälle, bei denen selbst diejenigen ratlos sind, die sich ausschließlich an Fakten orientieren, beispielsweise die sogenannten Profiler.

Aufgrund der geschilderten Vielfalt menschlichen Verhaltens bleibt uns Ermittlern keine andere Wahl, als uns an unseren Erfahrungswerten zu orientieren, aus denen wir verschiedene Regeln ableiten können und die der Nährboden für die Entwicklung der so wichtigen Empathie sind. Letztere befähigt uns nämlich am ehesten, menschliches Handeln zu verstehen und sich sowohl in Opfer als auch in Täter hineinversetzen zu können. In jedem Fall ist es ein vorsichtiges Herantasten an das Gegenüber. Wie und wo ist dieser Mensch einzuordnen und wie schaffe ich es, einen Zugang zu ihm zu finden?

Beginnen wir mit einer Grundregel, die alle Ermittler verinnerlichen sollten: Das Vernehmungsklima wird immer von der befragten Person vorgegeben. So gibt es introvertierte Menschen, denen man jedes Wort aus der Nase ziehen muss, und es gibt solche, die wie ein Wasserfall reden. Es gibt die totalen Schweiger und es gibt solche, die uns Ermittlern nicht über den Weg trauen. Es gibt welche, die alle Polizisten hassen wie die Pest, und es gibt aggressive, gefährliche und misstrauische Menschen, denen man mit besonderer Vorsicht begegnen sollte. Es gibt besonders arrogante Intelligenztäter, die sich der »dummen Polizei« überlegen fühlen, und es gibt Menschen, die andere schützen wollen und die schuldhaftes Verhalten lieber auf sich nehmen, als nahestehende Personen zu verraten. Hinzu kommen noch die signifikant unterschiedlichen Persönlichkeitsstrukturen und Verhaltensweisen der einzelnen gesellschaftlichen Personengruppierungen. So macht es einen gravierenden Unterschied, ob man zum Beispiel einen lebenserfahrenen älteren Menschen vor sich hat oder einen pubertierenden, aufmüpfigen Jugendlichen, einen ausländischen Mitbürger, der der deutschen Sprache nicht oder nicht ausreichend mächtig ist, oder einen gebildeten bzw. eingebildeten Besserwisser, eine biedere Hausfrau oder einen arroganten Berufskriminellen, der sich für unangreifbar hält. Sie alle denken und handeln unterschiedlich, und deshalb wird das jeweilige Vernehmungsklima auch unterschiedlich zu gestalten sein. Allerdings gibt es etwas, was sie alle verbindet: Sie sagen nur ganz selten die Wahrheit. Sie irren sich entweder, lassen sich von ihren Vorurteilen leiten, oder sie lügen hemmungslos. Und wenn sie mit Schuld konfrontiert werden, die sie auf sich geladen haben, versuchen sie mit allen Mitteln, den Kopf aus der Schlinge zu ziehen. Was übrigens ihr gutes Recht ist. Dabei darf man täuschendes Verhalten nicht nur von Tatverdächtigen erwarten, sogar Opfer bzw. Zeugen zeigen es häufig. Und was die Lüge betrifft, so erweist sie sich entweder als plump und leicht durchschaubar oder als raffiniert und schwer zu entlarven. Aber egal auf welche dieser Optionen sie treffen, Ermittler müssen mit all diesen Facetten zurechtkommen und ihr Vorgehen entsprechend steuern. So kann es zum Beispiel sinnvoll sein, das Wort zu ergreifen und selbst ununterbrochen zu reden, es kann aber auch zielführender sein, sich einfach hinzusetzen und so lange zu schweigen, bis das Gegenüber nervös wird und anfängt zu reden. Es kann geboten sein, als Beichtvater zu agieren oder auch als knallharter Pragmatiker, der sagt, was Sache ist. Ein Patentrezept gibt es nicht, dazu sind Menschen und deren innere Befindlichkeiten zu speziell. Die eigentliche Herausforderung besteht somit darin, den richtigen Einstieg zu finden, verbunden mit dem Gespür dafür, wann man sich zurücknehmen, wann man verbal zulegen und wann man Druck aufbauen sollte. In erster Linie geht es aber darum, die zu vernehmende Person zum Reden zu motivieren. Denn wer nicht redet, kann auch nicht vernommen werden. Und mit uns Polizisten muss niemand reden, der das nicht will. Weder Opfer noch Zeugen, und schon gar nicht Beschuldigte. Deshalb steht über allem jene Kunst, die in einem zugegebenermaßen zynischen Zitat auf den Punkt gebracht wird: »Intelligente Menschen muss man überzeugen, dumme Menschen muss man überreden.« Aber Vorsicht: Es gibt Grenzen. Hartnäckiges, stundenlanges Insistieren (»Geben Sie endlich zu, dass Sie es waren …«) hat nichts mit Überzeugungsarbeit zu tun und ist verboten (vgl. Kapitel 7).

Nun gibt es Beamte mit hohem Einfühlungsvermögen und quasi angeborenem Vernehmungsgeschick, aber es gibt auch solche, denen der kontroverse Umgang mit Menschen, die in eine schwere Straftat verwickelt sind, nicht leichtfällt, egal ob als Opfer, Zeugen, Tatverdächtige oder Beschuldigte. Das bedeutet aber nicht, dass diese Beamten deswegen zur Erfolglosigkeit verdammt sind. Man kann nämlich vieles ausgleichen, wenn man sich Vorschläge und Erfahrungswerte aus der Praxis, wie sie hier vorgegeben sind, verinnerlicht und sukzessive umsetzt. Alles ist erlernbar. Im Laufe der Zeit verfügen sie dann über das, was gute Vernehmer ausmacht, nämlich Erfahrung. Durch Erfahrung wachsen Wissen und Können kontinuierlich an. Und das wiederum gleicht nicht nur den Mangel an Talent aus, es macht uns auch überlegen gegenüber unserer Klientel, mag sie auch noch so schlau, intellektuell überlegen oder raffiniert sein. Meistens haben nämlich erfahrene Ermittler schon einmal erlebt, was so manche Täter akribisch geplant haben oder für das perfekte Verbrechen halten. Alleine dazu könnte ich eine ganze Reihe von Beispielen aufzählen, was allerdings den Rahmen dieses Handbuchs sprengen würde. Berufserfahrung ist also unser wertvollstes Kapital. Sie gibt uns Sicherheit und Selbstvertrauen. Durch ihre Lebenserfahrung, Menschenkenntnis, Gelassenheit und Toleranz sowie Gesetzes- und Sachkenntnis haben auch weniger talentierte Vernehmer die Voraussetzungen, um erfolgreich ermitteln zu können. Ich vergleiche es gerne mit dem anspruchsvollen Beruf der Chirurgen. Diese sehr geschätzten, oft aber auch kritisierten Spezialisten haben zwar ein schwieriges Studium sowie eine lange Ausbildung zu absolvieren, entscheidend ist aber auch bei ihnen die Berufserfahrung. Niemand lässt sich gerne von einem Anfänger operieren, mag er ein auch noch so gutes Examen abgelegt haben. Dagegen vertraut man wohl eher einem Arzt, der schwere, komplizierte Operationen viele Tausend Male erfolgreich durchgeführt hat. Weil er über Routine und Sicherheit verfügt und weiß, was zu tun ist, wenn Komplikationen auftreten, die er wohl schon häufig gemeistert hat.

Nicht anders ist es bei Polizeibeamten und speziell bei solchen, die tagtäglich Vernehmungen insbesondere im Bereich der Schwerkriminalität durchführen. Sie müssen nicht nur über das für jeden Polizeibeamten erforderliche Grundwissen verfügen, sondern darüber hinaus auch spezielle Kenntnisse haben. Schließlich muss man einen Verkehrssünder oder Ladendieb nicht mit der gleichen Intensität stundenlang vernehmen, wie das bei Kapitalverbrechen unerlässlich ist. Eines aber steht fest: Jeder Polizeibeamte, egal wo und wie er eingesetzt ist, muss zumindest dieses Vernehmungsgrundwissen parat haben, es sei denn, er verrichtet seinen Dienst ausschließlich im administrativen Bereich, fern jeglicher echten Polizeiarbeit.

Von kriminalpolizeilichen Sachbearbeitern wird erwartet, dass sie entsprechend ihres Deliktsbereiches über spezifische Kenntnisse verfügen, die sie in den Vernehmungen auch umsetzen. Schließlich obliegt ihnen die Endsachbearbeitung. Die wichtigsten Kriterien von Vernehmungstechnik und -taktik muss deshalb jeder Kriminaler beherrschen. Denn ohne korrekte Vernehmungen gibt es keine Aufklärung.

Da ich meine Erfahrungen hauptsächlich (aber nicht ausschließlich) in der Bearbeitung von Tötungsdelikten gesammelt habe, orientiert sich dieses Handbuch mehr an diesem Deliktsbereich. Das heißt aber nicht, dass es deshalb für andere Beamte, egal ob bei der Schutz- oder Kriminalpolizei, nicht von Interesse ist. Die hier aufgeführten Anregungen sind selbstverständlich auch in allen anderen Bereichen des praktischen Polizeidienstes wichtig. Natürlich gibt es Massendelikte, bei denen man nicht so tief einsteigen kann und muss, wie das hier aufgezeigt ist, aber das so wichtige Grundwissen sollten alle Beamten haben. Bei mittlerer oder schwerer Kriminalität müssen Sachbearbeiter logischerweise intensiver nachbohren. Und zwar so lange, bis sie wissen, was da geschah. Ein Altmeister der Kriminalistik namens Groß hat schon vor Jahrzehnten in einer kriminalistischen Abhandlung zum Thema Vernehmung geschrieben, was heute noch Gültigkeit hat:

»Der Sachbearbeiter hat sich durch die Vernehmung so eingehend über den Hergang der Tat zu unterrichten, als habe er ihn mit eigenen Sinnen wahrgenommen. Er hat dafür zu sorgen, dass alles berührt und besprochen wird, was für den vorliegenden Fall von Wichtigkeit ist und dass nichts übersehen bleibt.«

Man kann es auch einfacher ausdrücken: »Sei einfach neugierig und hinterfrage so lange, bis du glaubst, alles zu wissen und verstanden zu haben.« So erkennt man Wissenslücken, die man noch zu füllen hat.

Noch etwas sollte man verinnerlichen: Polizeibeamte erarbeiten im Ermittlungsverfahren die Grundlage für staatsanwaltschaftliche Anklagen und Gerichtsprozesse, auch wenn die Staatsanwaltschaft »Herr des Verfahrens« ist. Herrin, so meine Meinung, ist die Polizei. Deshalb dürfen Polizeibeamte durchaus Selbstvertrauen haben und stolz auf gute Arbeit sein. Denn wenn das Fundament einer Anklage nicht stabil ist, wird sie in sich zusammenbrechen. In erster Linie sind es also wir Polizisten, die Fälle aufklären, und nicht die Juristen. Wir sind es, die im Ermittlungsverfahren nach Indizien und Beweisen suchen, die sich mit Opfern und Tätern auseinandersetzen und die das Puzzle zusammenfügen. In diesem Bewusstsein sollten Polizeibeamte auch als Zeuge vor Gericht auftreten. Wir müssen uns für korrekte Arbeit nicht entschuldigen und schon gar nicht schämen.

Ach ja: Es gibt natürlich auch Beamte, die der Meinung sind, jeglichen theoretischen Kram könne man sich sparen. So ganz stimmt das nicht. Man muss schon wissen, was man insbesondere im rechtlichen Bereich, der sich auch noch ständig ändert, darf oder nicht darf. Weil nämlich die ganze Arbeit umsonst war, wenn sie vor Gericht als nicht verwertbar eingestuft wird. Polizisten sind keine Juristen, aber sie müssen über jene Gesetzeskenntnisse verfügen, die sie für ihre Arbeit brauchen. Nicht mehr und nicht weniger. Und rechtliche Vorschriften sind im Gegensatz zu Talent und Begabung keinem in die Wiege gelegt.

1.2 Vernehmungsbegriff

Vernehmungen sind gezielte Befragungen von Zeugen und Beschuldigten, sofern sie die in der Strafprozessordnung vorgegebenen drei Voraussetzungen erfüllen:

- Voraussetzung 1: *Ohne Straftat keine Vernehmung*

Die Vernehmung muss zum Zwecke der Strafverfolgung erfolgen. Befragungen im Rahmen der Prävention bzw. von Maßnahmen nach den Polizeiaufgabengesetzen sind daher keine Vernehmungen.

- Voraussetzung 2: *Nicht jeder darf vernehmen*

Der Vernehmende muss einem Strafverfolgungsorgan angehören. Dies sind Polizeibeamte, Zollbeamte, Staatsanwälte und Richter. Rechtsanwälte gehören, obwohl sie Organe der Rechtspflege sind, nicht hierzu. Auch Aussagen gegenüber Sachverständigen (zum Beispiel Psychiatern) stellen keine Vernehmung dar, mag auch noch so intensiv nachgefragt worden sein. Das Beweismittel im Strafverfahren ist nicht das Gutachten als solches, sondern die mündliche Aussage des Gutachters (mündliche Hauptverhandlung).

- Voraussetzung 3: *Vernehmungen nur mit offenem Visier*

Vernehmer müssen in ihrer amtlichen Funktion erkennbar sein. Deshalb erfüllen V-Leute, verdeckte Ermittler oder Polizeibeamte in Zivil, die sich nicht zu erkennen geben, diese Voraussetzungen nicht (vgl. Kapitel 1.2). Sie sind jedoch Zeugen vom Hörensagen, deren Aussagen vor Gericht durchaus verwertbar sind.

Vernehmungen sind nicht einfach nur Befragungen, sondern haben einen hohen rechtlichen Stellenwert. Vernehmungsinhalte sind Beweismittel, und deshalb kann es strafbar sein, in Vernehmungen falsche Angaben zu machen (Strafvereitelung, falsche Verdächtigung, Meineid usw.).

Vernehmungen sind neben der Analytik sächlicher Spuren das Herzstück der Ermittlungen. Deshalb kommt der Polizei, die als erste Behörde mit der Aufklärung von Straftaten beginnt, eine herausragende Bedeutung zu. Vom persönlichen Geschick und den Rechtskenntnissen des Vernehmenden hängen die Güte der Vernehmung und ihre Verwertbarkeit ab. Alle Polizeibeamten, die mit Tätern, Opfern und Zeugen zu tun haben, sollten deshalb die rechtlichen Vorschriften kennen und zumindest die wichtigsten Grundzüge der Vernehmungstaktik (Vorbereitung, Vorgehen) und -technik (Fragetechnik, Inhalt) beherrschen. Weil es das wertvollste Instrumentarium bei der Aufklärung von Straftaten ist.

Grundregel

Grundsätzlich gilt: Es gibt keine Vernehmung ohne *vorherige* Belehrung. Wo also formelle Vernehmungen vorgeschrieben sind, müssen auch Belehrungen erfolgen. Insoweit besteht keine Möglichkeit, nach eigenem Ermessen zu entscheiden, wo und wann eine Vernehmung beginnt. Es nützt auch nichts, die Belehrung hinauszuschieben, um damit auch den Beginn der Vernehmung hinauszuzögern, um zum Beispiel das Ende einer informatorischen Befragung zu manipulieren. Unterlassene, fehlerhafte oder zu späte Belehrungen haben die Unverwertbarkeit der Vernehmung zur Folge.

Alles was außerhalb des offiziell gesetzlich vorgeschriebenen Vorganges »Vernehmung« entweder spontan, in Briefen oder Strafanzeigen von Zeugen oder Beschuldigten gegenüber Polizeibeamten geäußert wird, kann vor Gericht durch Vernehmung des Polizeibeamten in das Verfahren verwertbar eingebracht werden. Das Gleiche gilt für Sachverständige, V-Leute oder verdeckte Ermittler, die keine Befugnis zur Vernehmung im Sinne der Strafprozessordnung haben. Auch ihre Aussagen sind verwertbar. Daraus folgt der Grundsatz, dass dort, wo keine Vernehmung gemäß der Strafprozessordnung (StPO) erfolgt, auch nicht die Pflicht zur Belehrung und somit auch kein Beweisverwertungsverbot entsteht.

Vernehmungen sind in der Regel nach dem bewährten Frage-Antwort-Prinzip aufgebaut. Sie sollten möglichst planvoll nach juristischen, kriminaltaktischen und psychologischen Grundsätzen vorbereitet und durchgeführt werden. Einzelheiten hierzu werden in den folgenden Kapiteln erläutert.

Verantwortlich für eine Vernehmung zeichnet stets nur ein Beamter. Er hat die Vernehmung vor Gericht zu vertreten. Nimmt ein zweiter Beamter an einer Vernehmung teil, sind dessen Fragen eigens als solche kenntlich zu machen (zum Beispiel: »Frage Kriminalhauptkommissar Huber«).

Der für die Vernehmung verantwortliche Beamte unterzeichnet unter: »Aufgenommen: Name, Unterschrift«. Was den zweiten Beamten betrifft, so unterschreibt dieser unter: »Im Beisein: Name, Unterschrift«.

Beamte in Zivil – verdeckte Ermittler – V-Leute

Polizeibeamte in Zivil müssen sich, wollen sie eine Vernehmung führen, im Vorfeld zu erkennen geben. Tun sie das nicht, können ihnen gegenüber gemachte Angaben nicht als Vernehmung gewertet werden, allenfalls als Aussagen schlechthin, die der Beamte dann als Zeuge vom Hörensagen vortragen kann (s. Kapitel 2.2).

Verdeckte Ermittler und V-Leute sind aus polizeitaktischen Gründen in ihrer Funktion nicht erkennbar. Beide führen also, wenn sie jemand »ausspionieren«, keine Vernehmungen und müssen deshalb auch nicht belehren. Verdeckte Ermittler sind Polizeibeamte, die unter einer von der Staatsanwaltschaft oder dem Gericht genehmigten Legende ermitteln, während nach dem Verpflichtungsgesetz eingesetzten V-Männern die amtliche Funktion fehlt.

Angaben, die gegenüber einem verdeckten Ermittler gemacht werden, unterliegen auch dann keinem Beweisverwertungsverbot (§ 252 StPO), wenn sich der Informant später auf ein Zeugnisverweigerungsrecht beruft. Es gilt der Grundsatz: Wo keine Vernehmung, da keine Belehrungspflicht. Wo keine Belehrungspflicht, da kein Beweisverwertungsverbot. Verdeckte Ermittler treten dann als Zeugen vom Hörensagen auf.

Der BGH vertritt die Auffassung, dass das Gleiche auch für verpflichtete V-Leute gilt (BGHSt 40/211 ff.), während das BVerfG einen Verstoß gegen das Prinzip des fairen Verfahrens dann annimmt, wenn im Rahmen eines V-Mann-Einsatzes im Umkreis von Beschuldigten ein Zeugnisverweigerungsberechtigter zu Angaben veranlasst und dadurch zum verlängerten Arm des Ermittlungsbeamten wird. Aber das führt nicht automatisch zu einem Verwertungsverbot. Allerdings darf die V-Person nicht mit ermittlungstaktischen Fragen ausgestattet werden (BVerfG NStZ 2000/489 ff. mit kritischen Anmerkungen). Nur wenn diese Vorgaben strikt eingehalten werden, unterliegen die Angaben keinem generellen Verwertungsverbot.

Im Ermittlungsverfahren kann man nicht immer abschätzen, ob oder inwieweit die Erkenntnisse aus derartigen Einsätzen verwertbar sein werden, da es stets auf den Einzelfall ankommt und auch auf die Schwere des Deliktes. Insofern besteht hier ein besonders hohes Risiko der Unverwertbarkeit. Das sollte Ermittler aber nicht davon abhalten, dieses Risiko im Einzelfall auch einzugehen. So nach dem Motto: Wer nicht wagt, der nicht gewinnt. Natürlich in Absprache mit der Staatsanwaltschaft (§ 110b StPO).

Wenn Beschuldigte bereits in einer offiziellen Vernehmung von ihrem Aussageverweigerungsrecht Gebrauch gemacht haben – oder Angehörige vom Zeugnisverweigerungsrecht –, ist der Einsatz verdeckter Ermittler oder von V-Leuten mit dem Ziel, diese Personen auf diesem Wege zu »verräterischen Äußerungen« oder gar Geständnissen zu animieren, äußerst problematisch. Es ist nämlich nicht gestattet, ein Aussage- oder Zeugnisverweigerungsrecht auf diese Weise zu umgehen. Allerdings kann die Preisgabe von Täterwissen, zum Beispiel dem Leichenfundort, zu neuen Ermittlungsansätzen führen. Insofern kann die Unverwertbarkeit zugunsten neuer Erkenntnisse durchaus einkalkuliert werden. Den Mut zum Risiko muss allerdings der Staatsanwalt aufbringen. Alleingänge von Ermittlern sind in solchen Fällen zwecklos.

Der Einsatz von V-Leuten bei Kapitaldelikten oder sonstigen schwer aufklärbaren Straftaten ist zwar grundsätzlich zulässig, allerdings nur in Absprache mit der Staatsanwaltschaft. Diese hat einen Vermerk zu fertigen, mit folgendem Inhalt:

- exakte Weisungen für die V-Person
- Zielrichtung und Grenzen des Einsatzes
- Hinweis, dass im Bedarfsfalle die V-Person als Zeuge vor Gericht auszusagen hat. Es empfiehlt sich, diesen Vermerk von der V-Person gegenzeichnen zu lassen.

Der Einsatz von V-Leuten oder verdeckten Ermittlern im Bereich der organisierten Kriminalität, insbesondere bei Drogendelikten, ist fast schon obligatorisch und mit »normaler Kriminalität« nicht zu vergleichen. Die Beamten der Drogenfahndung sind es gewohnt, damit umzugehen. Natürlich steht der Schutz ihrer Informanten im Vordergrund. Die Zusicherung der Vertraulichkeit und Geheimhaltung bezüglich deren Identität hat oberste Priorität.

Im Gegensatz zu früher, als die V-Mann-Führer anstelle ihrer V-Leute vor Gericht aussagten, müssen diese nach höchstrichterlicher Entscheidung nunmehr persönlich vor Gericht erscheinen, wobei aber Sichtschutz und Stimmenverfälschung möglich sind. Allerdings muss auch die V-Person die Auskunft vor Gericht auf solche Fragen verweigern, die einsatztaktische Details betreffen bzw. für die es keine Aussagegenehmigung durch das zuständige Polizeipräsidium gibt. Dazu wurden V-Leute in einer sogenannten Sperrerklärung verpflichtet.

Beispiel für den Einsatz von V-Leuten

Der Mord an Schauspieler Walter Sedlmayr im Jahre 1990 ist in Bezug auf den Einsatz von V-Leuten in die Rechtsgeschichte eingegangen. Der in Verdacht geratene Geschäftspartner Sedlmayrs und dessen Bruder verweigerten jeglichen Kontakt mit den Ermittlern. Daraufhin schleusten diese zwei V-Leute in das kriminelle Umfeld des Brüderpaares, mit ganz klaren Anweisungen und Vorgaben, die natürlich mit dem Staatsanwalt abgesprochen waren. Sie sollten quasi »unsere Ohren« sein und berichten, was dort in Bezug auf die Tat gesprochen und an Verdunkelungshandlungen unternommen wird. Tatsächlich gelang es den V-Leuten, das Vertrauen der Brüder zu gewinnen und wertvolle Informationen zu erlangen. Geführt wurden sie von einem Beamten der Sonderfahndung, und zwar sehr eng. Von Anfang an wussten sie, dass sie gegebenenfalls vor Gericht offen aussagen müssen. Das war schriftlich in einer Verpflichtungserklärung gemäß dem Verpflichtungsgesetz festgeschrieben. Nahezu täglich mussten sie den Sachbearbeitern, mit denen sie sich meist in einer konspirativen Wohnung trafen, Bericht erstatten, wobei über jeden einzelnen ein Vermerk gefertigt wurde. Auf diese Weise war der jeweilige Informationsstand chronologisch und unabänderlich festgeschrieben. Als gegen die beiden Brüder aufgrund von Sachbeweisen (Faserspuren) und dem Nachweis eines Tatmotives sowie anderer Indizien Haftbefehl erging, nahmen die Ermittler den einen Bruder (Geschäftspartner Sedlmayrs und Haupttäter) fest, den anderen Bruder, der für den Ersteren als Büttel und als der »Mann fürs Grobe« fungierte, ließen sie absichtlich fliehen. Allerdings war stets einer der V-Leute bei ihm. Tatsächlich floh der von uns als Mittäter eingeschätzte und wesentlich schwächere Teil des Duos in Begleitung des V-Mannes ins Ausland, wobei wir natürlich immer wussten, wo sie waren. Die Aktion war ein voller Erfolg, weil dieser Bruder nach seiner Festnahme ein Geständnis ablegte. Aber erst, als ihm die Vernehmer eröffneten, dass es sich bei seinem angeblich besten Freund, mit dem er auf der Flucht war und den er keinesfalls verraten wollte, um einen unserer V-Leute handelte. Vorher aber, unmittelbar nach Erlass des Haftbefehles, der natürlich in den Medien groß verkündet wurde, war die Verlobte des Geflohenen in Panik geraten und suchte Rat und Hilfe, ausgerechnet beim zweiten V-Mann. Die beiden trafen sich auf einem Parkplatz, die Verlobte begann sofort zu weinen und erzählte von sich aus voller Verzweiflung, dass es sich bei dem Tathammer, mit dem Sedlmayr erschlagen wurde und der in der Zeitung abgebildet war, um ihren Familienhammer handelte (Spontanäußerung). Der V-Mann hinterfragte jedoch nicht, da er selbst nicht glaubte, dass in der Zeitung der Originaltathammer abgebildet sei, und beruhigte die Frau. Die aber identifizierte den Hammer anhand individueller Merkmale, die auf dem Zeitungsfoto gar nicht zu sehen waren, zum Beispiel einem Aufkleber auf der Rückseite, den sie teilweise abgekratzt hatte, und entsprechenden Gebrauchsspuren, die tatsächlich zugeordnet werden konnten (Gesteinsspuren usw.). Damit stand fest, dass es sich um einen Hammer aus dem Besitz des geflohenen Bruders handelte, der übrigens den Spitznamen »Hammer-Manne« trug, weil er bekannt dafür war, Schlösser mit einem Hammerschlag knacken zu können. Die Verlobte wiederholte diese Aussage später sogar vor der Polizei und anschließend vor einer Ermittlungsrichterin. Allerdings hatte es diese unterlassen, einen Beschluss darüber zu fertigen, warum die Beschuldigten bzw. deren Anwälte von der richterlichen Vernehmung ausgeschlossen bzw. nicht verständigt worden waren. Wegen dieses Formfehlers war die richterliche Vernehmung nicht verwertbar, und damit blieben nur die Angaben, die die Dame gegenüber dem V-Mann gemacht hatte.

Als der V-Mann später vor Gericht das Treffen mit der Verlobten und ihren Äußerungen schilderte, beantragten die Verteidiger wie zu erwarten die Unverwertbarkeit, da die Zeugin als Verlobte ein Zeugnisverweigerungsrecht habe, und dieses sei durch den Einsatz eines V-Mannes von der Polizei unterlaufen worden. Deshalb sei alles, was die Zeugin gegenüber dem V-Mann geäußert hätte, unverwertbar.

Das Gericht und später auch der BGH entschieden anders: »Setzt die Polizei eine V-Person im Umfeld des Beschuldigten ein, so ist die Zeugenaussage der V-Person über Äußerungen von Angehörigen des Beschuldigten auch dann verwertbar, wenn diese in der Hauptverhandlung von ihrem Zeugnisverweigerungsrecht Gebrauch macht.«

1.3 Personenkreis

Die Strafprozessordnung beschränkt den Personenbeweis auf drei Gruppierungen:

- Zeugen, das heißt Personen, die Aussagen zu einem strafrechtlich relevanten Sachverhalt machen können, ohne selbst tatverdächtig zu sein, oder auch tatverdächtige Personen, solange der Tatverdacht nicht stark genug für einen Beschuldigtenstatus ist.
- Beschuldigte, das heißt Personen, bei denen nach einer Willensentscheidung des Strafverfolgungsorgans die naheliegende Möglichkeit der Täterschaft oder Teilnahme angenommen wird. Der Beschuldigte wird ab Erhebung der öffentlichen Klage als Angeschuldigter und ab Eröffnung des Hauptverfahrens als Angeklagter bezeichnet (§ 157 StPO). Aber Achtung: Unabhängig vom Tatverdacht wird als Beschuldigter immer auch die Person bezeichnet, gegen die Anzeige erstattet wurde.
- Sachverständige, das heißt Personen mit spezieller Sachkunde, die mit ihrem Fachwissen die Erforschung der Wahrheit unterstützen können (Psychiater, Schusswaffenexperten, Rechtsmediziner).

Die Polizei unterscheidet aus praktischen Erwägungen differenzierter, auch wenn dies gesetzlich nicht geregelt ist:

- Auskunftspersonen (informatorische Befragungen, Hausbefragungen)
- Zeugen (Anzeigeerstatter, Opfer, Angehörige, Unbeteiligte usw.)
- Kinder / Jugendliche (beachte PDV 382)
- Tatverdächtige (vager Anfangsverdacht, kein konkreter Tatverdacht)
- Beschuldigte (dringender Tatverdacht, gezielte Ermittlungen)

In der täglichen Arbeit müssen die Beamten die Aussagen nach ihrer Bedeutung und dem Wert für das Verfahren gewichten, um die Ermittlungen und das Vorgehen schnell und effizient zu machen und nicht an formellen Hürden Zeit zu verlieren. Es ist zum Beispiel nicht erforderlich und auch nicht immer sinnvoll, jeder »Auskunftsperson« gleich eröffnen zu müssen, welcher Sachverhalt zugrunde liegt. Auskünfte eines Schalterbeamten über bestimmte Zugverbindungen beispielsweise erfordern nicht gleich die Preisgabe des Ermittlungsgrundes. Personen, die erkennbar keinen Bezug zur jeweiligen Straftat haben und deshalb auch nicht als Zeugen vor Gericht in Betracht kommen, sind reine Auskunftspersonen (zum Beispiel Hausbewohner, die keinerlei Angaben machen können usw.).

Eines muss hierbei jedoch klar sein: Alle Aussagen, die für das Strafverfahren von Bedeutung sind, müssen spätestens zum Zeitpunkt der Abgabe der Akten an die Staatsanwaltschaft in Form ordnungsgemäßer, rechtlich korrekter Vernehmungen eingebracht sein, da die Strafprozessordnung keine Auskunftspersonen kennt, sondern ausschließlich Zeugen und Beschuldigte. Sollte sich also eine Auskunft im Nachhinein als tatbezogen und somit als relevant und wichtig erweisen, muss diese nachträglich zu Protokoll gebracht bzw. zu den Akten genommen werden, mit dem Hinweis (Aktenvermerk), dass die Person bereits einmal als »Auskunftsperson« befragt worden war.

Die Differenzierung zwischen sogenannten tatverdächtigen Zeugen und bereits Beschuldigten ist schwierig, aber äußerst wichtig. Der zu spät zuerkannte »Beschuldigtenstatus« kann nämlich zur Unverwertbarkeit einer Aussage führen (s. Kapitel 5).

1.4 Ermittlungen und Beweismittel

Die Strafprozessordnung kennt keine anderen Beweismittel als den Personen- und den Sachbeweis. Untersuchungen, Experimente und Versuche kriminaltechnischer Art fließen daher immer in die eine oder andere Beweisart ein, je nachdem, ob sie nur geschildert oder zur unmittelbaren Wahrnehmung vorgeführt werden. Beide Beweismittelarten können auch kombiniert werden (zum Beispiel Inaugenscheinnahme des Sachbeweises mit Bewertung durch Sachverständige [Personenbeweis] usw.). Die Beweismittel ergänzen sich somit gegenseitig. So wäre ein Geständnis unbrauchbar, wenn sachliche Beweismittel ihm widersprechen würden. Schließlich entsprechen selbst Geständnisse nicht immer der Wahrheit, sondern dienen auch dazu, von gravierenderen Tatumständen abzulenken (s. Kapitel 7.5). Es ist deshalb äußerste Vorsicht geboten, wenn sich Personenbeweise und Sachbeweise so eklatant widersprechen, dass entweder die entsprechende Aussage falsch sein muss (Irrtum, Befangenheit oder Lüge), oder aber die Interpretationen von Spuren wie zum Beispiel Fingerabdrücke oder DNA im Hinblick auf ihre Tatrelevanz. Dass solche Widersprüche zweifelsfrei geklärt werden müssen, bedarf keiner weiteren Begründung, sondern sollte als selbstverständlich betrachtet werden.

Unter Ermittlungen versteht man also die Gesamtheit polizeilicher Arbeit in der Strafverfolgung im Sinne eines Oberbegriffes. Sie sind das kriminalistisch, wissenschaftlich und juristisch verfügbare Instrumentarium, um Beweismittel zu erlangen und auszuwerten, und zwar ausschließlich nach den stringenten Regeln der Strafprozessordnung. Sie umschreiben das zielgerichtete, taktisch geschickte und rechtlich einwandfreie Spiel auf der Klaviatur der Wahrheitsfindung vor dem Hintergrund strafbarer Handlungen, deren Aufklärung neben der Prävention wichtigste Aufgabe der Polizei ist.

Von der Findigkeit, dem Geschick und dem Engagement des einzelnen Sachbearbeiters hängt es ab, wie er die Kette der Beweismittel schmiedet und vor allem, ob sie am Ende rissfest ist und ihre Feuertaufe in der gerichtlichen Verhandlung besteht. Gerade bei Kapitalverbrechen und trotz Teamarbeit ist es unerlässlich, dass einer den Überblick behält und die Dinge vorantreibt, und das ist der Sachbearbeiter. Er ist es auch, der für die Gesamtheit der Ermittlungen vor Gericht Rede und Antwort stehen muss, und er ist es, der einen ungeklärten Fall so lange behält, bis er entweder die Dienststelle wechselt, in den Ruhestand tritt oder die Ermittlungen aus welchen Gründen auch immer abgeben muss. Aber trotz der starken, verantwortungs- und druckvollen Rolle der jeweiligen Sachbearbeiter gilt gerade im Bereich von Kapitalverbrechen Folgendes:

- Niemand kann einen Mordfall im Alleingang bearbeiten, genauso wenig wie der beste Fußballspieler der Welt kein Spiel im Alleingang gewinnen kann. Aber wie beim Fußball gibt es eben auch hier »Spieler«, die den Unterschied ausmachen.
- In der Realität steht Teamarbeit im Vordergrund. Das bedeutet gegenseitige, loyale Unterstützung. Ermittler müssen hartnäckige Einzelkämpfer und gleichzeitig leidenschaftliche Teamplayer sein. Gerade an Letzterem mangelt es leider häufig, weil man sich natürlich lieber um die eigenen Fälle kümmert, als anderen zuzuarbeiten. So darf es aber nicht sein. Alle müssen an einem Strang ziehen, und das bedeutet, dass man in fremden Fällen genauso engagiert arbeiten muss wie bei den eigenen. Deshalb ist es wichtig, dass Kommissionsleiter bzw. Ermittlungsführer den Personaleinsatz kanalisieren. Dazu sind offene und ehrliche Besprechungen (sogenanntes Brainstorming) unabdingbar. Der Hauptsachbearbeiter muss dabei detailliert über allen Aktivitäten informiert werden. Er hält den roten Faden in Händen, und er ist es, der immer wieder nach (neuen) Ermittlungsansätzen suchen muss. »Was könnte man noch tun?

Welche Möglichkeiten habe ich noch? Wen könnte man noch vernehmen, was könnte man noch ermitteln?« Mit anderen Worten: Ermittler müssen auch ein gehöriges Maß an Fantasie entwickeln und durchaus kreativ denken und handeln.

Beispiel: die NSU-Mordserie

Wie bekannt, gingen nicht nur Ermittler, sondern auch Politiker, Journalisten und vor allem türkische Mitbürger jahrelang davon aus, dass die Verbrechen vor dem Hintergrund organisierter Kriminalität zu sehen seien. Warum? Weil organisierte Kriminalität am naheliegendsten war und weil auch einzelne starke Indizien diese These stützten, während die Existenz einer rechtsradikalen Terrorzelle selbst vom Bundesamt für Verfassungsschutz für äußerst unwahrscheinlich gehalten wurde. Zumal es eine derartig gezielt und präzise vorgehende Terrorzelle in der rechtsradikalen Szene bislang nie gegeben hat. Nachweislich liefen bisherige rechtsextremistische Gewalttaten nach ganz anderen Mustern ab: Das Durch-die-Straßen-Jagen und Totschlagen von Menschen, laut und primitiv, und keinerlei Bemühungen, Spuren zu vermeiden oder die Täterschaft zu vertuschen, war allen Gewaltakten gemeinsam. Darüber hinaus wurde nur in einem einzigen Fall von 93 Tötungsdelikten, die seit 1990 von Rechtsradikalen in Deutschland begangen wurden, eine Schusswaffe verwendet. Dem gegenüber war das Vorgehen dieser Täter (konspirativ, heimtückisch, blitzschnell, fast lautlos mittels Schusswaffen mit Schalldämpfer) geradezu signifikant für den Bereich der organisierten Kriminalität, fast wie eine Visitenkarte.

An dieser Überzeugung änderte auch die neue Analyse eines Münchner Profilers namens Alexander Horn nichts, der im Jahre 2006 die These aufstellte, dass es sich bei den Tätern auch um

Rechtsradikale handeln könnte. Kaum jemand glaubte ihm. Besonders auch diejenigen Politiker und Journalisten nicht, die sich im Nachhinein besonders über das Versagen der Behörden echaufierten. So wurde zum Beispiel in einem Artikel des renommierten Magazins »Der Spiegel«, der einige Wochen vor Aufdeckung der Mordserie im Jahre 2011 erschien, die These aufgestellt, hinter der Mordserie würde die sogenannte Wett-Mafia stecken. Mir ist in all den Jahren auch kein einziger Politiker, Journalist oder Opferanwalt bekannt geworden, der sich diesbezüglich einmal zu Wort gemeldet hätte mit dem Hinweis, es könnte auch Ausländerfeindlichkeit hinter dieser Verbrechensserie stecken. Warum eigentlich nicht?

Dass sich die damalige »Soko Halbmond« nicht von »institutionellem Rassismus« leiten ließ, wie ein Nebenklageanwalt immer wieder behauptet, sondern dass die Ermittler aus fundierten kriminologischen und kriminalistischen Aspekten heraus organisierte Kriminalität hinter den Anschlägen vermuteten, beweisen nicht nur die beispiellos intensiven und umfangreichen Ermittlungen, sondern vor allem auch die Bemühungen, unablässig nach neuen Ermittlungsansätzen zu suchen. Das würde man wohl kaum tun, wenn man, wie unterstellt, bewusst in die falsche Richtung ermitteln würde. So kam man zum Beispiel auf die Idee, zwei Döner-Imbissbuden in den Bahnhofsgegenden München und Nürnberg aufzubauen und zu betreiben, in der Hoffnung, es könnten Leute angelockt werden, die jenen Organisationen angehören, die man hinter der Mordserie vermutete. Später wurde die Soko von den Medien und von Politikern ob dieser Aktionen mit Häme übergossen, so nach dem Motto: »Da kann man sehen, wie ahnungslos und hilflos die waren.« Untergegangen ist dagegen, dass diese Maßnahme ein voller Erfolg war, unabhängig davon, dass man sich generell auf der falschen Fährte befand. Jedenfalls tauchte bereits nach einer Woche am Münchner Imbiss eine Person auf, die Schutzgeld forderte, und am

Nürnberger Stand versuchten kriminelle Leute, ein Drogendepot zu installieren. Dadurch wurde das Gesamtproblem dieses Falles deutlich: Wir verfolgten eine Richtung, die es tatsächlich gibt in diesem unserem Lande, nämlich organisierte Kriminalität, und erkannten nicht, dass etwas entstanden ist, was es bisher noch nie gab, nämlich eine vom rechten Spektrum abgeschottete rechte Terrorzelle. Die Idee jedoch, durch zwei Imbissbuden in dieses Milieu vorzudringen, das sich bekanntlich abschottet, ist nichtsdestotrotz genial gewesen.

Sachbeweise

Sachbeweise (Daktyloskopie, DNA, Telefonüberwachung, Fotos, Videos, Urkunden usw.) sind eine Ergänzung (Objektivierung) des Personenbeweises durch medizinische, biologische, technische und dokumentarische Spuren unter Bewertung der jeweiligen Tatrelevanz. Sie können zwar in der Vernehmung durch Hinweise (Verbleib der Tatbeute usw.) oder kriminalistisches Gespür gewonnen werden, auch können sie bei Vorhalten in der Vernehmung eine große Rolle spielen (Urkunden, Augenschein, Fingerabdrücke, DNA am Tatort usw.), ihre Beweisbedeutung erhalten sie aber durch sich selbst und nicht durch die Vernehmung.

Sachbeweise sind Beweismittel, die für sich alleine genommen eindeutige Rückschlüsse auf deren Entstehung zulassen. Kurz gesagt: Sie müssen, wenn sie im Verfahren Bedeutung erlangen sollen, absolut tatrelevant sein und dürfen nicht anderweitig interpretierbar sein. Die Beweisbedeutung kann zum Beispiel in dem gedanklichen Inhalt einer Urkunde oder eines anderen Schriftstückes bestehen. Dann spricht man vom *Urkundenbeweis*. Beweiserhebliche Wahrnehmungen und Vorgänge können aber auch durch Einnahme eines Augenscheines gewonnen werden. Dies nennt man *Augenscheinbeweis*.

Sachbeweise alleine reichen in der Regel zur Anklageerhebung bzw. Verurteilung nicht aus. Es sei denn, ihre Tatrelevanz ist zweifelsfrei. Eine Spermaspur am oder im kindlichen Mordopfer beispielsweise ist so beweiskräftig, dass ein Geständnis des Täters entbehrlich ist. Auch die Verurteilung des Mörders des Münchener Modeschöpfers Moshammer wäre allein aufgrund einer DNA-Spur am Drosselwerkzeug möglich gewesen, weil sie als absolut tatrelevant eingestuft werden konnte. Das heißt, sie konnte nur im Zusammenhang mit der Tatausführung gesetzt worden sein. Dass der Täter zudem ein Geständnis abgelegte, rundete die Beweisführung natürlich noch ab.

Grundsätzlich gilt aber folgende Regel: Sachbeweise, und ganz besonders DNA-Spuren, die leicht anderweitig entstanden bzw. manipulativ gesetzt worden sein können, müssen nahezu immer durch weitere Beweismittel auf ihre Tatrelevanz überprüft werden. Diese ist nämlich erst dann gegeben, wenn eine Spur im engeren, direkten oder zumindest indirekten Zusammenhang (Vorbereitung, Durchführung, Nachtatphase usw.) mit der Tat gesetzt worden sein muss und nicht anders entstanden sein kann (zum Beispiel Zigarettenkippe an einem Tatort im Freien).

Personenbeweise

Personenbeweise sind Beweismittel, bei denen die Beweisbedeutung ausschließlich im Inhalt der Aussage der vernommenen Person liegt. Hierzu gehören die Aussagen von Zeugen, Beschuldigten und Sachverständigen, aber auch die bei Vorgesprächen, Gegenüberstellungen oder Rekonstruktionen ermittelten Ergebnisse. Personenbeweise nehmen mit etwa 90 Prozent noch immer die zentrale Stellung bei den Ermittlungsergebnissen ein.

Wie bereits erwähnt, unterliegt der Personenbeweis naturgemäß einer hohen Fehleranfälligkeit. Die Qualität hängt nämlich einerseits von der Wahrnehmungs-, Erinnerungs- und Wiedergabefähigkeit der jeweiligen Zeugen ab, andererseits von der Glaubwürdigkeit der zu vernehmenden Person bzw. der Glaubhaftigkeit der gemachten Angaben, letztlich aber auch vom Vernehmungsgeschick der Ermittler. Aussagen durch Sachbeweise zusätzlich zu untermauern wäre deshalb optimal.

Personenbeweise lassen sich nicht ersetzen. So können beispielsweise der subjektive Tatbestand, Tatmotive, Alibis sowie »Opfer- und Täterbilder« nur durch Aussagen erarbeitet werden. Sachbeweise können zwar in der Vernehmung durch Hinweis oder kriminalistisches Gespür gewonnen werden (zum Beispiel Preisgabe des Verstecks der Tatwaffe), auch können sie bei Vorhalten in der Vernehmung eine große Rolle spielen (»wir haben Ihre Fingerspuren am Tatort gefunden ...«), ihre Beweisbedeutung erhalten sie aber durch sich selbst (Sicherung, Auswertung, Gutachten, Urkunden, Augenschein usw.) und nicht durch die Vernehmung.

1.5 Defizite des Personenbeweises

Wer sich mit Vernehmungen im Strafprozess befasst, muss sich immer vor Augen halten, dass er sich auf äußerst unsicherem Boden bewegt. Menschen können lügen, sich irren oder sich von Vorurteilen leiten lassen und damit befangen sein. Es gibt Zeugen, die – je nachdem, in welcher Beziehung sie zu Tatverdächtigen, Tätern oder Opfern stehen – entweder unermüdlichen Belastungseifer zeigen oder einen deutlichen Entlastungseifer entwickeln. Nichts kann somit unzuverlässiger sein als der Personenbeweis. Seine Schwächen sind vor allem

- fehlende Glaubwürdigkeit (personenbezogen)
- fehlende Glaubhaftigkeit (inhaltsbezogen)
- Lüge (bewusst)
- Irrtum (unbewusst)
- Befangenheit (bewusst und unbewusst)

Wissenschaftliche Untersuchungen haben ergeben, dass 50 Prozent aller Zeugenaussagen teilweise oder sogar gänzlich falsch sind. Dennoch beruhen 95 Prozent aller Gerichtsurteile auf dem Personenbeweis. Die Bedeutung einer guten Vernehmung kann daher gar nicht hoch genug eingeschätzt werden. Die für den Tatbestand so wichtige subjektive Seite (innere Einstellung des Täters) lässt sich überhaupt nur so ermitteln. Auch Täter- und Opferbilder kann man nur über den Personenbeweis erarbeiten. Schließlich lässt sich der Charakter eines Menschen nicht durch biologische Merkmale bestimmen.

Ziel einer Vernehmung kann es nicht sein, nur irgendwelche Erklärungen und Einlassungen entgegenzunehmen, sondern durch eine Vernehmung muss so viel wie möglich von der Wahrheit erfragt und erfahren werden. Um dieses Ziel zu erreichen, müssen Ermittler lernen, mit menschlichen Defiziten wie Lüge, Irrtum und Befangenheit gelassen und professionell umzugehen und sich nicht von eigenen Emotionen leiten zu lassen. Wer aber gelernt hat, die genannten Defizite als menschlich zu akzeptieren, wird auch seine eigenen Emotionen im Griff haben. Und genau das darf man von Profis verlangen. Mit Geduld und Vernehmungsgeschick wird es gelingen, der Wahrheit zumindest so nahe zu kommen, dass sich ein Bild ergibt, welches die Staatsanwaltschaft erkennen lässt, wie sich der ursprüngliche Sachverhalt darstellte.

Eine Vernehmung muss ein gegenseitiges Gespräch sein, kein keifender Streit. Und am Ende steht im Idealfall die Wahrheit. Denn die Wahrheit ist eine Schnecke und kommt nur langsam aus ihrem Haus. Eine Vernehmung braucht Zeit und Ruhe. Ungeduld ist der schlechteste Begleiter. Nur wer es versteht, »im Gespräch« zu bleiben, hat daher die Chance, der Wahrheit ans Licht zu verhelfen. Er kann und muss sich so verhalten, dass seine Vernehmung nicht Gefahr läuft, vorzeitig abgebrochen oder beendet zu werden. So behält er auch seine Vernehmungsmacht – oder verliert sie »ohnmächtig«.

Die schwierigste Aufgabe eines Kriminalbeamten besteht somit in erster Linie darin, die Lüge von der Wahrheit zu trennen und auf dem Wege hierzu keine vernehmungstaktischen Fehler zu machen. Deshalb schadet es nicht, wenn auch reine Praktiker nachfolgende grundsätzliche Erkenntnisse verinnerlichen.

Glaubwürdigkeit

Glaubwürdigkeit ist personenbezogen. Bei der Beurteilung der Glaubwürdigkeit eines Menschen spielt also die gesamte Persönlichkeit eine Rolle, die ihren Niederschlag in vielerlei Kriterien findet, die es zu prüfen gilt: Ruf, Leumund, Vergangenheit und Vorstrafen ebenso wie Charakter, Alter, Geschlecht, Beruf, Bildung, Herkunft, Erziehung, Kultur oder Religion (vgl. Kapitel 1.5).

So werden eben entsprechend ihres sozialen Status bestimmte Personen glaubwürdiger eingeschätzt als andere. Auch Polizeibeamte galten per se als glaubwürdig, was aber inzwischen immer stärker infrage gestellt wird. Leider sind sie selbst nicht ganz unschuldig an dieser Entwicklung. Insbesondere schlecht vorbereitete Beamte hinterlassen vor Gericht ebenso negative

Eindrücke, wie lückenhafte, schlampige Aktenführung oder fehlerhaft und unprofessionell durchgeführte Vernehmungen. Strafverteidigern liefert man dadurch »Steilvorlagen«, die sie zur Erschütterung der Glaubwürdigkeit von Ermittlern ausnutzen. Nicht umsonst durchforsten insbesondere Konfliktverteidiger die Ermittlungsakten nach Fehlern. Es ist also auch Selbstschutz, korrekt und gewissenhaft zu ermitteln, und Fehler, sollten solche gemacht worden sein, offen einzugestehen.

Die Frage der Glaubwürdigkeit stellt sich nicht nur bei Tatverdächtigen oder Beschuldigten, sondern auch bei wichtigen Zeugen bzw. bei Tatopfern. Beispiele dafür dürften hinreichend bekannt sein, man denke zum Beispiel an den spektakulären Vergewaltigungsprozess gegen einen Fernsehmoderator. In solchen Fällen ist es eben nicht mit der »nackten« Vernehmung getan, hier müssen weitere Ermittlungen und Überprüfungen durchgeführt werden (Leumundszeugen; Unterlagen, Ortsbesichtigungen usw.).

Glaubhaftigkeit

Die Glaubhaftigkeit ist sach- bzw. inhaltsbezogen und betrifft die Logik, die Konstanz und die Plausibilität von Aussagen. Sie orientiert sich also an den körperlichen und geistigen Fähigkeiten einer aussagenden Person (Gesundheit, Intelligenz, Vergesslichkeit, Psyche). Im Zentrum steht die Frage, ob es zutreffen kann, was Zeugen, aber auch Beschuldigte gesehen, gehört, gerochen, festgestellt, recherchiert, gespürt oder erfahren haben wollen. Das herauszufinden kann sehr schwierig sein.

Die Frage, ob eine Aussage glaubhaft ist, stellt sich immer dann, wenn sich Widersprüche zu Ermittlungsergebnissen auftun, besonders wenn Letztere als gesichert gelten. Schließlich können auch glaubwürdige Menschen Aussagen machen, die nicht glaubhaft sind. Auch sie irren, lügen oder haben Vorurteile. Deshalb sind Aussagen schon bei geringsten Zweifeln zu hinterfragen und zu überprüfen. Bewährt haben sich dazu Ortsbesichtigungen und Rekonstruktionen. Am Ende muss jedenfalls Klarheit bestehen. Kann es so gewesen sein wie behauptet?

Übrigens: Ermittler sind auch fehleranfällig. So ist man oft versucht, eher das zu glauben, was man glauben will, weil es der eigenen Denkrichtung entspricht. Auch wir können irren und befangen sein. Eines aber muss außer Frage stehen: Ermittler lügen nicht!

Lüge

Die »Lüge« ist so alt wie die Menschheit. Sie ist uns in die Wiege gelegt und Teil unseres Selbsterhaltungstriebes. Unzählige philosophische und psychologische Werke befassen sich mit Fragen zu diesem Thema, und seit Menschengedenken wird nach Methoden und Verfahren gesucht, um Lügen möglichst früh erkennen und Lügner entlarven zu können. Von unmenschlicher Folter bzw. »hochnotpeinlichen Verhören« des Mittelalters bis zum Lügendetektor oder den heute üblichen Glaubhaftigkeitsgutachten. Nichts blieb und bleibt unversucht, um die Wahrheit herauszufinden. Um es kurz zu fassen: Bis heute gibt es weltweit keine einzige rechtsstaatlich zulässige Methode, die eindeutig erkennen lässt, ob jemand lügt oder die Wahrheit sagt. Das hängt damit zusammen, dass die menschliche Psyche und die damit einhergehende freie Willensentscheidung weitaus komplexer ist, als der leistungsstärkste Computer erkennen kann. Jeder Mensch, egal ob intelligent oder dumm, gebildet oder ungebildet, ist in der Lage, die Wahrheit durch täuschendes

Verhalten mehr oder weniger raffiniert zu verbergen. Darin sind wir Menschen wahre Meister. Im Erkennen der Lüge dagegen sind wir Stümper, egal ob Profi oder Laie. Da aber die Wahrheitsfindung für die Aufklärung von Straftaten elementar ist, stellt es die größte Herausforderung für Ermittler dar, die Lüge zu erkennen und von der Wahrheit zu trennen. Ist das gelungen, steht die noch schwierigere Aufgabe an: den Lügner zu bewegen, von der Lüge zu lassen und die Wahrheit zu sagen. Deshalb sind Vernehmungstechnik und -taktik von so großer Bedeutung und letztlich die einzigen wirksamen und seriösen Methoden, die Wahrheit aus den Widersprüchen des Lügengebäudes herauszufiltern und dieses damit zum Einsturz zu bringen. Wissend, dass die reine Wahrheit sehr selten ist. Dabei ist der Widerspruch das Einfallstor in die Festung des Lügengebäudes.

Grundvoraussetzung hierfür ist zunächst, die Motive ins eigene Bewusstsein zu rücken, derentwegen Menschen im Zusammenhang mit Strafverfahren lügen, und zwar unabhängig davon, ob sie Zeugen oder Beschuldigte sind. Wenn man die einzelnen Motive betrachtet, wird schnell klar, dass es im Grunde nur darum geht, die Wahrheitsfindung zu verhindern, um einen mehr oder weniger schweren Nachteil für sich oder andere (Angehörige usw.) abzuwenden. Hier einige der häufigsten Lügenmotive in Strafverfahren:

- Angst vor Strafe (»da bin ich ja Jahre weggesperrt …«)
- Scham und Schande (sexuelles Fehlverhalten, Familienehre usw.)
- Fehlende Rechtfertigung (Kindsmord: »Wie soll ich das erklären?«)
- Schutzgedanke (Entlastungseifer für Angehörige, Freunde usw.)
- Fehlendes Unrechtsbewusstsein (Rache für erlittenes Unrecht)
- Kaltblütigkeit, Berechnung (Psychopathen, Berufsverbrecher)

- Charakter (krankhafte Lügner, Narzissmus, Hass auf Polizei)
- Angst vor Rache oder Repressalien (organisierte Kriminalität)
- Ehre (Ehrenmorde, religiöser Fanatismus, Blutrache usw.)
- Existenz- bzw. Verlustangst (Verzweiflung, Kampf um Familie)
- Angst vor Fehlinterpretation und Willkür (zum Beispiel Ausländer)

Die Gründe, warum wir schuldhaftes Verhalten leugnen, sind so vielfältig wie die Taten selbst. Spitzenreiter ist die Angst vor Strafe und der damit einhergehende Verlust der bisherigen Lebensumstände, angefangen beim materiellen Besitz bis hin zum persönlichen Umfeld. Nichts schmerzt mehr, als die radikale, eventuell jahrelange Trennung von Familie, Umfeld, Beruf (Karriere), Besitz und Vermögen, Ansehen, Macht und Einfluss. Ein zu lebenslanger Haft verurteilter Täter sagte: »Dass ich in einer Zelle sitzen muss, macht mir nichts aus. Aber dass ich alles verliere, was mir wichtig war und ist, dass ich abgeschnitten bin von meinem bisherigen Leben, dass ich ohnmächtig zusehen muss, wie meine gesamte Existenz den Bach runtergeht, das ist schlimmer, als tot zu sein.«

Ermittler müssen akzeptieren, dass Beschuldigte – anders als Zeugen – lügen dürfen (Selbstschutz). Das Gleiche gilt für Angehörige von Beschuldigten. So ist Strafvereitelung zugunsten eines Angehörigen straffrei (§ 258 StGB). Niemand ist gezwungen, sich selbst oder Angehörige »ans Messer zu liefern«. Aber: Dieser verfassungsrechtliche Grundsatz gibt weder Angehörigen noch Beschuldigten das Recht, zum Schaden anderer Menschen bewusst zu lügen. Das Recht zu lügen oder zu schweigen rechtfertigt nämlich nicht die Begehung anderer Delikte, wie zum Beispiel falsche Verdächtigung oder Verleumdung.

Die nicht immer einfache Frage, wer Angehöriger im Sinne § 52 Abs. 1 StPO ist – man denke nur an die oft komplizierten

Verwandtschaftsverhältnisse ausländischer Mitbürger –, erspart nicht die genaue Überprüfung der tatsächlichen Verhältnisse. Es wäre nicht das erste Mal, dass jemand vor Gericht plötzlich erklärt, nun doch Verwandter zu sein und deshalb alle bisherigen Angaben zurückziehen zu wollen.

Zeugen, auch solche, die ein Zeugnisverweigerungsrecht haben, aber davon keinen Gebrauch machen, sind verpflichtet, die Wahrheit zu sagen, soweit sie nicht zum Angehörigenkreis des § 258 StGB gehören. Lügen sie, insbesondere vor Gericht, können sie sich wegen uneidlicher Falschaussage oder Meineides (Verbrechen) strafbar machen. Die zentrale Frage insbesondere bei Zeugen wird immer sein, warum sie nicht die Wahrheit sagen, obwohl sie selbst nicht beschuldigt sind (Schutzgedanke, Verdeckung, Ablenkung, Irrtum, Befangenheit usw.)?

Zu bedenken ist auch, dass nicht jeder, der lügt, gleich Täter sein muss. Sogenannte nonverbale Signale wie Schwitzen, Zittern, Nervosität usw. können zwar ein Hinweis auf täuschendes bzw. abweichendes Verhalten sein, sind aber keine Beweise. Schließlich können auch Unschuldige nervös sein, wenn sie vor der Polizei aussagen müssen.

Fazit: Es ist wissenschaftlich belegt, dass es keine eindeutigen Lügensymptome gibt. Das ist übrigens auch einer der Gründe, warum die Ergebnisse des Lügendetektors, der ja nicht die Lüge misst oder anzeigt, sondern die Nervosität, zum großen Teil falsch sind. Gefühlsarme, kaltblütige Menschen wie Psychopathen oder Narzissten täuschen den Lügendetektor übrigens ohne Probleme. Weil sie nicht nervös werden und ihr vegetatives Nervensystem nicht in Wallung gerät, wenn sie lügen. Im Gegensatz zu Menschen, die eben nicht »eiskalt« sind, sondern sensibel und emotional. Diese ungleichen Chancen werden von der Maschine nicht berücksichtigt, deshalb sind die Ergebnisse zweifelhaft, und deshalb ist der Lügendetektor bei uns verboten.

Erkenntnisse aus der Lügenforschung (Mentiologie)

Es kann zumindest nicht schaden, wenn Ermittler ein paar theoretische, aber wissenschaftlich fundierte Erkenntnisse zum Thema Lüge gewinnen, zumal sie auch in der Praxis immer wieder vorkommen werden. Es hilft jedenfalls, mit diesem »Feind der Wahrheitsfindung« besser umgehen zu können. Und je besser man seinen Feind kennt, desto wirkungsvoller kann man ihn bekämpfen.

Hier einige Erkenntnisse aus der Lügenforschung:

- Lügen ist kognitive Schwerstarbeit.
- Lügen erfordert oft jahrzehntelanges Training.
- Lügner müssen ihre Geschichte plausibel darlegen.
- Lügner müssen sich ihre eigenen falschen Ausführungen gut merken.

- Lügen sind weniger elaboriert (ausgefeilt) als reales Erleben.
- Tatsächlich Erlebtes hinterlässt stärkere Spuren im Gedächtnis.
- Lügner schildern meist nur akustische und visuelle Eindrücke.
- Ehrliche schildern auch Sinneseindrücke wie Gerüche, Berührungen.

- Tatsächlich Erlebtes ist im Gehirn komplexer verankert als Erdachtes.
- Lügner betonen die Glaubhaftigkeit ihrer Schilderung besonders oft.
- Lügner eröffnen »Nebenkriegsschauplätze«, um abzulenken.
- Lügner liefern Interpretation gleich mit, sie geben keine Rätsel auf.

Vom ersten deutschen Bundespräsidenten Theodor Heuss stammt der Satz: »Wer immer die Wahrheit sagt, kann sich ein schlechtes Gedächtnis leisten.« Als Praktiker kann man diesem Sinnspruch nur zustimmen. Wer nichts zu verbergen oder zu vertuschen versucht, auch nicht Nebensächlichkeiten, Peinlichkeiten oder sonstiges Fehlverhalten, sondern immer ehrlich und offen die Wahrheit sagt, kann sich niemals derart widersprechen, dass sich diese Widersprüche nicht nachvollziehbar erklären ließen. Widersprüche, die nicht erklärt werden können, sind immer ein Hinweis auf Lüge oder Täuschung. Widersprechen wird sich also nur der Lügner, der nicht mehr plausibel darlegen kann, warum er vorher etwas ganz anderes gesagt hat.

Das von Anwälten oft ins Feld geführte Argument, sie hätten ihrer Mandantschaft geraten, zu schweigen, um sich nicht »verplappern« oder selbst belasten zu können, ist zwar juristisch nicht zu beanstanden und darf nicht als belastend gewertet werden, in meinen Augen bedeutet es aber, dass es etwas geben muss, was dem Tatverdächtigen gefährlich werden könnte. Deshalb schweigt er. Weil nämlich jeder, der etwas zu verbergen hat, unbedingt verhindern will, dass die Wahrheit ans Tageslicht kommt.

Unschuldige und Opfer haben dagegen in der Regel meist das genau gegenteilige Interesse. Sie wollen, dass die Wahrheit herauskommt, weil logischerweise nur dadurch Unschuld bewiesen, Schuld nachgewiesen und Gerechtigkeit hergestellt werden kann. Insofern ist es schwer nachvollziehbar, warum angeblich Unschuldige bei der Suche nach der Wahrheit nicht mitwirken wollen, Belastendes unwidersprochen hinnehmen und damit die Verurteilung riskieren. Ich habe nie begriffen, warum sich angeblich Unschuldige vor Gericht in Schweigen hüllen und all die angeblichen Unwahrheiten und Lügen hinnehmen, die dort im Zeugenstand wiedergegeben werden, anstatt sich zu verteidigen. Schließlich droht bei schwerer Kriminalität jahrelange Haft. Mir könnte ein Anwalt raten, was er will, ich würde, wenn ich tatsächlich unschuldig wäre, kämpfen wie ein Löwe. Wäre ich allerdings tatsächlich schuldig und würde nur das Unschuldslamm mimen, würde ich klugerweise dem Rat meines Anwaltes folgen, schweigen wie ein Grab und mein Schicksal ihm überlassen, in der Hoffnung, dass er das Beste für mich rausholt. Das ist nämlich die Aufgabe eines Anwaltes, die ich in höchstem Maße respektiere. Schließlich wünscht sich wohl jeder, der eines schweren Verbrechens beschuldigt wird, dass ihm ein guter Anwalt zur Seite steht.

Allerdings gibt es auch hier Grenzen. Und diese werden überschritten, wenn nicht das Recht, sondern das Unrecht verteidigt wird (s. Kapitel 8).

Täuschendes Verhalten

Täuschendes Verhalten ist ein Unterfall der Lüge. Der Täter schlüpft quasi bildlich in die Rolle des Unschuldigen und verhält sich auch so. Ziel ist es, unverdächtig zu wirken und anderen täterfern zu erscheinen. Dies ist meist nur schwer erkennbar, sind doch Menschen wahre Meister täuschenden Verhaltens, unabhängig von ihrer sozialen Stellung, Intelligenz oder Bildung. Sich das »Mäntelchen der Unschuld« umzuhängen beherrschen wir alle nahezu perfekt. Dabei zeigt die Erfahrung immer wieder eindrucksvoll, dass gerade Täter, die schwerste Schuld auf sich geladen haben, beachtliche schauspielerische Leistungen vollbringen können. Immer in der Absicht, von sich abzulenken, und meist verbunden mit dem Bemühen, den Verdacht in andere Richtung zu lenken. Man gibt sich also nicht nur unschuldig, sondern bietet gleichzeitig eine oder mehrere Alternativen an. So spielen sich diese (tatverdächtigen?) »Zeugen« als eifrige Hinweisgeber auf, streuen Verdacht gegen Dritte und sind auffallend darum bemüht, durch Anteilnahme und Detailwissen von sich abzulenken. Ich habe mehrmals erlebt, dass sich Mörder eifrig an der Suche nach der Leiche beteiligt und sich dabei trotz ihrer schrecklichen Tat oft sogar unbeschwert und unbefangen verhalten haben. Und wie man weiß, helfen oft Brandstifter besonders beflissen beim Löschen des von ihnen selbst gelegten Feuers. Oder sie nehmen von sich aus den Kontakt zu den Ermittlern auf, um den Sachstand bzw. die Verdachtslage zu eruieren.

Abweichendes Verhalten

Abweichendes Verhalten bedeutet, dass sich Täter unschuldig geben, sich aber nicht so benehmen, wie sich ein Unschuldiger nach allgemeiner Lebenserfahrung in einer bestimmten Situation verhalten würde. Solch »unlogisches« Betragen fällt erfahrungsgemäß eher auf. So erregt es nun einmal des Ermittlers Argwohn, wenn jemand ein Verhalten an den Tag legt, welches unter den gegebenen Umständen zumindest auf den ersten Blick nicht nachvollziehbar erscheint und deshalb geradezu stutzig macht.

Beispiele für abweichendes Verhalten:

- Zeuge verweigert mit fadenscheinigen Argumenten Speichelprobe
- Zeuge kommt mit Anwalt zur Vernehmung
- Zeuge verzögert auffallend Wohnungsöffnung (Leichenauffindung)
- Zeuge hinterfragt mit keinem Wort, warum er plötzlich zur Mordkommission vorgeladen wird, obwohl es sich bisher lediglich um eine Vermissung gehandelt hat.

Eine junge Frau und deren Freund wurden vermisst. Blutspuren am und im Wagen der jungen Frau, der in der Tiefgarage stand und stark verschmutzt war, deuteten darauf hin, dass eventuell ein Verbrechen geschehen sein könnte. Die Frage war allerdings, wer den Wagen abgestellt hatte. Das Verschwinden des Pärchens war jedenfalls äußerst dubios. Das Umfeld wurde überprüft.

In den Fokus der Ermittler geriet auch ein 36-jähriger Polizeihauptmeister, bei dem es sich um den Exfreund der jungen Frau handelte. Der aber gab in einer ersten Zeugenvernehmung bei der Vermisstenstelle kurz und knapp an, schon lange keinen Kontakt mehr zu der Frau gehabt zu haben und nicht zu wissen, wo sie sich aufhalten könnte. Da ein Verbrechen nahelag, wurden die weiteren Ermittlungen von der Mordkommission übernommen.

Einen ersten wichtigen Hinweis gab die beste Freundin der jungen Frau. Sie sei sicher, dass sich diese am Tag ihres Verschwindens mit ihrem Exfreund, einem Polizisten, treffen wollte, um mit ihm über die Anlage von 140 000 DM zu beraten, die sie von einer reichen Tante »unter der Hand« geschenkt bekommen hätte. Natürlich wurden wir stutzig und ließen uns folgende kriminalistische List einfallen: Ein Beamter der Mordkommission begab sich morgens vor Dienstbeginn zur Polizeiinspektion, wo der besagte Kollege arbeitete, und forderte ihn auf, mit zur Dienststelle zu kommen, es gäbe noch einige Fragen zum besagten Vermisstenfall, der nunmehr von der Mordkommission übernommen worden sei. Nicht mehr oder weniger. Der Polizeihauptmeister folgte, und beide fuhren mit dem Auto durch München zum Dienstgebäude der Mordkommission. Dann geschah das Merkwürdige: Während der gesamten Fahrt fragte der Polizeihauptmeister mit keinem Wort, warum der Fall jetzt von der Mordkommission übernommen worden sei, ob die Vermissten gefunden und ob sie Opfer eines Verbrechens geworden wären. Nichts. Stattdessen referierte er, wenn auch sichtlich angespannt, über den Straßenverkehr. Ist das normal? Warum fragte er nicht ein einziges Mal, ob es neue Erkenntnisse gäbe, und vor allen Dingen fragte er mit keinem

Wort, wieso er von der Dienststelle persönlich abgeholt worden sei, schließlich hätte er ja selbst zur Kommission fahren können. Er wollte also nicht wissen, was er wohl schon ahnte. Das nennt man abweichendes Verhalten, weil all diese Fragen von einer wirklich unschuldigen Person zu erwarten gewesen wären. Er aber, das merkte man ihm an, stand unter höchster Anspannung und verhielt sich nicht so, wie sich ein Unschuldiger verhalten würde. In einer zwölfstündigen Zeugenvernehmung verstrickte er sich in zahlreiche Widersprüche (Alibi, Treffen mit der Vermissten usw.), sodass er zum Beschuldigten wurde. Noch in derselben Nacht fanden wir in seiner Wohnung den Geldbetrag von 140 000 DM, einen Teil unter einem Fernsehständer, einen anderen in einer Packung Reis. Später entdeckten wir die beiden grausam verstümmelten Leichen der Vermissten in einem Waldstück bei München. Beiden waren die Köpfe und Hände abgeschlagen worden. Am Ende stellte sich heraus, dass er sich in der Mordnacht zunächst mit seiner Freundin getroffen hatte, um über die Geldanlage zu sprechen. Dann lud er sie zum Essen außerhalb von München ein. Auf der Rückfahrt bot er ihr ein Fläschchen mit einem Kakaotrunk an, das er vorher mit der Ersatzdroge Rohypnol präpariert hatte. Die junge Frau schlief sofort ein. Er fuhr zu dem Parkplatz, wo sie ihr Auto geparkt hatte, lud die Leblose in deren Auto um und fuhr dann in ein unwegsames Waldstück, das er lange vorher schon ausgesucht hatte. Er legte die Frau auf den Waldboden und schlug ihr mit einer Axt den Kopf ab sowie beide Hände. Den Torso zog er in das Unterholz, Kopf und Hände verstaute er in einem Müllsack. Aber damit noch nicht genug. Er fuhr nach Hause, reinigte sich und holte ein zweites, präpariertes Kakaofläschchen. Dann fuhr er zum aktuellen Freund seiner Exfreundin, den er übrigens auch kannte und der wusste, dass sich seine Freundin heute mit ihm, dem Polizisten, treffen wollte. Nun gaukelte er diesem vor, seine Freundin habe einen

Unfall gehabt und liege im Krankenhaus. Natürlich war der Freund sofort bereit, sich zum Krankenhaus fahren zu lassen. Im Fahrzeug bot der Polizist dem Mann ebenfalls einen Kakaotrunk an, den dieser aufgrund der Uhrzeit, es war 2.00 Uhr, gerne annahm. Auch er schlief sofort ein. Der Täter fuhr zur selben Stelle im Wald und tötete den Freund auf gleiche Weise, indem er ihm Kopf und Hände abschlug. Auch dessen Torso zog er ins Unterholz, Kopf und Hände wurden im bereits erwähnten Müllsack verwahrt und im Gebüsch versteckt.

Nach diesem schrecklichen Doppelmord fuhr der Polizist nach Hause, säuberte sich und nahm Stunden später am Betriebsausflug seiner Dienststelle teil. Auf den Fotos, die gemacht wurden, sah man den Mörder gut gelaunt und lachend ein Bierchen trinkend, und jeder, der die Bilder betrachtete, meinte, man könne einfach nicht glauben, dass dieser fröhliche Mensch in der Nacht zuvor zwei Menschen bei lebendigem Leibe enthauptet haben soll; niemand könne sich doch so verstellen.

Nach dem Betriebsausflug fuhr der Täter wieder in den Wald, und zwar mit dem Auto der Exfreundin. Er lud den Müllsack mit den Leichenteilen in den Kofferraum, wobei der Sack platzte. Die Köpfe rollten durch den Kofferraum und hinterließen jene Blutspuren, die wir später im Fahrzeug sicherten. Anschließend fuhr er zu einem weiter entfernt gelegenen Feld und vergrub dort die Köpfe und Hände, allerdings ohne Müllsack. Als er später in der Vernehmung gefragt wurde, warum er die Leichenteile nicht samt Müllsack vergraben habe, antwortete er: »Sie werden lachen, aber den Sack habe ich aus Umweltschutzgründen weggelassen.« Ich habe nicht gelacht.

Irrtum

»Der Irrtum ist ein größerer Feind der Wahrheit als die Lüge«, sagt ein Sprichwort. Wer sich irrt, irrt sich über etwas, das er tatsächlich erlebt hat. Er glaubt, was er sagt, ist deshalb von seiner Aussage überzeugt und lässt keinen Zweifel zu. Nur war eben die Wahrnehmungs-, Erinnerungs- und / oder Wiedergabefähigkeit fehlerhaft. Beim Hinterfragen der Aussage versagen daher auch die Mechanismen, die sonst geeignet sind, jemanden der Lüge zu überführen, denn die Aussagen sind nicht widersprüchlich. Der Befragte wird seine Aussage nur dann zurücknehmen und den Irrtum einräumen, wenn sie durch klare Fakten als unrichtig entlarvt werden konnte. Für ihn selbst gibt es aufgrund seiner Überzeugung keine innere Notwendigkeit, seine Aussage kritisch zu überdenken und anzupassen.

Kommen daher Zweifel am Wahrheitsgehalt einer Aussage auf, obwohl die Glaubwürdigkeit der aussagenden Person ansonsten außer Frage steht, sind Irrtum oder Befangenheit naheliegend. In solchen Fällen sollte nach der Irrtumsquelle gesucht werden. Es stellt sich die Frage, welche Fähigkeiten bzw. Umstände beim Aussagenden eingeschränkt gewesen sein könnten:

- Wahrnehmungsfähigkeit (Augen, Ohren, Umstände)
- Erinnerungsfähigkeit (Gedächtnis, Einflüsse, Alkohol usw.)
- Oberflächlichkeit und Vergesslichkeit (altersbedingt)
- Beurteilungsfähigkeit (Kinder, Behinderte, Laien usw.)
- Wiedergabe- bzw. Aussagefähigkeit (Intellekt, Fantasie usw.)
- Psychische Krankheit (Auffälligkeit, Paranoia, Schizophrenie)
- Eigene, bewusste oder unbewusste Schlussfolgerungen zur Schließung von Erinnerungs- oder Wahrnehmungslücken

Befangenheit

Menschen sind durch Erziehung, Umfeld, Bildung, religiöse Einstellung und andere Einflüsse geprägt. Dadurch wird das Urteilungsvermögen beeinflusst, ohne dass man es wahrhaben will. Den völlig neutralen Zeugen kann es deshalb nicht geben.

Ist ein Zeuge befangen (was diesem sogar bewusst sein kann), heißt das nicht automatisch, dass die Aussage deswegen falsch sein muss. Es erhöht sich aber die Wahrscheinlichkeit, dass sie falsch sein könnte.

Die Suche nach der Ursache ist meist gar nicht so schwer, weil wir alle unsere »Befindlichkeiten« vor uns hertragen. Die Überprüfung der Glaubwürdigkeitskriterien in Bezug auf Objektivität sollte obligatorisch sein. Erkennt man die »Richtung«, aus der ein Vorurteil kommt (»diese Schwarzen schauen doch alle gleich aus«), erkennt man garantiert auch die Schwachstellen in einer Aussage. Die häufigsten Gründe für Befangenheit von Zeugen sind:

- Einbildung (Schock; Angst trübt die Wahrnehmungsfähigkeit)
- Wunschdenken (es kann nicht sein, was nicht sein darf …)
- Be- oder Entlastungsseifer (Parteilichkeit, Parteinahme)
- Solidarität, Korpsgeist (Zugehörigkeit, Zusammenhalt usw.)
- Gefühle und Emotionen (Sympathie, Antipathie, Neid, Hass)
- Vorurteile (gegen Rasse, Geschlecht, Schwule, Reiche usw.)

Es versteht sich von selbst, dass man in solchen Fällen die Angaben besonders akribisch hinterfragen und überprüfen muss. Hilfreich kann auch sein, die Fakten mit den Kolleginnen und Kollegen zu erörtern und durchzudiskutieren.

1.6 Vorbereitung auf Vernehmungen

Eine gründliche Vorbereitung ist das A und O für eine gute Vernehmung. Wer nicht oder nur schlecht vorbereitet in eine Vernehmung geht und erst hier anfängt, Hilfe suchend in den Akten zu blättern oder sich sonst einen Überblick zu verschaffen, wirkt peinlich, unsicher und unprofessionell. Er riskiert den Verlust seiner eigenen Vernehmungsmacht, noch bevor er sie überhaupt gewinnen konnte.

Eine gute Vorbereitung versetzt den Vernehmenden in die Lage, flexibel auf alle Vernehmungssituationen zu reagieren. Wenn er nämlich gut vorbereitet ist, wird er immer einen Schritt vorausdenken, und er wird nicht von Antworten überrascht oder überrollt werden. Er wird selbst agieren und nicht nur reagieren.

Dies setzt eine gründliche Auseinandersetzung mit dem bisherigen Ermittlungsstoff voraus, die in einem sogenannten Vernehmungsspiegel ihren Niederschlag findet. Ein solcher soll wegweisend durch die anstehende Vernehmung führen und gleichzeitig die Funktion einer Checkliste erfüllen. Erkenntnisse zur Person und Sache, aber vor allem auch mögliche Fragen, Alternativen, Vorhalte und Widersprüche samt Quellenangaben sollten enthalten sein. Dadurch wird verhindert, dass Vernehmungen in eine Sackgasse geraten und keine Brücken vorhanden sind, um Sprachlosigkeit zu überwinden.

Wichtig ist auch, sich ein Bild über die Persönlichkeitsstruktur des zu Vernehmenden zu machen, um ihr psychologisch richtig zu begegnen. So kann man Vertrauen aufbauen und verhindern, dass er sich in die Enge gedrängt fühlt und sich deshalb zu früh verschließt. Schließlich muss der Vernehmungsbeamte sich ein klares Bild vom gesetzlichen Tatbestand des infrage stehenden Deliktes machen. Seine Vernehmung muss zu allen objektiven und subjektiven Tatbestandsmerkmalen Ausführungen enthalten, denn der Deliktstatbestand schreibt einen feststehenden

Vernehmungsinhalt vor. So ist eine Vernehmung unzureichend, wenn sie nur auf das äußere Geschehen abstellt, jedoch nicht auf die subjektive Seite eingeht, also auf die innere Einstellung des Täters (Motiv, Vorsatz, Planung, Affekt, Einsichtsfähigkeit, Steuerungsfähigkeit, Alkohol). Ein gut vorbereiteter Vernehmungsspiegel ermöglicht einen gezielten Aufbau, einen kontrollierten Verlauf und hohe Qualität der Befragung. Folgende Punkte sind dabei zu beachten:

- Aktenstudium (wer, wann, wo, was, wie, womit, warum?)
- Persönlichkeit / bisheriges Aussageverhalten (schlaumachen!)
- Rechtskenntnisse aneignen (Rechtsnormen prüfen, Belehrung)
- Ortskenntnisse (Tatörtlichkeit, Auffindungssituation, Skizzen)
- Fachkenntnisse (Branchenkenntnis, Vorschriften, Milieu)
- Zusammenhänge prüfen (Verbindungen zu anderen Taten / Personen)
- Vernehmungsspiegel (Vernehmungsplan erstellen, Quellenstudium)

Ad-hoc-Einsätze

Gute und standardisierte Vernehmungskonzepte sind dann eine sichere Hilfe, wenn gründliche Vorbereitungen – zum Beispiel im Rahmen von Ad-hoc-Einsätzen – nicht möglich sind. Sie können Richtschnur und Checkliste zugleich sein. Durch die Inanspruchnahme solcher Konzepte geben sich übrigens auch »alte Hasen« keine Blöße, da es sich nicht um »Anleitungen für Anfänger« handelt, sondern um reine Hilfsmittel. Auch erfahrene Vernehmer können in der Eile mal etwas übersehen oder vergessen (Konzeptionen s. Anhang).

Sonderkommissionen

Sonderkommissionen werden in Fällen von besonderer Bedeutung oder außergewöhnlich großem Ermittlungsumfang gebildet. Sie setzen sich oft aus Ermittlern verschiedener Sachgebiete zusammen, von denen viele keine speziellen Erfahrungen mitbringen. Dennoch kommt man nicht umhin, sie gerade in der Anfangsphase auch den Vernehmungsteams zuzuteilen, die gewöhnlich »ausschwärmen«, um erste Informationen einzuholen. Dass diese ersten Vernehmungen weniger tief greifend sein können, liegt in der Natur der Sache. Um dennoch ein Optimum an sachbezogenen Informationen zu erhalten, empfiehlt es sich, den Vernehmungsteams einheitliche Vernehmungsspiegel (Checklisten) an die Hand zu geben, damit nicht »kreuz und quer ins Blaue hinein« nutzlose Informationen gesammelt oder auch vertrauliche preisgegeben werden.

Solche Vernehmungsspiegel müssen sich am jeweils aktuellen Sachstand orientieren. Wichtig – insbesondere auch für die anschließende Auswertung durch die zentrale Sachbearbeitung – ist ihre zielgerichtete Einheitlichkeit. Gerade die frühen und tatzeitnahen Vernehmungen sind von besonderer Bedeutung. Es hat sich gezeigt, dass besonders in der Anfangsphase wertvolle Informationen erlangt werden, weil sich Beteiligte – meist noch uninformiert und unbeeinflusst – frühzeitig festlegen (zum Beispiel Alibi, Bezug zum Opfer, zum Tatort usw.). Werden solche frühen Ermittlungen dagegen unterlassen, droht ein unwiederbringlicher Beweisverlust. Nebensächlichkeiten vergessen Menschen schnell, und was noch schlimmer ist, mit jeder neuen Information ändert sich auch das Erinnerungsbild.

Wichtigste Aufgabe der zentralen Sachbearbeitung ist die Kontrolle und der Abgleich rückläufiger Ermittlungen. Nur so lassen sich Strukturen, Abweichungen und Widersprüche erkennen.

Ebenso hat die zentrale Sachbearbeitung Defizite zu monieren und gegebenenfalls Nachbesserungen einzufordern.

Geraten Personen in Tatverdacht oder erweist sich eine Aussage als besonders wichtig, obliegt die weitere Vernehmung der zentralen Sachbearbeitung, bei der alle Fäden zusammenlaufen sollten. Davon hängen Erfolg oder Misserfolg ab. In Sonderkommissionen muss jeder auf seinem Platz Höchstleistung bringen. Fehler können fatal sein. Dafür gibt es viele Beispiele in der Kriminalgeschichte unseres Landes.

1.7 Vorladung zur polizeilichen Vernehmung

Die Vorladung zur polizeilichen Vernehmung ist nicht zwingend an eine bestimmte Form gebunden. Ausgeschlossen ist jedoch die Ladung durch Postkarte (RiStBV Nr. 44 I, 64 III). Die Vorladung erfolgt schriftlich durch Brief (RiStBV a. a. O.), kann aber auch telefonisch oder persönlich erfolgen.

Die Form richtet sich nach der Dringlichkeit oder der Wirkung, die mit ihr erzielt werden soll. Sie kann bereits Teil der psychologischen Vorbereitung für die Vernehmung sein, denn je nach Wahl der Form wird auch ein abgestuftes Druckpotenzial aufgebaut.

Die sofortige persönliche Vorladung nach der Tat (Mitnahme vom Tatort) oder im Rahmen einer vorläufigen Festnahme entfaltet ein hohes Maß an Unsicherheit, da der Betroffene quasi übergangslos sich einer Rechtfertigungssituation ausgesetzt sieht, für die er nicht vorbereitet und daher verunsichert ist. Bei der tatzeitnahen Aufklärung von Verbrechenstatbeständen ist sie mit Sicherheit die effektivste Form der Vorladung.

Telefonisch oder persönlich überbrachte Vorladungen haben einen doppelten Vorteil. Zum einen legt sich der Geladene mit seiner Antwort zum Erscheinen in einem Gespräch eher fest. Er kann nicht mehr so leicht zurück. Zum anderen können telefonische oder persönlich überbrachte Vorladungen aufschlussreiche Reaktionen (Nervosität, Aufgeregtheit, Aggressivität) erkennen lassen. Das wiederum erlaubt unter Umständen Rückschlüsse auf den »Standort« von Zeugen oder Tatverdächtigen (Täterlager? Opferlager? Be- oder Entlastungseifer?).

Wenn das Verhalten einer Person in diesem Zusammenhang auffällig und mit dem Anlass nicht vereinbar war (abweichendes Verhalten), sollte es in den Akten vermerkt werden. Wegen ihrer Vorteile kommt die telefonische Ladung in der Praxis daher am häufigsten vor. Spontane Äußerungen, die gemacht werden, sind oft von besonderem Interesse und sollten ebenso in einem Aktenvermerk festgehalten werden.

Die schriftliche Vorladung gibt dem Geladenen viel Zeit, sich mit der beabsichtigten Vernehmung innerlich auseinanderzusetzen und sich Verteidigungsstrategien zurechtzulegen. Bei Kapitaldelikten oder anderen Verbrechenstatbeständen, bei denen mit wachsendem Abstand zur Tat auch die emotionelle Betroffenheit am Tatgeschehen schwindet, lässt die schriftliche Vorladung einen für die Vernehmung und die Aufklärung äußerst wichtigen Zeitraum ungenutzt. Liegt die Tat jedoch schon länger zurück und der Täter hat sich bereits daran »gewöhnt«, dass man ihm nicht auf die Schliche gekommen ist, veranlasst ihn eine schriftliche Ladung oft zu hektischen, unüberlegten Aktivitäten, die in Begleitung mit verdeckten Maßnahmen wie Telefonüberwachung, Observation u. a. schon manchen Hinweis erbrachten, der im Zusammenhang mit dem bisherigen Ermittlungsergebnis seine Überführung erst ermöglichte (zum Beispiel der Täter unterhält sich über die bevorstehende Verjährung des Deliktes oder analysiert die Beweislage).

Die Vorladung muss erkennen lassen, ob jemand Zeuge oder Beschuldigter ist. Auch der Grund muss genannt sein, wobei dieser jedoch nur allgemein gehalten zu sein braucht. Detaillierter wird erst zur schriftlichen Vernehmung belehrt (zum Beispiel: »Wegen des Vorfalles am … sollen Sie als Zeuge gehört werden«; oder: »Gegen Sie werden Ermittlungen wegen Körperverletzung geführt«).

Auf die voraussichtliche Dauer der Vernehmung muss nicht hingewiesen werden, da diese insbesondere bei komplexen Sachverhalten ohnehin kaum abgeschätzt werden kann.

Bei der polizeilichen Vorladung muss stets bedacht werden, dass Zeugen und auch Beschuldigte dieser keine Folge leisten müssen. Hierüber müssen die Betroffenen jedoch nicht aufgeklärt werden. Dennoch würde es den Geladenen kaum Vorteile bringen, nicht zu erscheinen, denn spätestens bei einer dann folgenden staatsanwaltschaftlichen Vernehmung müssten sie erscheinen und könnten gegebenenfalls auch vorgeführt werden (§ 163 a III StPO). Sehr wirkungsvoll ist deshalb schon die bloße Ankündigung einer (alternativen) staatsanwaltschaftlichen Ladung mit dem Hinweis auf mögliche zwangsweise Vorführung. Kaum jemand zieht es vor, sich durch einen Staatsanwalt vernehmen zu lassen, sondern bleibt nolens volens lieber auf der bisherigen Ebene. Kommt es allerdings tatsächlich zu einer Vernehmung nach staatsanwaltschaftlicher Vorladung, muss zumindest in der Anfangsphase (Belehrung) ein Staatsanwalt anwesend sein. Erfolgt dann doch eine polizeiliche Vernehmung, muss das ausdrückliche Einverständnis des Zeugen hierzu zu Protokoll genommen werden (sonst droht eventuell Verwertungsverbot).

Aber Vorsicht: Die »Abholung« von Zeugen mag oft taktisch sinnvoll sein, kann aber auch als Indiz dafür gewertet werden, dass der Betroffene eigentlich schon als Beschuldigter behandelt wurde und damit als solcher auch hätte belehrt werden müssen. (Anwalt: »Gewöhnlich überrascht man Zeugen nicht im Morgengrauen zu Hause, um sie dann – natürlich völlig freiwillig – im Polizeifahrzeug und unter strenger Bewachung zur Dienststelle zu ›begleiten‹. Es sei denn, man hat bereits einen konkreten Tatverdacht.«)

Nicht nur strafprozessuale Maßnahmen wie Durchsuchungen, Festnahmen, Untersuchungen usw. setzen den Beschuldigtenstatus voraus, sondern bereits auch die Behandlung und der Umgang mit Zeugen können deutlich machen, dass dieser eigentlich schon als tatverdächtig angesehen wurde.

ZUSAMMENFASSUNG

- Schriftliche Vorladung – nicht bei Kapitaldelikten – wirkt verharmlosend.
- Mündliche / telefonische Vorladung ist der Regelfall bei Kleinkriminalität.
- Persönliche Vorladung bzw. Mitnahme zur Dienststelle ist Standard bei Kapitaldelikten.

1.8 Vernehmungsorte

Die Auswahl des Vernehmungsortes obliegt grundsätzlich dem Vernehmungsbeamten. Dies ergibt sich aus dem Grundsatz der freien Gestaltung des Ermittlungsverfahrens (§161 StPO).

Standard ist die Vernehmung auf der Dienststelle. Sie ist dafür am besten ausgestattet und bietet die besten personellen Voraussetzungen, falls der Einsatz mehrerer Ermittler nötig ist (zum Beispiel bei Sofortabklärungen während laufender Vernehmung).

In Ausnahmefällen kann es jedoch aus taktischen Gründen sinnvoll sein, Zeugen oder auch Beschuldigten entgegenzukommen und sie auch an anderen Orten zu vernehmen. Dies gilt insbesondere dann, wenn Eile geboten ist und eine Aussage von besonderer Wichtigkeit sein kann, oder wenn sich abzeichnet, dass die Aussagebereitschaft nicht mehr lange andauern könnte.

Tatverdächtige und Beschuldigte sollten möglichst nicht zu Hause vernommen werden, schon gar nicht von einem Beamten alleine (Störungen, Angriffe, Unterstellungen usw.). In vertrauter Umgebung empfinden sie einen sogenannten Heimvorteil, der ihnen Sicherheit verleiht und sich ungünstig auf die Aussageehrlichkeit auswirken kann. Sind dann im häuslichen Bereich auch noch andere Personen anwesend, sind Probleme vorprogrammiert. Das Eindringen in den häuslichen Kreis führt reflexartig zu einer Burg- und Verteidigungsmentalität und erschwert ein sachliches Vernehmungsklima.

In jedem Fall sollten Vernehmungen, die außerhalb geführt wurden, auf der Dienststelle wiederholt werden.

Was Vernehmungen in Krankenhäusern betrifft, so ist zu beachten, dass der zuständige Arzt sein Einverständnis geben muss. Zu bedenken ist auch die ärztliche Schweigepflicht (§ 304 StGB). In der Regel erteilen Tatopfer eine Entbindung von der ärztlichen Schweigepflicht. Sind sie dazu nicht in der Lage, handelt der Arzt nach eigenem Ermessen (Geschäftsführung ohne Auftrag). Nach höchstrichterlicher Rechtsprechung darf davon ausgegangen werden, dass Tatopfer grundsätzlich ein Interesse an der Aufklärung der gegen sie gerichteten Straftat haben, weshalb sie den behandelnden Arzt von der Schweigepflicht entbinden würden, wären sie dazu in der Lage. Des Weiteren darf ein Arzt Auskunft erteilen, wenn der Schutz eines höheren Rechtsgutes dies erforderlich macht. Wird beispielsweise ein verletztes Kind eingeliefert und der Arzt erkennt, dass es misshandelt oder missbraucht wurde, darf er selbstverständlich seine Schweigepflicht brechen und die Polizei informieren, auch wenn die Eltern des Kindes dies nicht wünschen. Grundsätzlich müssen Ärzte mit der Polizei nicht reden, dürfen es aber, falls die Güterabwägung ein höheres Rechtsgut als die Schweigepflicht erkennen lässt. Schussverletzungen müssen Ärzte zwar nicht melden, sie können aber zum Beispiel die Polizei rufen, wenn der Verdacht besteht, dass eine Gefahr für die Allgemeinheit droht. Immerhin bedeuten Schussverletzungen, dass irgendwo eine Schusswaffe existiert, die auch schon eingesetzt worden ist. Es ist ein großer Ermessensspielraum, den Ärzte eigentlich ausschöpfen können, wenn sie es entsprechend begründen. Die meisten Ärzte stehen der Polizei glücklicherweise positiv gegenüber, es kommt aber vielfach vor, dass Ärzten durch die Krankenhausverwaltung untersagt wird, der Polizei gegenüber Auskünfte zu erteilen, selbst wenn bereits eine Entbindung von der ärztlichen Schweigepflicht vorliegt. In solchen Fällen ist anzuraten, sich nicht herumzustreiten, sondern umgehend die Staatsanwaltschaft einzuschalten. Sie hat die Möglichkeit, gegebenenfalls die Beschlagnahme der Krankenakten anzuordnen. Das Gleiche gilt auch für andere Beweismittel, wie zum Beispiel Projektile oder Opferkleidung.

ZUSAMMENFASSUNG

Wo kann vernommen werden:

- Am Tatort (Notbehelf – gegebenenfalls auf der Dienststelle wiederholen)
- Im Krankenhaus (Notbehelf – später wiederholen)
- Am Arbeitsplatz (Notbehelf – später wiederholen)
- In der Wohnung eines Tatverdächtigen (Fehler!)
- Auf der Dienststelle (optimal, »Heimvorteil«, Schreibkraft, zwei Beamte)

1.9 Vernehmungsraum

Professionell eingerichtete Vernehmungsräume sind leider noch immer ein Wunschtraum. Deshalb bleibt keine andere Wahl, als Vernehmungen in »normalen« Büroräumen durchzuführen.

Büroräume sind jedoch keine Wohnzimmer. Sie sollten vielmehr spartanisch eingerichtet sein, damit Beschuldigte nicht abgelenkt werden und keine Rückschlüsse auf den Vernehmungsbeamten möglich sind (»Ach, Sie haben aber eine nette Familie ...«).

Wichtig ist auch die Sitzordnung. Der Vernehmungsbeamte sollte direkt vor dem zu Vernehmenden sitzen und dicht an ihn heranrücken können, ohne eine Barriere (Schreibtisch) dazwischen (quasi Nase an Nase). Dies ermöglicht einen direkten persönlichen Kontakt und verleiht auch der emotionellen Seite einer Vernehmung durch Einsatz der Körpersprache mehr Ausdruck.

Aufmerksames Heranrücken, entspanntes Zurücklehnen, abruptes Wegrücken, bedrohliches Aufrichten, tröstende Nähe usw. sind Zeichen innerer Beteiligung und können die Vernehmungsintensität psychologisch wirksam begleiten und fördern.

Bei der Sitzordnung ist ferner darauf zu achten, dass sowohl der Beschuldigte wie auch der Verteidiger nicht mitlesen können, was die Protokollführerin gerade schreibt. Hierdurch werden Störfaktoren ausgeschlossen, die den Fluss der Vernehmung beeinträchtigen können.

Der Sicherheitszustand sollte nicht erst im Beisein von Tatverdächtigen oder Beschuldigten hergestellt werden. Die Vertrauensbasis und damit auch die Vernehmungsatmosphäre würde empfindlich gestört werden, wenn man zum Beispiel im Beisein der zu vernehmenden Person plötzlich die Schere auf dem Schreibtisch wegsperrt oder Ähnliches (»Trauen Sie mir etwa nicht? Haben Sie vielleicht Angst, ich könnte ...« usw.).

ZUSAMMENFASSUNG

- Büroräume sind keine Wohnzimmer (Ablenkung)
- Keine persönlichen Rückschlüsse zulassen (Familienfotos usw.)
- Stör- und Ablenkungsquellen vermeiden (Telefon aus usw.)
- Sicherheitszustand vorher herstellen (Schere weg; Fenster zu)
- Sitzordnung festlegen (keine Barrieren; Dolmetscher? Anwalt?)

1.10 Vernehmungszeit

Der Ermittler legt den Zeitpunkt der Vernehmung fest (freie Verfahrensgestaltung). Vielfach bestehen jedoch Sachzwänge, die keine großen Wahlmöglichkeiten eröffnen, sondern bei denen die sofortige Vernehmung ein Muss ist. Gerade im Bereich der Kapitaldelikte zwingt die Deliktstruktur zu schnellem Handeln.

Circa 70 Prozent dieser Delikte sind Beziehungstaten, die sich in einer hoch aufgeladenen, emotionellen Situation ereigneten. Die persönliche Betroffenheit durch die Tat und das Rechtfertigungsbedürfnis sind in den Stunden danach besonders hoch. Oft braucht der Täter sogar einen Menschen, mit dem er sprechen kann, der ihm zuhört und bei dem er tief aufgewühlt sich seelisch entlasten kann. Er hat ein natürliches Mitteilungsbedürfnis und äußert sich oft ungefragt und spontan. Deshalb sollte man solche Vernehmungen nicht aufschieben, sondern sie gegebenenfalls noch in der Nacht und ohne Rücksicht auf den Zustand des Festgenommenen (zum Beispiel Alkoholeinfluss – hierzu Komm. 10 zu § 136a StPO) durchführen. Zum einen sind Ermittlungsansätze und Täterwissen immer brauchbar, zum anderen besteht aber auch später die Möglichkeit, drohende Unverwertbarkeit durch qualifizierte Belehrung zu »heilen« (s. Kapitel 6.4 – hierzu Komm. 31 zu § 136a StPO).

Eine zeitliche Begrenzung der Vernehmungsdauer gibt es nur für Extremfälle (BGHSt 13, 291: 30 Stunden ohne Schlaf ist »Ermüdung« i. S. d. § 136a StPO; dagegen: BGHSt 38, 291: 24 Stunden Schlaflosigkeit sind akzeptabel).

Entscheidend ist, ob der zu Vernehmende über die gesamte Zeitdauer körperlich und geistig in der Lage ist bzw. war, der Vernehmung zu folgen. Im Protokoll sollte dies immer wieder zum Ausdruck kommen. (Frage: »Sind Sie körperlich und geistig noch in der Lage, der Vernehmung zu folgen?«) Ausschließlich die zu vernehmende Person bestimmt, wann die Vernehmung zu beenden ist (freie Willensentscheidung).

Der Zeitpunkt einer Vernehmung darf also durch den Vernehmungsbeamten frei gewählt werden, allerdings geht es nicht nur um Uhrzeiten, sondern auch um vorausgegangene Ereignisse, die berücksichtigt werden müssen, will man sich unter Umständen nicht dem Vorwurf der Täuschung aussetzen. Nicht problematisch sind also sogenannte Anschlussvernehmungen nach

- einer Durchsuchung (auch bei anderen); das Durchsuchungsergebnis muss nicht thematisiert werden. Es darf aber auch nicht bewusst und gewollt der Eindruck erweckt werden, als sei Belastendes gefunden worden, wenn dies nicht zutrifft;
- »einer Nacht in der Zelle«;
- Eröffnung des Haftbefehles, wenn der Beschuldigte nach ausdrücklicher (erneuter) Belehrung mit der Fortsetzung der polizeilichen Vernehmung einverstanden ist und (noch immer) auf die Anwesenheit eines Verteidigers (eventuell bereits bestelltem Pflichtverteidiger) ausdrücklich verzichtet.
- Tatortbegehungen oder Rekonstruktionen, wobei auch hier nicht der Eindruck erweckt werden darf, das Ergebnis sei belastend für den Beschuldigten, wenn dies nicht zutrifft. Trifft es zu, darf es selbstverständlich in Form von Vorhaltungen thematisiert werden.

Problematisch ist die Vernehmung nach einer Gegenüberstellung. Diese hat eine enorme suggestive Wirkung. Wurde zum Beispiel der zu Vernehmende nicht wiedererkannt, aber über das für ihn positive Ergebnis im Unklaren gelassen, sodass er vermutet, er sei wiedererkannt worden, dann liegt eventuell sogar Täuschung vor.

Wird ein Beschuldigter aufgrund eines Haftbefehles festgenommen oder weil ein dringender Tatverdacht vorliegt und die Beantragung eines Haftbefehles erfolgen soll (§ 127/II StPO), muss er spätestens am folgenden Tag dem Richter zur Vernehmung vorgeführt werden (§ 115 StPO).

Erfolgte die Festnahme erst am späten Abend (23.45 Uhr), beginnt bereits eine Viertelstunde später »der folgende Tag«, wodurch die verbleibende Ermittlungs- und Vernehmungszeit auf 24 Stunden verkürzt wird. Wird jemand dagegen um 00.15 Uhr festgenommen, verbleiben fast 48 Stunden, um so viele Informationen zu sammeln, dass es eventuell zur Beantragung eines Haftbefehles reicht. Deshalb sind ja gerade die ersten 48 Stunden ab Tatkenntnis so wichtig. Nur dieses schmale Zeitfenster steht zur Verfügung, um so viel zusammenzutragen, dass Tatverdächtige in Untersuchungshaft genommen werden können. Gelingt dies nicht, können die anschließenden Ermittlungen viel schwieriger und langwieriger werden. Denn ein Tatverdächtiger auf freiem Fuß kann Verdunkelungsmaßnahmen und Manipulationen vornehmen, die ihm in Untersuchungshaft nicht möglich sind. Darüber hinaus können andere aufwendige Maßnahmen wie Observationen oder Telefonüberwachungen notwendig werden. Wenn möglich, sollte der Festnahmezeitpunkt unter Berücksichtigung dieser gesetzlichen Vorgabe so gewählt werden, dass möglichst viel Zeit für erste Ermittlungen bleibt.

ZUSAMMENFASSUNG

- Die Vernehmung sollte zeitnah nach Festnahme bzw. Tat (taktisch klug) erfolgen (§ 163a I S. 1 StPO).
- Die Festnahmezeit (falls möglich) planen (Wer ausgeruht? Wer müde?).
- Zeitfenster bis Haftbefehlseröffnung bedenken (Festnahmezeit: 23.55 Uhr?).
- Beeinflussung durch Dritte bedenken (JVAs, Haftanstalt, Angehörige).
- Gegebenenfalls zeitgleiche Vernehmungen durchführen (wenn mehrere: parallel/getrennt).

1.11 Verhaltensgrundsätze der Vernehmer

Das Fluidum, das ein Vernehmer ausstrahlt, kann durchaus zum Erfolg einer Vernehmung beitragen. Selbstverständlich hat jeder seinen eigenen Stil, und in dieser Verschiedenheit kann auch eine Stärke liegen. Dennoch muss sich jeder Beamte bewusst sein, so aufzutreten, dass er nicht den verfrühten Abbruch einer Vernehmung riskiert. Sein oberstes Ziel muss es sein, im Gespräch zu bleiben. Nur so kann er seine Aufgabe erfüllen, der Wahrheit näher zu kommen. Wird eine Vernehmung abgebrochen, sollte eine kritische Selbstüberprüfung folgen. Denn aus Fehlern lernt man.

Das äußere Erscheinungsbild einer Person spielt eine nicht zu unterschätzende Rolle. Es sollte der Lage angepasst, aber gepflegt sein, da es ausschlaggebend dafür sein kann, ob Vertrauen oder Misstrauen, Sympathie oder Abneigung entsteht. Auch Vernehmungsbeamte senden sogenannte nonverbale Signale aus. Dass ein Rauschgiftfahnder nicht mit Anzug und Krawatte im Milieu unterwegs sein kann, versteht sich ebenso, wie dass ein Todesermittler nicht im T-Shirt, das einen lustigen Spruch aufgedruckt hat, an einem Ablebensort auftauchen kann. Und vor Gericht sollte man auch nicht erscheinen, als sei man kurz vorher unter der Brücke aufgewacht.

Durch unser Erscheinungsbild vermitteln wir den viel zitierten »ersten Eindruck«. Und den sollte man nicht unterschätzen. Fest steht, dass sich Schuldige gegenüber Personen, die ihnen unsympathisch oder suspekt sind, nur schwer öffnen werden.

Auch die Körpersprache, die durch Gestik und Mimik zum Ausdruck kommt, muss der Situation angemessen und sollte nicht überschäumend sein. Sie ist ein wichtiger Faktor für den emotionalen Zugang zu seinem Gegenüber. Dabei ist zu beachten, dass Menschen im Zweifelsfall eher dem nonverbalen Ausdruck Glauben schenken als dem verbalen. Beide Verhaltensweisen sollten eine Einheit bilden, Schauspielerei zerstört den Aufbau einer Vertrauensbasis.

Von wirklich entscheidender Bedeutung ist aber das verbale Auftreten in der Vernehmung. Hier können falsche Vorgehensweisen oder Reaktionen das abrupte Ende der Vernehmung herbeiführen. Vertrauen gewinnt, wer

- glaubwürdig (überzeugend und nicht unsicher lavierend) und
- vertrauenswürdig (menschlich, sympathisch, ehrlich und nicht »link«) ist
- sich kompetent (fachliche Qualität, sachliche Kompetenz, Sachkenntnis) und
- unvoreingenommen (keine Vorurteile, keine Verachtung, sondern Toleranz) zeigt sowie
- freundlich, aber bestimmt (nicht »schleimig« und unverbindlich) auftritt.

Unabhängig von den speziellen Vernehmungsstrategien (Kapitel 7.6), die auf die jeweiligen Tätertypen zugeschnitten sind, gibt es bestimmte Grundregeln, die man durchaus als eine Art Richtschnur der Vernehmer bezeichnen könnte. Es sind Verhaltensweisen, die sich vielfach bewährt haben. Freilich können im Einzelfall auch Abweichungen sinnvoll sein, ich denke dabei an Ermittler wie Drogenfahnder, die sich zum Beispiel im Bereich der organisierten Kriminalität bewegen müssen. Dass dort eine »andere Sprache« gesprochen wird, ist klar. Auch bei Jugendlichen kann es manchmal sinnvoll sein, sich locker und »cool« anzupassen, oder eben auch »klare Kante« zu zeigen. Die nachfolgenden Verhaltensmuster betreffen jedoch das Gros aller Fälle und haben somit Allgemeingültigkeit:

Bleibe ruhig und sachlich, sei freundlich bestimmt, aber nicht schleimig. Schreie nicht, drohe nicht, sei nicht aggressiv und lasse dich nicht provozieren. Gebe dich nicht arrogant, herablassend oder hochnäsig. Sei nicht spöttisch, zynisch oder hämisch-schadenfroh. Spiele nicht den Moralapostel oder »Oberlehrer«. Gib dich nicht erschüttert oder entsetzt und halte deine Emotionen im Zaum. Vermeide Befehlston und Amtsmiene und zeige keinen Über- oder Belastungseifer. Hüte dich vor Vorurteilen oder verächtlichen Äußerungen, sondern bleibe neutral und objektiv.

Und noch eine besondere Erfahrung: Zeige auch in schwierigsten Situationen Verständnis für den »Menschen« im Täter und brich auch innerlich nicht die Brücken zu ihm ab. Nur so behält man den Zugang zu ihm.

2 Mündliche Aussagen und Vernehmungen

2.1 Informatorische Befragung

Die informatorische Befragung (Komm. 9 zu § 163 StPO und 24 zu § 163a StPO) ist den förmlichen Vernehmungen vorgelagert. Polizisten beginnen, wenn sie zu einem Einsatz gerufen werden oder eine Anzeige entgegennehmen, bei der Stunde null. Sie kennen weder den zu ermittelnden Sachverhalt noch können sie ohne nähere Informationsgewinnung darüber entscheiden, wer Beschuldigter oder Zeuge sein könnte und welche Zeugnisverweigerungsrechte gegebenenfalls bestehen. Sie wissen nicht einmal, ob der Befragte überhaupt für die Ermittlungen von Bedeutung sein kann oder als Zeuge von vornherein ausscheidet. Sie können daher noch gar nicht sachgerecht belehren, sodass folglich eine Belehrung in diesem Stadium auch nicht vorgeschrieben sein kann.

Am Anfang steht also die Informationsgewinnung durch Erfragen bzw. Aufhellung eines Sachverhaltes, den es erst einmal einzuordnen gilt. Das ist bei einem Verkehrsunfall nicht anders als bei einem Tötungsdelikt. Sodann gilt es zu sondieren, wer als Zeuge oder Beschuldigter in Betracht kommt und wer für die Ermittlungen wertlos ist. Es wird die Spreu vom Weizen getrennt. Insofern wird den Beamten ein »Herumfragen« zum Zwecke der Sondierung zugestanden.

Sobald sich die Nebel aber gelichtet haben und man Übersicht über die Sachlage und die Beteiligten gewonnen hat – man also quasi wissend wurde –, ist auf eine förmliche Vernehmung mit adäquater Belehrung umzuschalten. Entscheidend ist hierbei der Informationsstand, den der Vernehmer zum Beginn der Aussage und deren Fortlauf jeweils hatte, da diese Kenntnisse ausschlaggebend dafür sind, ob der Beamte hätte belehren und somit förmlich vernehmen müssen.

An diese Belehrungspflicht sind nämlich weitreichende Konsequenzen geknüpft: Wird eine Befragung ohne bereits erforderliche Beschuldigtenbelehrung fortgeführt, unterliegt diese Aussage grundsätzlich einem Verwertungsverbot (BGHSt 38, 214 ff.). Das Gleiche gilt, wenn nicht oder nur unzureichend auf das Recht zur Verteidigerkonsultation hingewiesen wurde (BGHSt 47, 172).

Gerade in diesen Anfangsphasen (Anzeigeerstattung, Erstzugriff, Unfallaufnahme) werden von Beteiligten oft (unbedachte, emotionale) Äußerungen oder Aussagen gemacht, die sie später nicht aufrechterhalten wollen bzw. widerrufen oder bestreiten. Solche Aussagen oder Äußerungen kommen erfahrungsgemäß der Wahrheit oft am nächsten und sind daher äußerst wichtig für die weiteren Ermittlungen. Um sie zu sichern, sollten gerade Erstzugriffskräfte wissen, wie mit Aussagen im Rahmen informatorischer Befragungen (und Spontanäußerungen) umzugehen ist.

Bei Beschuldigten, die sich im Rahmen der informatorischen Befragung zum Sachverhalt geäußert haben, später aber von ihrem Aussageverweigerungsrecht Gebrauch machen, sind dennoch diejenigen Angaben verwertbar, die sie im zulässigen Rahmen einer informatorischen Befragung gemacht haben. Allerdings wird genau geprüft werden, ob der Beamte bereits wissen konnte, dass er einen Beschuldigten vor sich hatte, welchen er hätte belehren müssen. Insofern ist es sehr wichtig, in einem Aktenvermerk festzuhalten, wie der jeweilige Informationsstand zu dem Zeitpunkt war, als der später Beschuldigte Angaben machte.

Noch strenger sind die Regeln bei Personen, denen ein Zeugnisverweigerungsrecht zusteht. Hat jemand, dem dieses Recht zusteht, bei einer informatorischen Befragung (also ohne Belehrung) im Rahmen des Herumfragens Angaben gemacht, so werden diese der (späteren) förmlichen Vernehmung gleichgestellt (BGHSt 29, 230). Verweigert ein solcher Zeuge die Aussage in der Hauptverhandlung und widerruft alle seine vorherigen Aussagen, können weder die Äußerungen, die er bei der informatorischen Befragung gemacht hat, verwertet werden (§ 252 StPO), noch kann der vernehmende Beamte hierüber befragt werden (BGHSt 21, 218). Es sei denn, es erfolgte eine richterliche Vernehmung zur »Sicherung« der Aussagen (s. hierzu Kapitel 5.3).

ZUSAMMENFASSUNG

Informatorische Befragungen

- dienen zur Feststellung, ob eine Straftat vorliegt
- sind keine Vernehmung, da keine Belehrung erfolgt
- sind ein »Herumfragen«, ein noch »Im-Nebel-Herumstochern«, bis hin zur »Verdachtsschöpfung«, wer Zeuge ist oder wer Täter sein könnte.

Beispiel einer informatorischen Befragung

Aktenvermerk

- *zu Aussagen der Zeugin Huber im Rahmen der informatorischen Befragung*
- *zu Aussage des Beschuldigten im Rahmen der informatorischen Befragung*

Polizeiobermeister Huber und ich wurden um 22.32 Uhr von der EZ (Einsatzzentrale) *zur Marxstr. 65 beordert, Einsatzgrund wortwörtlich: »Streit mit Tätlichkeiten«. Um 22.35 Uhr trafen wir am EO* (Einsatzort) *ein. Vor dem Haus stand eine Frau, wie sich später herausstellte, die Zeugin Marx, Ehefrau des Beschuldigten. Ich fragte, ob sie wisse, was da los sei. Sie sagte wortwörtlich: »Mein Alter, die besoffene Sau, hat den Freund von meiner Kleinen (Tochter) abgestochen.« Daraufhin eilten wir nach oben …*

Die Beamten wussten bis zum Zeitpunkt dieser Äußerung weder, ob überhaupt eine Straftat vorliegt, noch wussten sie, wie diese Frau einzuordnen war. Insofern erfolgte deren Aussage im Rahmen der informatorischen Befragung und war auch Grundlage weiterer polizeilicher Maßnahmen. Denn aufgrund dieser Information, die auf ausdrückliche Nachfrage (»Wissen Sie, was da los ist?«) der Beamten erfolgte, wussten die Beamten sofort, dass mit hoher Wahrscheinlichkeit eine schwere Straftat vorliegt und wer als Täter in Betracht kommt. Damit war jegliche weitere informatorische Befragung beendet. Wie aber sind diese ersten, im Rahmen der informatorischen Befragung erlangten Erkenntnisse (»Mein Alter … hat den Freund von meiner Kleinen abgestochen«) zu bewerten? Sind sie in jedem Fall verwertbar, egal wie sich die Zeugin künftig entscheidet? Nein! Da nämlich der »Auskunftsperson« als Ehefrau des Täters ein Zeugnisverweigerungsrecht zusteht, kann sie diese Aussage später für null und nichtig erklären. Denn das Zeugnisverweigerungsrecht strahlt zurück auf alles, was vorher ausgesagt wurde. Deshalb darf diese Aussage durch den Beamten nicht eingebracht werden, obwohl sie im Rahmen der informatorischen Befragung erfolgte. Nur wenn die Frau unverzüglich richterlich vernommen worden wäre, hätte diese erste Aussage vor Gericht verwertet werden dürfen, eingebracht durch den Richter (s. Kapitel 5.3).

Hätte die Zeugin allerdings von sich aus, also ohne ausdrückliche Nachfrage durch den als solchen erkennbaren Polizeibeamten, diese erste Äußerung gemacht, wäre es keine Aussage im Rahmen einer informatorischen Befragung gewesen, sondern eine Spontanäußerung. Und Spontanäußerungen sind nicht wie die informatorische Befragung einer formellen Vernehmung gleichgestellt und unterliegen deshalb weniger strengen Regeln (vgl. Kapitel 2.2).

Wäre der Beschuldigte selbst vor dem Haus gestanden und hätte auf die Frage der Beamten, was da passiert sei, angegeben: »Ich habe gerade diesen Strolch abgestochen, die besoffene Sau, und ich bin froh, dass er hinüber ist«, wäre das zwar auch eine Aussage im Rahmen der informatorischen Befragung, allerdings wäre hier nicht das Zeugnisverweigerungsrecht, sondern das Aussageverweigerungsrecht tangiert, und das hat einen geringeren Stellenwert als das Zeugnisverweigerungsrecht.

Selbst wenn dieser Täter später keinerlei Angaben mehr zur Sache machen würde, könnte seine Aussage gegen ihn verwendet werden. Allerdings muss der Beamte dann glaubhaft machen, dass er sich noch im Stadium der informatorischen Befragung befand und damit eine Vernehmung samt Belehrung noch gar nicht möglich war, schließlich habe er zu diesem Zeitpunkt nicht wissen können, dass er einen Beschuldigten vor sich hat. Es ist daher unabdinglich, in Form eines Aktenvermerkes genau zu dokumentieren, wie der eigene Informationsstand zum Zeitpunkt dieser Aussage des Beschuldigten war (s. Kapitel 3.1).

2.2 Spontanäußerung

Während sich der Beamte bei der informatorischen Befragung aktiv um die Aufklärung bemüht und »herum«- bzw. nachfragt, bleibt er bei Spontanäußerungen (hierzu Komm. Einl. 79 S. 1, 20 zu § 136 StPO) passiv und nimmt nur wahr, was das Gegenüber von sich aus und ungefragt äußert. Sobald er aber nachfragt, endet eine Spontanäußerung, da mit einer Nachfrage eine zur Belehrung verpflichtende Vernehmung beginnt. (»Was sagten Sie, wer hat zugestochen?«) Es empfiehlt sich, Spontanäußerungen stillschweigend zu notieren und in einem Aktenvermerk festzuhalten.

Bei Spontanäußerungen

- ist der Sachverhalt weitgehend bekannt (Täter, Opfer, Angehörige usw.)
- äußern sich Festgenommene oder Zeugen ungefragt (Rededrang)
- hinterfragt der Beamte nicht, sondern ist passiv und »lauscht« nur
- wird eine Dokumentation durch Notizen und / oder Gedächtnisprotokoll erstellt
- erfolgt Belehrung nur, wenn hinterfragt wurde (dann bereits Vernehmung)
- ist längeres »Aushorchen« ohne Belehrung nicht erlaubt.

Spontanäußerungen werden häufig von Personen gemacht, die ein starkes Mitteilungsbedürfnis haben (emotionaler Tathintergrund) und die bereits als Zeugen (Opfer?) oder Beschuldigte feststehen. Meist im Rahmen des Erstzugriffes oder nach Festnahmen, wenn der Rechtfertigungsdruck oder die innere emotionelle Anteilnahme an der Tat noch besonders groß ist.

Äußern sich Zeugen oder Beschuldigte somit ungefragt und »spontan« zur Sache und nimmt der Beamte die Information kommentarlos entgegen, liegt keine Vernehmung vor. Deshalb ist auch keine Belehrung erforderlich, und die Angaben können vom Beamten vor Gericht selbst dann eingebracht werden, wenn sie unter Berufung auf das Zeugnisverweigerungsrecht widerrufen werden (BGHSt 1,373; 29,230). Das Gleiche gilt auch für Beschuldigte, die zwar bereits als solche feststanden, über ihre Rechte aber noch nicht belehrt waren (Fahrt zur Dienststelle oder Blutentnahme usw.; Beispiel: »... der hat meine Schwester beleidigt, da habe ich ihm das Messer reingehaut ...«).

Zu beachten ist aber, dass länger andauernde, »vernehmungsähnliche« Aussagen, eventuell gar über Stunden hinweg, nicht mehr als Spontanäußerung gelten. Einem Festgenommenen, der einen starken Rededrang verspürt, ein Tonband hinzustellen und zuzulassen, dass er sich stundenlang um »Kopf und Kragen« redet, ohne ihn belehrt zu haben, wird durch das Gericht wohl nicht mehr als Spontanäußerung anerkannt werden. Selbst dann nicht, wenn der Beamte mit keinem Wort hinterfragte. Insofern sollte man aussage- und redewillige Personen spätestens nach einem ersten »Redeschwall« behutsam und einfühlsam belehren. Die Erfahrung hat gezeigt, dass sich »motivierende Belehrungen« nicht hemmend auf die Aussagewilligkeit auswirken, ganz im Gegenteil.

Bezichtigt sich jemand, der noch nicht als Beschuldigter erkannt oder belehrt worden ist, selbst einer Straftat, ist er sofort zu belehren und darf nicht erst »ausgehorcht« werden (zum Beispiel Selbststeller).

Beispiel einer Spontanäußerung (authentischer Fall)

Aktenvermerk zu Spontanäußerungen des Beschuldigten Rene T.

Am XX. XX. XX, um XX.XX Uhr, nahmen Polizeiobermeister Franz und ich an der Kreuzung Innsbrucker Ring Ecke Bad Schachener Straße einen Verkehrsunfall auf, in den der Pkw Maserati M-XX 0000 verwickelt war. Der verantwortliche Fahrer, der Beschuldigte Rene T., war von der Unfallstelle geflüchtet und wurde nach Hinweis durch den Zeugen E. (siehe gesonderte Zeugenvernehmung) um XX.XX Uhr hinter einem Busch an der Autobahnauffahrt zur A8 festgenommen (siehe gesondertes Unfallprotokoll einschließlich detaillierter Skizze sowie V-Note).

Als der Beschuldigte im Fond unseres Streifenwagens saß und wir gerade losfahren wollten, kam über Funk die auch für unseren Festgenommenen deutlich hörbare Durchsage, dass soeben in einem Haus in München-Trudering die Leiche einer 38-jährigen Frau aufgefunden wurde und dass von einem Tötungsdelikt auszugehen sei. Detaillierte Angaben wie zum Beispiel genaue Tatörtlichkeit oder Tötungsart usw. wurden nicht durchgegeben (s. hierzu Tonbandprotokoll der Einsatzzentrale).

Plötzlich sagte der Festgenommene wortwörtlich: »Das war ich!« Bevor mein Kollege Franz und ich so richtig begriffen, was er gemeint haben könnte, und noch bevor wir überhaupt etwas antworten konnten, fügte er wortwörtlich an: »Ja, stimmt schon. Die Frau, die hab ich umgebracht. Ich habe sie erstochen. Im Schlafzimmer. So, jetzt wissen Sie's.«

Als Erstes reagierte mein Kollege Franz, der zum Festgenommenen sagte: »Sie wissen schon, was Sie da sagen, oder? Damit haben Sie ein Geständnis abgelegt. Jetzt müssen wir Sie festnehmen. Und zwar wegen Mordes.« Fast gleichzeitig sprangen wir aus dem Wagen, rissen die hinteren Türen auf und fesselten den Beschuldigten die Hände auf den Rücken.

Bevor der nunmehr wegen Mordverdachtes Festgenommene weiterredete, belehrte ich ihn als Beschuldigten und wies ihn ausdrücklich darauf hin, dass er nichts mehr sagen müsse und auch einen Anwalt hinzuziehen könne. Daraufhin antwortete er, das wisse er schon selbst, er kenne seine Rechte. Es habe aber eh keinen Sinn mehr, schließlich habe er das Auto der Frau gerade zu Schrott gefahren und deshalb werde er jetzt sagen, was wirklich passiert ist. Dann redete er, und ich schrieb mit. Als Erstes sagte er unmittelbar nach dem Wegfahren, die Frau sei seine Geliebte gewesen …

2.3 Kontaktgespräche

Kontaktgespräche dienen ausschließlich dem Vertrauensaufbau, dem Spannungsabbau oder der Gewinnung eines positiven Vernehmungsklimas. Sie dürfen nicht den Gegenstand der Vernehmung betreffen, weil sie sonst schon Vernehmung selbst wären. Es handelt sich somit um »Small Talk« über alle anderen Themen, von denen man annimmt, dass mit ihnen das Eis gebrochen werden kann und Gesprächs- und Kontakthemmungen abgebaut werden.

Kontaktgespräche dienen

- der Vertrauensgewinnung und ersten Einschätzung der Person
- zur Herstellung einer positiven Vernehmungsatmosphäre

- dem Abbau von Spannungen, Ängsten, Aggressionen
- zur Einschätzung des geistigen Niveaus des Gegenübers
- zum Erkennen von Vorurteilen, Ansichten und Stimmungen
- zur Findung der richtigen Vernehmungsmethode und
- zur Verdachtsschöpfung.

Um bei bereits Beschuldigten (zum Beispiel Haftbefehl liegt vor) den Aufbau eines positiven Vernehmungsklimas nicht zu gefährden, sollte der Vernehmungsbeamte nicht an deren Festnahme teilnehmen, weil diese in der Wahrnehmung der Betroffenen negativ besetzt sind. Insbesondere, wenn die Festnahme problembeladen war (erst Widerstand brechen, dann um Vertrauen werben?).

Anknüpfungspunkte für Kontaktgespräche können Beruf, Familie, Sport, Urlaub, Wetter usw. sein, eventuell mit dem Hinweis, über »die Sache« selbst würde man erst auf der Dienststelle reden.

Wichtig ist, dass der Vernehmer nicht aufdringlich wirkt, Gespräche nur »anstößt« und lenkt. Im Mittelpunkt sollten die Belange und Interessen des Beschuldigten stehen und nicht die des Vernehmungsbeamten. Dieser sollte äußerst vorsichtig sein mit Werturteilen, solange er nicht weiß, wie sein Gegenüber eingestellt ist. Zunächst sollte der Beamte die Rolle des interessierten Zuhörers einnehmen.

Natürlich dient das Kontaktgespräch in erster Linie auch dazu, die zu vernehmende Person entsprechend einschätzen zu können (rationaler oder emotionaler Tätertyp?) und den »richtigen Vernehmungseinstieg« zu finden (Vorgespräch sinnvoll oder besser gleich die schriftliche Vernehmung?).

Kontaktgespräche können auch hilfreich sein bei der sogenannten Verdachtsschöpfung (Tatmotiv erkennbar? Auffälliges Verhalten usw.) und bei der Entscheidung, in welche der Verdachtsstufen (s. Kapitel 6.2) die Person einzuordnen ist, ob sie also noch als Zeuge oder bereits als Beschuldigter behandelt werden sollte.

Will ein bereits Beschuldigter von sich aus das Gespräch zur Sache führen, wäre das Kontaktgespräch hinfällig und ginge in eine Vernehmung über. Deshalb sollte sogleich und möglichst einfühlsam der Hinweis auf das Aussageverweigerungsrecht erfolgen. Der »Tenor« der Belehrung sollte dabei aussagemotivierend sein: »Ich finde es gut, wenn Sie von Ihrem Recht auf Gehör Gebrauch machen und die Dinge aus Ihrer Sicht darstellen. Trotz Ihres Aussageverweigerungsrechtes und dem Recht, einen Anwalt hinzuzuziehen …«

2.4 Vorgespräche

Vorgespräche sind von sogenannten Kontaktgesprächen zu unterscheiden. Beide stehen am Anfang der Kommunikation zwischen Vernehmer und zu Vernehmenden. Allerdings befassen sich Vorgespräche bereits mit der Sache selbst. Sie sind deshalb Vernehmungen. Damit ihre Verwertbarkeit nicht gefährdet ist, ist die jeweilige Belehrung zwingend erforderlich und muss vor Beginn des Vorgespräches erfolgen.

Vorgespräche führt man mit tatverdächtigen Zeugen wie auch mit Beschuldigten, die sich noch nicht zur Sache geäußert bzw. noch kein Geständnis abgelegt haben (vgl. Vernehmungsgespräche Kapitel 2.5).

Bei Vorgesprächen mit tatverdächtigen Zeugen sollte zusätzlich zur Zeugenbelehrung eine Belehrung über das Auskunftsverweigerungsrecht des § 55 StPO erfolgen. Wenn nämlich ein Zeuge darüber belehrt wurde, dass er sich nicht selbst belasten muss, kann dies später bei der Frage, ob er bereits als

Beschuldigter hätte belehrt werden müssen, von Bedeutung sein. Bei Beschuldigten ist eine regelgerechte Beschuldigtenbelehrung nach § 163a V StPO zwingend.

Vorgespräche sind ein wertvolles Instrumentarium für Vernehmer, weil natürlich im Gespräch wesentlich gestraffter und intensiver argumentiert werden kann als bei einer gleichzeitigen schriftlichen Protokollierung. Es kann ein Gesprächsdialog aufgebaut werden, in den auch die nötige Überzeugungskraft einfließen kann. Hierbei geht es – und das ist durchaus legitim – im Grunde darum, Tatverdächtige oder Beschuldigte davon zu überzeugen, dass eine wahrheitsgemäße Aussage oder ein Geständnis von Vorteil sein kann (Strafmilderung, Gewissenserleichterung) bzw. dass es von erheblichem Nachteil sein kann, länger zu leugnen, zu schweigen oder zu lügen. Die Betonung liegt dabei aber auf »überzeugen«, ohne dass dadurch die freie Willensentscheidung beeinflusst oder beeinträchtigt wurde.

Inwieweit während eines Vorgespräches stichpunktartige Notizen gemacht werden durften oder warum nicht, sollte im nachträglich zu erstellenden Gedächtnisprotokoll über Verlauf und Inhalt vermerkt sein (Beispiel eines Gedächtnisprotokolls: s. Kapitel 3.1).

Sinnvoll ist es aber, mit Einverständnis des Verdächtigen oder Beschuldigten stichpunktartige Notizen zu machen, auf die man dann im Gedächtnisprotokoll verweist und die man auch aufbewahren sollte. Das erleichtert natürlich die Erstellung des Gedächtnisprotokolls ungemein und erhöht gleichzeitig die spätere Glaubhaftmachung und Beweiskraft.

Vorgespräche eignen sich nicht bei allen Zeugen oder Beschuldigten. Bei »rationalem Tathintergrund« (Mördern, Berufsverbrechern usw.) ist es oft ratsam, sofort mit der schriftlichen Vernehmung zu beginnen und jeden Versuch der psychologischen Einwirkung zu unterlassen (wirkt eventuell »hilflos«). Manche empfinden Vorgespräche auch als Beeinflussung oder »Bequatschen« und vermuten dahinter eine dünne Beweislage. Darüber hinaus besteht die Gefahr, dass man »sein Pulver verschießt« und Tatverdächtige Zeit gewinnen, bis zur Protokollierung Ausflüchte bzw. Ausreden zu erfinden.

Bedenken sollte man auch, dass Aussagebereitschaft gerade bei rationalen Tätern Teil des Tatplanes sein kann, weil sie die Ermittlungen in eine bestimmte Richtung lenken und einen Verdacht von sich selbst abwenden wollen. Unangebrachte Vorgespräche können Misstrauen erzeugen und die so wertvollen, wenn auch wahrheitswidrigen Aussagen verhindern oder beenden.

Bei emotionalem Tathintergrund dagegen (Eifersucht, Streit usw.) sind Vorgespräche wesentlich erfolgversprechender, weil diese Menschen unter enormem seelischem Rechtfertigungsdruck vor sich selbst und ihrem Umfeld stehen. Diesen Druck wollen sie in der Regel loswerden. Oft herrscht starker Rededrang, und sie haben das Verlangen, sich weitschweifig zu rechtfertigen und das Gewissen zu erleichtern. Der Vernehmungsbeamte übernimmt hier nicht selten die Rolle eines Beichtvaters und Seelentrösters.

Führt ein Vorgespräch zum Geständnis, ist es wichtig, den Inhalt dieses Vorgespräches möglichst umgehend in die anschließende schriftliche Vernehmung einfließen zu lassen. Das erspart (zu) lange Aktenvermerke bzw. Gedächtnisprotokolle über Verlauf und Inhalt des Vorgespräches und verhindert Angriffspunkte (s. Kapitel 3.1).

Anwälten sind Vorgespräche ein »Dorn im Auge«. Sie unterstellen, dass diese Art der Vernehmung in erster Linie dazu diene, Tatverdächtige und / oder Beschuldigte unter Druck zu setzen, sie zu »bearbeiten«, zu verwirren oder gar zu bedrohen, um ihnen dann Geständnisse zu entlocken. Diese Unterstellungen sind sogar verständlich, denn vordergründig wird dadurch der Gestaltungsrahmen für einen Verteidiger begrenzt. Tatsächlich zeigt sich jedoch in den meisten Hauptverhandlungen, dass Verteidiger, die zum Leugnen raten und einer Konfliktstrategie folgen, ihren Mandanten damit oft schaden. Insofern ist der Rat von Vernehmungsbeamten, sich zu öffnen und nicht sinnlos zu leugnen, tatsächlich oft die bessere Verteidigung.

Das durchaus berechtigte und auch anempfohlene Argument, man habe in einem Vorgespräch den komplexen Sachverhalt vorstrukturieren wollen, um die anschließende schriftliche Vernehmung straffer gestalten zu können, wollen Anwälte zwar oft nicht gelten lassen, allerdings kann es auch nicht widerlegt werden, wenn – was selbstverständlich sein sollte – Vorgespräche als Teil der Vernehmung unter strikter Beachtung der vorgesehenen rechtlichen Rahmenbedingungen erfolgten (Belehrung, Einhaltung der Voraussetzungen des § 136a StPO usw.).

Anmerkung des Verfassers:

Sämtlichen Geständnissen, die ich jemals entgegennahm, gingen mehr oder weniger lange Vorgespräche voraus, das längste (im Fall Sedlmayr) zog sich über zwölf Stunden hin. Kein einziges Geständnis wurde dagegen während einer schriftlichen Vernehmung abgelegt. Daran wird erkennbar, wie wichtig die Möglichkeit der mündlichen Einwirkung insbesondere in der Anfangsphase (nach Festnahmen oder Entdeckung der Tat) sein kann. Sollte es eines Tages so weit kommen (entsprechende Bestrebungen sind im Gange), dass polizeiliche Vernehmungen nur noch in Anwesenheit eines Anwaltes erfolgen dürfen, obwohl Beschuldigte auch ohne Anwalt aussagewillig wären, wird es kaum noch Geständnisse geben. Stattdessen nur noch die übliche Formulierung in den Akten, die da lautet: »Mein Mandant macht vorerst keine Angaben zur Sache, ich werde erst Akteneinsicht beantragen und dann entscheiden, ob er überhaupt Angaben machen wird.«

Bedenkt man, dass schätzungsweise 70 bis 80 Prozent der Tötungsdelikte aufgrund von Geständnissen geklärt und abgeurteilt werden, kann man erahnen, was es bedeuten würde, stünde Ermittlern die Möglichkeit, Tatverdächtige oder Beschuldigte auch ohne Anwalt vernehmen zu dürfen, nicht mehr zur Verfügung.

ZUSAMMENFASSUNG

Vorgespräche

- sind bereits Vernehmungen (Belehrung vorher!)
- dienen der psychologischen Einwirkung
- ermöglichen intensiveres, schnelleres Argumentieren
- dienen der Sondierungs- und Überzeugungsarbeit
- sollen helfen, Optionen für die »goldene Brücke« zu finden
- können aber auch kontraproduktiv sein (rationaler Hintergrund des Beschuldigten).

2.5 Vernehmungsgespräche mit Beschuldigten

In der Praxis kommt es immer wieder vor, dass Beschuldigte, obwohl sie keine »schriftliche Aussage« (mehr) machen wollen, auch entgegen dem ausdrücklichen Rat ihres Anwaltes immer wieder den Kontakt zu den Ermittlern suchen, weil sie den Sachstand ausloten bzw. die Sachbearbeiter »aushorchen« wollen. Es ist eine Frage der Taktik, inwieweit sich Ermittler auf solch leicht durchschaubares Verhalten einlassen sollten. Falls es als zielführend angesehen wird, ist die zeitnahe gründliche Dokumentation solcher »Zusammenkünfte«, an denen immer zwei Beamte teilnehmen sollten, unerlässlich.

Untersagt die Staatsanwaltschaft den Ermittlern allerdings weitere Kontakte oder Kontaktversuche mit Beschuldigten, ist dies selbstverständlich zu beachten.

Anwälte dagegen können der Polizei den Kontakt mit ihren Mandanten nicht verbieten, weil es grundsätzlich der freien Willensentscheidung eines Beschuldigten obliegt, ob er mit der Polizei reden will oder nicht. Dennoch werden sie es als Behinderung oder Eingriff in die Rechte der Verteidigung anprangern, wenn die Polizei trotz des ausdrücklichen Hinweises, der Mandant würde keine Angaben zur Sache (mehr) machen, mit diesem immer wieder Kontakt aufnimmt.

Hartnäckiges Kontaktieren von Beschuldigten (zum Beispiel Aufsuchen in der JVA), die bereits erklärt haben, keine Angaben zur Sache (mehr) machen zu wollen, kann deshalb auch als Verstoß gegen die Grundsätze eines fairen Ermittlungsverfahrens eingestuft werden und die spätere Verwertbarkeit der gemachten Aussagen infrage stellen. Letztendlich unterliegt es aber der freien Beweiswürdigung des Gerichtes, ob es die gemachten Angaben verwerten will oder nicht.

Wichtig ist auch, dass man Beschuldigte, die zu solchen »Vernehmungsgesprächen« bereit sind, vor jeder Vernehmung belehrt und darauf hinweist, dass über Verlauf und Inhalt des »Gespräches« ein Vermerk gefertigt und zu den Akten genommen wird.

Vernehmungsgespräche müssen auch mit Zeugen geführt werden. Man denke nur an den Bereich verdeckter Ermittlungen oder an die Vernehmung von Hinweisgebern, die anonym bleiben wollen.

Verlauf und Inhalt solcher Aussagen werden – je nach Protokollierungsmöglichkeit – wortwörtlich, sinngemäß oder in Gedächtnisprotokollen (s. Kapitel 3.1) niedergelegt.

Grundsätzlich gilt für Ermittler: »Reden ist Gold, Schweigen ist schlecht …« Vernehmen kann man nur, wenn jemand redet.

Nur so kommt man an Informationen. Also sucht man Kontakt zum Beschuldigten und lässt ihn reden, reden, reden …

ZUSAMMENFASSUNG

Vernehmungsgespräche führt man mit Beschuldigten, die zwar

- keine (schriftlichen) Angaben (mehr) machen
- sich aber gesprächsbereit zeigen, weil sie in der Regel die Beweislage und den Ermittlungsstand ausloten wollen.

3 Protokollierungen von Aussagen

3.1 Protokollierungen mündlicher Aussagen

Alle Aussagen, Äußerungen und Mitteilungen, die Ermittlern zur Kenntnis gelangen und die nicht im Rahmen einer formellen Vernehmung schriftlich oder auf Tonträger protokolliert werden konnten, für das Verfahren aber wichtig sind, müssen – unabhängig davon, wie sie hinsichtlich ihrer Verwertbarkeit einzustufen sind – der Staatsanwaltschaft und dem Gericht zur Kenntnis gebracht werden, und zwar als

- sinngemäße Wiedergabe (nach stichpunktartigen Notizen)
- Vermerke (kürzere Äußerungen)
- Gedächtnisprotokolle (Vor-, Vernehmungsgespräche)
- Vernehmungsniederschriften.

Vereinfacht ausgedrückt: Den Justizbehörden sollten nicht nur formelle Aussagen vorliegen, sondern sie sollten auch über Hintergründe, Gerüchte oder Verhaltensweisen informiert werden, die im Zusammenhang mit dem Sachverhalt stehen. Ermittlungsakten sollten nicht nur aus einer Aneinanderreihung von offiziellen Vernehmungen bestehen, auch das »Drumherum«, das Zustandekommen und aussagerelevante Reaktionen sind wichtig. Ebenso wie Fehler, Versäumnisse oder sonstige Besonderheiten. Oft werden außerhalb offizieller Vernehmungen Äußerungen gemacht, die sehr aussagekräftig sein können und deshalb dem Gericht nicht vorenthalten werden sollten. Beispielsweise der Versuch, gemachte Aussagen korrigieren oder rückgängig machen zu wollen. Im Grunde geht es darum, der Staatsanwaltschaft und dem Gericht alles zur Kenntnis zu bringen, was man nicht nur in Vernehmungen erarbeitet, sondern auch außerhalb solcher »erfahren« oder gehört hat. Dazu zählen zum Beispiel auch Äußerungen, nicht eingehaltene Zusagen oder Vertröstungen von Anwälten (s. hierzu auch Kapitel 3.1). Über Kontakte bzw. Gespräche mit Anwälten, sofern sie sachbezogen sind, sollten ohnehin grundsätzlich Aktenvermerke gefertigt werden.

Was von mündlichen Aussagen, die später nicht durch eine formelle Vernehmung abgesichert wurden oder abgesichert werden konnten, für das gerichtliche Verfahren Bedeutung erlangt, unterliegt der Bewertung durch Staatsanwaltschaft und Gericht und kann nicht vom Ermittler eigenmächtig entschieden und weggelassen werden. Gerade die Irrwege, die während der Ermittlungen oft gegangen werden müssen, erlangen im gerichtlichen Verfahren große Bedeutung, wenn es darum geht, Tatalternativen auszuschließen und verfahrensverzögernde Beweisanträge abzulehnen. Wer seine Ermittlungen umfassend mit allen Höhen und Tiefen darstellt, beweist damit vielmehr, wie gründlich und ideenreich ermittelt wurde. Natürlich steht hierbei außer Frage, dass mündliche Aussagen einen geringeren Beweiswert haben als jene, die im Rahmen einer formellen Vernehmung durch Unterschrift autorisiert wurden. Andererseits sind frühe mündliche Angaben, die reines Täterwissen darstellen, oft von überragendem Beweiswert (Leiche wird gezeigt usw.).

Mündliche Aussagen erhalten Polizeibeamte im Rahmen von informatorischen Befragungen, von Spontanäußerung und bei Vernehmungsgesprächen (Kontakt-, Vor-, Vernehmungsgespräche).

Aber auch stichpunktartig notierte Aussagen, wie telefonische Vernehmungen oder Befragungen vor Ort, die (später) nicht unterschriftlich autorisiert wurden, zählen hierzu. Alles eben, was außerhalb formeller Vernehmungen Ermittlern gegenüber geäußert oder ausgesagt wurde.

Merke: Die Polizei hat keine Dispositionsbefugnis, das heißt, alle Akten sind der Staatsanwaltschaft vorzulegen, inklusive aller Spuren- und Nebenakten. Vorsicht ist jedoch bei sogenannten persönlichen Handakten geboten. Werden solche geführt und enthalten sie prozessrelevante Dokumente (zum Beispiel handschriftliche Aufzeichnungen), müssen diese gegebenenfalls offengelegt werden.

Sinngemäße Wiedergabe (nach stichpunktartigen Notizen)

Die sinngemäße Aufzeichnung von Aussagen und Vernehmungen ist ein bloßes Hilfsmittel, wenn die sofortige formelle Vernehmung aus Zeitgründen oder aufgrund der örtlichen Verhältnisse nicht möglich ist, sondern Aussagen telefonisch aufgenommen und nur stichpunktartig notiert werden konnten. Das Gleiche gilt für Befragungen bzw. Vernehmungen noch am Tatort, im Krankenhaus oder an sonstigen Örtlichkeiten außerhalb der Dienststelle. Diese Art der ersten Informationsgewinnung ist zwar unumgänglich, kann aber nur zu einer vorläufigen Orientierung dienen.

Wichtig ist zunächst, dass es nicht zu Informationsverlusten kommt. Deshalb ist es erforderlich, sich bei solcher Art von Befragung nicht in Nebensächlichkeiten zu verlieren, sondern gezielt die Punkte zu erfragen, die möglichst genaue Eckdaten umfassen.

Um eine Aussage für die Hauptverhandlung jedoch verwertbar zu machen, versteht es sich von selbst, dass dann, wenn sich die Bedeutung einer Aussage herausstellt, eine nachträgliche schriftliche, zu Protokoll genommene Vernehmung auf der Dienststelle zu erfolgen hat. Häufig fehlen in der Phase erster Informationsgewinnung die erforderlichen Belehrungen. Oft ist nicht einmal bekannt, in welchem Verhältnis die Personen zueinander stehen und welche Art von Belehrung deshalb nötig ist. Demzufolge muss immer im Auge behalten werden, dass möglicherweise unverwertbare Erkenntnisse nur dann verwertbar gemacht werden können, wenn später eine qualifizierte Belehrung vorgenommen wird (s. Kapitel 6.4). Bei der Vernehmung selbst kann sich der Vernehmende auf seine stichpunktartigen Notizen stützen.

Wurden Aussagen bzw. Angaben nur stichwortartig notiert, können diese auch nur in indirekter Rede bzw. im Konjunktiv protokolliert werden. (»Er gab an, er sei am Sonntag um 12.00 Uhr zum Bahnhof gegangen und habe dort den Sepp getroffen …«)

Würden stichpunktartig notierte Angaben als wortwörtliche Vernehmung »getarnt« (»Der Zeuge gab Folgendes an: ›Ich bin am Sonntag um 12.00 Uhr zum Bahnhof gegangen und habe dort den Sepp getroffen …‹«), käme dies einer zweifelhaften Auffüllung mit eigenen Worten gleich. Das würde von jedem Anwalt als nicht authentisch und damit unverwertbar angegriffen werden.

Vernehmungsniederschriften im Konjunktiv haben auch einen geringeren Beweiswert als wortwörtlich aufgenommene, sofort protokollierte und unterschriftlich autorisierte Aussagen. Im

Bereich von Verbrechenstatbeständen können sie daher nur eine Art (vorläufige) Notlösung sein.

Deshalb wird jeder Ermittler, der beispielsweise während der Vernehmung eines Tatverdächtigen eine Zeugin anruft, um dessen Alibiangaben zu überprüfen, die Angaben der Zeugin stichpunktartig notieren und anschließend im Konjunktiv niederschreiben. Selbstverständlich wird er die Zeugin später unterschriftlich nachvernehmen.

Aktenvermerke

Aktenvermerke sind vergleichbar mit dem Führen eines Tagebuches, in dem man festhält, woran man sich zu einem späteren Zeitpunkt ohne Gedächtnisstütze nicht mehr so detailliert erinnern wird. Sie

- sind eine Protokollierung kurzer mündlicher Äußerungen / Aussagen
- dienen als »roter Faden«, der durch die Akten führt (Navigator, wo ist was!)
- stellen Zusammenhänge her und geben Erläuterungen (Moderator, who is who!)
- bieten Erklärungen / Bewertungen (Kommentator, warum, weshalb)
- sind wie ein »Programmheft« (Herleitung des Tatverdachtes, wann, wo, wie, warum).

Aktenvermerke dienen der Transparenz und der Nachvollziehbarkeit des Ermittlungsverfahrens und erklären, warum die Dinge so gelaufen sind, wie sie liefen. Sie haben im Ermittlungsverfahren eine besondere Bedeutung. Dem Kriminalbeamten werden während seiner Ermittlungen eine Vielzahl von

Umständen, Begebenheiten und Aussagen bekannt, die in den Ermittlungsakten keinen Niederschlag finden würden, würden sie nicht in Form von Vermerken für die Gerichte gesichert. Viele dieser Erkenntnisse dienen der Verdachtsschöpfung, der Überzeugungsbildung und der Erläuterung von Ermittlungsansätzen.

Obwohl der ermittelnde Kriminalbeamte in der Hauptverhandlung einer der wichtigsten Zeugen ist, finden sich in den Ermittlungsakten keine Zeugenvernehmungen von ihm, da er die Ermittlungen ja selbst leitet. Die Aktenvermerke sind daher Grundlage für seine eigene Vernehmung durch das Gericht und geben diesem Aufschluss über Zusammenhänge, die für die kriminalistische Überführung des Täters nötig sind. Sie stellen zusammengenommen die Quintessenz der kriminalistischen Arbeit dar, die außerhalb von Vernehmungen oder sonstigen Beweisergebnissen liegen. Aktenvermerke müssen immer zeitnah niedergelegt werden, da nur so ihre Bedeutung für den Prozess der Überzeugungsbildung erschlossen werden kann.

Ihren Gipfelpunkt können die Ermittlungen im Schlussvermerk finden, der zwar nicht von der Strafprozessordnung vorgeschrieben ist, in umfangreichen Sachen aber zur Selbstkontrolle und Aufsicht des Vorgesetzten ausgearbeitet werden soll (Komm. StPO §163 Anm. 48).

In Vermerken werden zum Beispiel folgende Begebenheiten niedergelegt:

- auffälliges Verhalten von Zeugen oder Tatverdächtigen
- besondere Vorkommnisse
- Telefonate, Konfrontationen mit Anwälten usw.
- Fehlschläge, Verzögerungen usw.
- Ablage, Ergebnis, Verbleib von Gutachten, Spurenakten, Auflistungen
- Erläuterungen zur Herleitung bzw. Erhärtung des Tatverdachtes

Darüber hinaus sind Aktenvermerke zu fertigen über Mitteilungen, Aussagen oder Äußerungen außerhalb förmlicher Vernehmungen, die im Rahmen von

- informatorischen Befragungen
- Spontanäußerungen
- (anonymen?) Mitteilungen und Hinweisen

erlangt wurden und die einen kurzen, knappen Rahmen nicht überschreiten. Umfangreichere »Gespräche« sind dagegen in einem Gedächtnisprotokoll zu dokumentieren (s. Kapitel 3.1).

Aktenvermerke ermöglichen es dem Sachbearbeiter, »seine Sicht der Dinge« (geschickt) zu platzieren, so zum Beispiel, warum sich die Ermittlungen in eine bestimmte Richtung entwickelt haben und zur Herleitung des Tatverdachtes führten. Wichtig kann auch werden, in Aktenvermerken zu erörtern, warum die eine oder andere Maßnahme nicht durchgeführt wurde bzw. werden konnte. Es geht also um die Transparenz der Gesamtermittlungen. Insofern machen Aktenvermerke das Ermittlungsverfahren durchschaubar.

Aktenvermerke müssen sachlich und objektiv sein. Mutmaßungen oder Spekulationen sollten unbedingt unterbleiben.

Schlussberichte sind eine nochmalige Kontrolle und erleichtern das Aktenstudium im Vorfeld der Verhandlung. Dabei sind seitenlange Wiederholungen von Aussagen entbehrlich, es geht im Grunde genommen um ein erweitertes, erklärendes und erläuterndes Inhaltsverzeichnis. In der Praxis hat sich gezeigt, dass die Fortschreibung eines standardisierten Schlussberichtes von Anfang an von großem Wert ist. Zum einen, weil man stets den aktuellen Sachstand parat hat und Tag für Tag ergänzen kann, zum anderen, weil man sich nach Abschluss der Ermittlungen wochenlanges Aktenwälzen erspart.

Gedächtnisprotokolle

Gedächtnisprotokolle sind immer dann zu fertigen, wenn vor der eigentlichen formellen schriftlichen Vernehmung und deren Protokollierung Aussagen erlangt werden, die zu wichtig für eine nur stichpunktartige Aufzeichnung sind (Geständnisse) und die gleichzeitig den Umfang bloßer Vermerke überschreiten würden. Dies liegt insbesondere dann vor, wenn längere Vorgespräche geführt wurden und es hierbei zu eventuellen Tatgeständnissen kam. Gedächtnisprotokolle dokumentieren

- Vor- und Vernehmungsgespräche
- Zustandekommen und Inhalt mündlicher Geständnisse und
- sonstige umfangreiche Aussagen.

Gedächtnisprotokolle geben oft wörtliche Aussagen des Vernommenen wieder, schildern mitunter aber auch die Vernehmungssituationen, und sie zeigen Vorhalte auf, die Anlass für ein Geständnis waren. Sie sind daher eine Mischung aus Aussage und Vermerk und stellen die Grundlage für die Vernehmung des Beamten in der Hauptverhandlung dar. Gedächtnisprotokolle unterscheiden sich somit von der Protokollvernehmung. Werden mit Tatverdächtigen vor Beginn der schriftlichen Vernehmung solche Vorgespräche geführt, so ist selbstverständlich, dass vorher ordnungsgemäß belehrt werden muss. Ein Tatverdacht liegt ja bereits vor, und es wird nur deshalb auf die sofortige Protokollierung verzichtet, weil der zu Vernehmende erst einmal unter vier Augen ein Gespräch führen will oder weil dies den Vernehmungsfluss und die Vernehmungsintensität durch ständiges unterbrechendes Formulieren massiv stören würde. Nach einem solchen Vorgespräch sollte möglichst umgehend in die formelle, schriftliche Protokollierung übergegangen werden, um den »Schwung« aus den Vorgesprächen mitzunehmen und die authentische Aussage zeitnah aufzuzeichnen.

Die Wiedergabe länger andauernder Vorgespräche ist sehr schwierig, wenn man die Inhalte chronologisch wiedergeben will. Es empfiehlt sich daher, einzelne Themenbereiche in beliebiger Reihenfolge abzuhandeln (Tatort, Tatzeit, Alibi usw.).

Ein Gedächtnisprotokoll sollte nach Möglichkeit folgende Fragen beantworten:

- Wann, wo, wie und warum kam es zustande?
- Warum wurde von sofortiger Protokollierung abgesehen?
- Wie war der eigene Erkenntnisstand zu diesem Zeitpunkt?
- Wer war zugegen?
- Wurde der Inhalt stichpunktartig notiert oder
- Warum war auch dies nicht möglich?
- Welche Themen (Alibi, Tatwaffe, Motiv?) wurden angesprochen?
- Was sagte der Vernommene sinngemäß?
- Welche wortwörtlichen Äußerungen wurden gemacht?
- Was wurde ihr / ihm vor- bzw. entgegengehalten?
- Wie reagierte sie / er bzw. wie konterte sie / er?
- Wie lange hat das »Gespräch« gedauert?
- Wie, warum und mit welchem Ergebnis endete es?
- Wie ist man verblieben?
- Wann wurde zum schriftlichen Protokoll mit erneuter, nunmehr schriftlicher Belehrung übergegangen?
- Welche Inhalte wurden in der anschließenden schriftlichen Vernehmung wiederholt bzw. in diese übernommen?

Beispiel eines Gedächtnisprotokolls

Gedächtnisprotokoll zum Vorgespräch mit dem Beschuldigten Max H.

Niederschrift gefertigt am 28. 04. 17, ab 10.00 Uhr

Der Beschuldigte wurde am 27. 04. 2017 um 21.30 Uhr durch die festnehmenden Beamten der PI 13 (siehe V-Note) in die Räume des K 11 gebracht …

In der Zeit von 22.00 Uhr bis 24.00 Uhr fand ein Vernehmungsgespräch statt, das ausschließlich von mir geführt wurde, zeitweise war Kriminalhauptkommissar Huber anwesend, ohne sich aber aktiv zu beteiligen. Er fertigte während der Vernehmung Notizen, insbesondere zum Verhalten des Beschuldigten (siehe gesonderter Vermerk).

Der Beschuldige war körperlich und geistig orientiert, zeigte keine Ausfallerscheinungen, war kooperativ und wirkte ruhig und gelassen.

Gleich zu Beginn des Gespräches wurde er über seine Rechte als Beschuldigter aufgeklärt. Er war bereit, auch ohne Rechtsbeistand Angaben zu machen, zunächst aber erst einmal mündlich. Eine sofortige schriftliche Protokollierung lehnte er ab, er wollte »erst einmal hören, was wir überhaupt von ihm wollen«. Er war einverstanden, dass ich mir den Gesprächsinhalt stichpunktartig notiere. Thematisiert wurden die Themenbereiche Motiv, Alkoholbeeinflussung, Tatwaffe, Alibi, Mittäter und Tathergang.

Zu den genannten Themenbereichen machte der Beschuldigte sinngemäß folgende Angaben:

Zum Tatmotiv bzw. zum Tatanlass:
Dem Beschuldigten wurde vorgehalten, dass er festgenommen wurde, weil er derjenige gewesen sein soll, der zugestochen hat. Daraufhin sagte er mehrfach hintereinander: »I hob gar nix g'macht.« Ich hielt ihm entgegen, dass es Zeugen gäbe, die

den Hergang genau beobachtet haben, und außerdem müsse er damit rechnen, dass am Messer Spuren sein könnten, die belegen, dass er das Messer in der Hand hatte. Das solle er bedenken, auch wenn es noch nicht gesichert sei. Daraufhin schwieg er eine Minute und sagte dann: »Ja, ich war's.« (23.45 Uhr) Auf die Frage, ob er weiterreden wolle, er wisse, dass er nichts sagen müsse, antwortete er sinngemäß, er habe zwar zugestochen, aber vorher habe er gar nichts gemacht. Damit meine er, dass er dem Typen gar nichts gemacht hätte, und trotzdem sei er »angefegt« (wortwörtlich) worden …

Zur Alkoholisierung:
Er sagte, er habe bereits zu Hause drei halbe Liter Bier getrunken, weil die Getränke in der Disco zu teuer seien und er sich schon vorher in die entsprechende Stimmung versetzen wollte. In der Disco habe er dann den ganzen Abend über noch einmal zwei Bier getrunken. Das sei aus seiner Sicht nicht viel gewesen, er fühlte und fühle sich keinesfalls betrunken.

Auf die Frage, ob er das immer so mache, sagte er, wenn er so viel Geld hätte wie ich, würde er …

Zur Tatwaffe:
Er habe noch nie ein Messer mitgeführt. Ich hielt ihm vor, sein Freund Hermann habe aber ausgesagt, dass er immer ein Messer in der rechten hinteren Hosentasche bei sich getragen habe. Nach kurzem Überlegen sagte er (wurde wortwörtlich notiert): »Ja, scheiße, es ist mein Messer. Der Hermann, der Depp, hat es mir ja selbst zu meinem Geburtstag geschenkt, was soll es also noch. Es stimmt auch, dass ich nie ohne außer Haus gegangen bin …«

Nach einigen ergänzenden Fragen (siehe unten) endete um 24.00 Uhr das Vorgespräch, und er war bereit, seine Angaben schriftlich zu Protokoll zu geben. Nach erneuter, nunmehr auch schriftlich protokollierter Belehrung begann um 00.25 Uhr, nach einer Pause, in der der Beschuldigte eine Tasse Kaffee zu sich nahm und zwei Zigaretten rauchte, die schriftliche Beschuldigtenvernehmung, in welche der gesamte Inhalt aus dem Vorgespräch noch einmal einfloss.

Dieses Gedächtnisprotokoll erhebt keinen Anspruch auf Vollständigkeit und gibt inhaltlich wieder, was der Beschuldigte zu den einzelnen Themenbereichen im Rahmen des Vernehmungsgespräches angegeben hat, in Teilbereichen auch widersprüchlich zu seinen danach gemachten Angaben in der schriftlichen Vernehmung.

3.2 Protokollierung formeller Aussagen

Diktat – wortgetreue Wiedergabe (hoher Beweiswert)

Das wortwörtliche Diktat, also die unmittelbare Übertragung des gesprochenen Wortes in das Protokoll (entspr. §§ 163a, 168b I, II StPO, s. a. Komm. 31 zu § 163b StPO) entweder durch den zu Vernehmenden selbst oder vom Vernehmungsbeamten diktiert, hat sich bewährt. Es ist noch immer die häufigste Art der Protokollierung von Vernehmungen und ist entweder

- wortwörtlich und lückenlos handschriftlich mitgeschrieben
- direkt auf Diktiergerät gesprochen (nicht bei Beschuldigten)

oder

- direkt in den Computer diktiert (mit Protokollführerin).

Das wortgetreue Diktat hat den Vorteil, in ruhiger, angstfreier, entspannter Atmosphäre geführt und anschließend in aller Ruhe noch einmal durchgelesen, gegebenenfalls korrigiert und durch Unterschrift autorisiert werden zu können. Da es sich (hoffentlich) um die eigenen Formulierungen des Vernommenen handelt, werden sie von ihm beim anschließenden Durchlesen und Unterschreiben in der Regel auch problemlos verstanden und akzeptiert. Konfliktbeladene Verbesserungsgespräche werden so vermieden. Solche Protokollierungen erfolgen in direkter Rede (»Ich bin am Sonntag um 12.00 Uhr …«) und haben dadurch eine hohe Authentizität. Das Diktat auf Diktiergerät ist zwar zeitsparender als die schriftliche Dokumentation, allerdings ist es für Beschuldigtenvernehmungen nicht geeignet. Wichtige Zeugenvernehmungen sollten zu einem späteren Zeitpunkt noch einmal zur Genehmigung und Unterschrift vorgelegt werden.

Tonband- und Videoaufzeichnungen (höchster Beweiswert)

Hier ist nicht das Diktat des Vernehmers auf ein Diktiergerät gemeint, sondern die direkte Aufnahme des von der vernommenen Person gesprochenen Wortes auf Tonträger. Ergänzt durch Videoaufzeichnung, hat diese Form höchste Authentizität und damit stärkste Beweiskraft.

Allerdings kann sich die direkte Aufzeichnung auf Tonband und noch mehr das Sprechen vor einer Kamera sowohl für den zu Vernehmenden als auch für den Vernehmer behindernd auswirken (Sprech- und Kommunikationshemmung). Aus Angst davor, später könnte jedes Wort auf die »Goldwaage« gelegt werden, können Offenheit und Ungezwungenheit verloren gehen. Darüber hinaus ist zu befürchten, dass von Verteidigern künftig diese Methode als »Standard« verlangt und andere, herkömmliche Protokollierungen generell infrage gestellt werden könnten, gleichsam mit dem Vorwurf, man habe eine Ton- und Bildträgeraufzeichnung nur deshalb unterlassen, um verbotene Vernehmungsmethoden zu vertuschen. Tatsächlich bieten derartige Aufzeichnungen gerade Konfliktverteidigern eine Menge meist ungerechtfertigter Angriffspunkte, da allein schon die Lautstärke, in der man mit einem Beschuldigten spricht, fehlgedeutet werden kann.

Bei geständigen oder sich auffällig verhaltenden Beschuldigten, die weinen, schreien oder aggressiv sind, kann eine Ton- und Bildaufzeichnung sinnvoll sein, um dem Gericht einen möglichst realistischen Eindruck zu vermitteln.

Tonbandaufnahmen müssen, so sie durchgeführt wurden, wortwörtlich abgeschrieben werden.

Heimliche Tonbandaufzeichnungen sind nicht nur verboten, sondern sogar unter Strafe gestellt (§ 201 StGB) und vor Gericht unverwertbar (Täuschung i. S. d. § 136a StPO; s. Komm. 18 zu § 136a StPO)!

3.3 Protokollierungsfehler

Ein Vernehmungsprotokoll dient nicht der Profilierung des Sachbearbeiters als Schriftsteller. Liest es sich wie ein Zeitungsartikel, dessen flüssiger Stil wie auch die ausgefeilt gewählten Worte und Ausdrücke völlig im Gegensatz zu den intellektuellen Fähigkeiten der vernommenen Person stehen, sind Zweifel an der Authentizität vorprogrammiert. Eine Geschädigte mit begrenztem Intellekt wird wohl kaum formulieren: »Der Täter manipulierte an meiner Vagina«, sondern eher: »Er hat mir da unten hingelangt«, es wird wohl auch kaum jemand sagen:

»Ich habe seinen Tod billigend in Kauf genommen.« Wahrscheinlicher ist die Formulierung: »Mir war es in dem Moment egal, ob er stirbt oder nicht.«

Jede Vernehmung muss dem Geistes- und Verstandesniveau der vernommenen Person entsprechen. Man muss glauben können, dass der Beschuldigte »das so gesagt hat«.

Folgende Fehler beim Protokollieren sind unbedingt zu vermeiden:

- Vokabeln aus der »Polizei-Sprache« (»billigende Inkaufnahme«)
- »rundes«, perfektes, fehlerfreies Protokoll (lebensfremd)
- ersichtliche Auslassungen, gestraffter Inhalt (Vollständigkeit?)
- Sprachniveau entspricht nicht dem des Beschuldigten
- Fragen nicht ausformuliert (falsch: »Auf Frage gebe ich an …«)
- keinerlei Ausbesserungen, Korrekturen (nicht durchgelesen?)
- keine Unterbrechungen usw. sind dokumentiert (eigenartig)
- keine Nachfragen oder Vorhalte (warum nicht?)
- Suggestivfragen (alles in den Mund gelegt oder eingeredet?)

Es ist undenkbar, dass in einer Vernehmung keinerlei Fragen gestellt oder Vorhalte gemacht werden. Solche geschönten Protokolle riskieren ihre Unverwertbarkeit und bringen Vernehmungsbeamte in Erklärungsnot.

Am einfachsten und sichersten ist es, wortgetreu niederzuschreiben, was der Vernommene ausgesprochen hat, wobei die Übertragung ins Schriftdeutsche selbstverständlich notwendig ist. Es empfiehlt sich aber, einzelne, markante Sätze im Dialekt zu protokollieren, zum Beispiel: »I hob eam's Messer neigrennt, dass er bluat hot wia a Sau …«

Vernehmung ist eigentlich nichts anderes als gezielte Befragung.

Dabei garantiert das Frage-Antwort-Prinzip erfahrungsgemäß am ehesten eine wirklichkeitsgetreue Protokollierung und ist deshalb auch am wenigsten angreifbar. Einzige Voraussetzung: Fragen ausformulieren, möglichst kurz halten und dem

Beschuldigten nichts einreden, unterstellen oder vorgeben (suggerieren). Die Antworten »originalgetreu« protokollieren!

Unbedingt unterbleiben sollten sogenannte Negativbegründungen, wie sie tatsächlich immer wieder vorkommen: »Ich wurde fair behandelt«; »Ich wurde nicht beeinflusst, nicht geschlagen oder bedroht« usw. Derartige Selbstverständlichkeiten zu formulieren legt geradezu nahe, dass dem Beschuldigten eine Bewertung hinsichtlich seiner Behandlung abgenötigt wurde. Das lässt wohl bei jedem Verteidiger den Verdacht reifen, es werde schon seinen Grund haben, warum Derartiges eigens protokolliert wurde.

4 Vernehmungsmethoden

Es gibt weltweit eine Vielzahl verschiedener Vernehmungsmethoden, was letztendlich ein Beweis dafür ist, dass es nicht die eine richtige Methode gibt. Welche die jeweils richtige ist, hängt natürlich auch von den rechtlichen Rahmenbedingungen ab, die bekanntlich sehr unterschiedlich sind. In England beispielsweise orientierte man sich bis in die 1980er-Jahre mehr am amerikanischen Vorbild, wo Täuschung und Lüge erlaubt sind. Die Folge war eine auffallend hohe Zahl falscher Geständnisse, sodass man Anfang der 1990er-Jahre die sogenannte PEACE-Methode gesetzlich festschrieb, die von Insidern gerne als »Weichei-Methode« bezeichnet wird, weil sie Vernehmern wenig Freiräume lässt und bei der Tatverdächtige quasi mit Samthandschuhen anzufassen sind. Ehrlich gesagt, kommt sie den hierzulande vorgegebenen Rahmenbedingungen am nächsten und ist deshalb durchaus vergleichbar mit dem kognitiven Interview bzw. der Festlegevernehmung. Die Gliederung:

- P = Preparation (Vorbereitung / Planung)
- E = Engage an explain (Erklärung / Vorgespräch)
- A = Account (Vernehmung)

- C = Closure (Abschluss)
- E = Evaluation (Bewertung)

In den USA dagegen wird noch heute die sogenannte REID-Vernehmungstechnik bevorzugt, bei der in neun Stufen versucht wird, zu einem Geständnis zu kommen. Eine Methode, die umfangreicher Schulung bedarf und die auch bei uns getestet wurde, sich aber letztendlich als zu manipulativ erwies. Schwachpunkt: Die Methode ist darauf ausgerichtet, dass diejenige Person, die man vernimmt, auch tatsächlich schuldig ist. Aber was, wenn es nicht so ist? REID ist wenig geeignet, um einen bestehenden Tatverdacht auszuräumen, und darüber hinaus können Unschuldige auch zu einem Geständnis getrieben werden.

Es würde den Rahmen dieses Handbuchs sprengen, würde man alle Vernehmungsmethoden erörtern wollen, wie sie in demokratischen Rechtsstaaten gelehrt und angewendet werden. Deshalb beschränke ich mich auf zwei Methoden, die m. E. für unsere Verhältnisse am effektivsten sind. Wie man sehen wird, weichen sie gar nicht so sehr von dem ab, was auch in anderen Ländern angeraten wird, was wiederum ein Beleg dafür ist, dass es eigentlich bei allen Methoden nur darum geht, möglichst viele wahrheitsgemäße Informationen von den zu vernehmenden Personen zu erhalten.

4.1 Das kognitive Interview

»Kognitiv« kommt aus dem Lateinischen (»cognoscere«) und bedeutet so viel wie »denken, verstehen, erinnern«. Im Grunde geht es also darum, Zeugen dabei zu helfen, sich in die damalige, ursprüngliche Situation, über die sie aussagen sollen, zurückzuversetzen. Geht man doch davon aus, dass wir Menschen Erinnerungen an nicht alltägliche, außergewöhnliche oder gar traumatisierende Ereignisse in verschiedenen Arealen des Gehirns abspeichern und konservieren. Das ist selbst dann der Fall, wenn man solche Erlebnisse verdrängt. Fakt ist auch, dass man diese Fragmente durch intensives Nachdenken oder Hilfestellungen wieder abrufen und zusammensetzen kann. Dazu aktiviert man Fähigkeiten, die jeder Mensch in sich trägt, wenn auch in unterschiedlicher Ausprägung. Solche Fähigkeiten sind: Aufmerksamkeit, gutes Erinnerungsvermögen, kreatives Denken, gute örtliche und zeitliche Orientierung, geistige Beweglichkeit, Kombinations- und Reflexionsfähigkeit sowie eine gute Wiedergabefähigkeit, was nichts anderes bedeutet, als dass man das Erlebte auch formulieren und detailliert schildern bzw. beschreiben kann.

Das Gegenteil dieser Fähigkeiten zeigt sich in Unaufmerksamkeit, Vergesslichkeit, Gleichgültigkeit, Trägheit, Fantasielosigkeit, Orientierungs- und Geistlosigkeit bzw. Primitivität.

Im Grunde genommen geht es darum, umzusetzen, was man eigentlich bei Vernehmungen generell versucht, nämlich so lange nachzubohren (»Jede Kleinigkeit kann wichtig sein«), bis man den Eindruck hat, ein Höchstmaß an Informationen aus der zu vernehmenden Person »herausgequetscht« zu haben. Beim kognitiven Interview läuft dieses Bemühen eben nur strukturierter bzw. stufenweise aufgegliedert ab.

Das kognitive Interview eignet sich in erster Linie bei Zeugen, die man als neutral einstuft, bei denen also nicht zu befürchten steht, dass sie Be- oder Entlastungseifer entwickeln könnten, sondern bemüht sind, die Wahrheit zu sagen. Derartige Zeugen haben normalerweise keinen Bezug zu Tätern oder Opfern und lassen deshalb auch keinen Grund erkennen, nicht objektiv zu sein. In der Regel sind es Zufallszeugen, die wichtige Beobachtungen gemacht haben, die sie aber aufgrund von Erinnerungslücken nicht mehr gänzlich nachvollziehen können. Dabei sollen die Vernehmer helfen.

Bei Beschuldigten verhält es sich anders. Weil es bei ihnen nicht wie bei Zeugen um Vergessen oder Irrtum geht, sondern um Verschweigen und Täuschung, bedienen sie uns nicht unbedingt mit der reinen Wahrheit, sondern schildern den Sachverhalt logischerweise aus ihrer Sicht, das heißt, sie beschönigen, relativieren oder schieben die Schuld auf andere. Das ist ihr gutes Recht. Deshalb eignet sich bei dieser Klientel eher die Festlegevernehmung, auch wenn sie sich im Grunde genommen nicht allzu sehr vom kognitiven Interview unterscheidet (s. Kapitel 4.2). Bezüglich der Gliederung einer Beschuldigtenvernehmung, die ebenfalls Parallelen zum kognitiven Interview aufweist, vgl. Kapitel 6.6.

Bleiben wir zunächst beim kognitiven Interview. Wichtig ist gerade bei Zeugen, die unerfahren, ängstlich oder misstrauisch sind, eine entspannte, angstfreie Atmosphäre herzustellen und mit neutralen Fragen zu beginnen, die positiv beantwortet werden können. Dadurch lösen sich Spannungen und Nervosität. Dann sollte der Zeuge mit eigenen Worten schildern, woran er sich erinnert. Anschließend stellt der Vernehmer Fragen, vertieft die bisherigen Angaben (wer, wann, wo, was, wie, womit ...) und eröffnet Felder, die noch nicht angesprochen wurden. Umso mehr man ins Detail geht, umso größer die Chance, dass Vergessenes oder Verdrängtes bei Zeugen wieder an die Oberfläche kommt. Dem »Gedächtnis auf die Sprünge« kann man helfen, wenn man die zu vernehmende Person auffordert, sich in eine andere Person hineinzuversetzen und zu schildern, wie sich der Sachverhalt aus deren Sicht dargestellt haben könnte (Perspektivenwechsel). Um Ungereimtheiten zu erkennen bzw. zu beseitigen, hat es sich auch bewährt, die Abläufe in umgekehrter Reihenfolge schildern und »rückwärts« berichten zu lassen, also nicht chronologisch, sondern von hinten nach vorne: »Wo waren Sie, bevor Sie ins Kino gingen? Was haben Sie gemacht, bevor Sie an diesem Abend außer Haus gingen? Wie war das Wetter? Wem sind Sie begegnet? Mit wem haben Sie gesprochen? Was war davor?« usw. Man lässt den Zeugen also seine bereits chronologisch geordneten Aussagen nun vom Ende her bis hin zum Anfang schildern. Das hat gezeigt, dass ihm so manches wieder einfällt, was er vorher vergessen hatte. Letztendlich erweisen sich auch Rekonstruktionen und Ortsbegehungen als äußerst sinnvoll, weil dadurch unter Umständen eine noch größere Nähe zur damaligen Situation hergestellt wird. Auch Zeichnungen und Skizzen können helfen, die Dinge aufzuhellen.

ZUSAMMENFASSUNG

Im kognitiven Interview soll der Zeuge

- sich die damalige Lage noch einmal vorstellen und gedanklich wieder in die Situation eintauchen (Örtlichkeit, Wetter, Licht, Leute usw.);
- alles berichten, was ihm gerade einfällt, nichts auslassen, auch wenn es ihm unwichtig erscheint. Auch Erinnerungsfetzen soll er schildern;
- dazu ermuntert werden, einfach damit zu beginnen, was ihm am präsentesten ist, also mit seiner Schilderung auch mitten im Geschehen anzufangen. Nachdem er die Abläufe chronologisch berichtet hat, wird er aufgefordert, die Reihenfolge zu ändern und den Sachverhalt von hinten beginnend zu erzählen;

- die Geschehnisse aus der Sicht einer anderen beteiligten Person (Perspektivenwechsel) erzählen: »Was glauben Sie, konnte der Mann im roten Pullover gesehen haben? Wie könnte sich die Situation aus Sicht des XY dargestellt haben?«

4.2 Die Festlegevernehmung

Die Festlegevernehmung gleicht in vielen Punkten dem kognitiven Interview. Auch hier geht es im Grunde genommen darum, höchst detailliert möglichst viele Informationen zu erhalten, allerdings von Tatverdächtigen bzw. Beschuldigten. Also von Menschen, von denen – falls sie überhaupt aussagen – nur deren subjektive Wahrheit zu erwarten ist. Anders ausgedrückt: Sie werden ihre Sicht der Dinge präsentieren, ihre Schuld relativieren, beschönigen, verharmlosen oder auf andere abschieben. Sie werden infolgedessen lügen und versuchen, die Vernehmungsbeamten auf eine falsche Fährte zu locken. Um aber die zu erwartenden Lügen später widerlegen bzw. entlarven zu können, sollte man sie zunächst nicht nur entgegennehmen, sondern die zu vernehmenden Personen auch noch gezielt darauf festlegen. Wie macht man das?

Die Festlegevernehmung ist die »Königin der Vernehmungsmethoden«. Handelt es sich doch um eine Art »Allround-Verfahren«, welches sich besonders bewährt hat, wenn Sachverhalte noch relativ unklar sind und die Täterschaft nach wie vor im Dunkel liegt. Auch wenn es sich um die Vernehmung von Personen mit geringer Glaubwürdigkeit handelt oder um solche, die zwar glaubwürdig erscheinen, deren Angaben aber – aus welchen Gründen auch immer – nicht glaubhaft sind (vgl.

Kapitel 1.5: Lüge, Irrtum, Befangenheit), bietet sich die Festlegevernehmung an.

Das Festlegen auf bestimmte Tatsachen ist besonders dann sinnvoll, wenn noch wenig Hintergrundwissen vorhanden ist. Der Vernehmer wird dann eher als »unbedarft« oder ahnungslos wahrgenommen, was wiederum zu wahrheitswidrigen Angaben verleitet, so nach dem Motto: »Der weiß ja nichts, dem kann ich alles erzählen.« In diesem Glauben sollte man die zu vernehmende Person (zunächst) auch belassen und Vorhalte vermeiden. Kann man nämlich die Lüge nicht klipp und klar belegen, bestehen aber nach wie vor Zweifel am Wahrheitsgehalt einer Aussage, hat sich eine Möglichkeit bewährt: Lügen lassen!

Nur wenn wahrheitswidrige Angaben eindeutig und widerspruchsfrei widerlegt werden können und damit der Rückweg in die Ausrede abgeschnitten wurde, weil alle denkbaren Alternativen und Eventualitäten (man habe sich geirrt, geschämt, Angst gehabt usw.) vom Aussagenden selbst ausgeschlossen wurden, wird er zugeben, gelogen zu haben. Ist jemand der Lüge überführt, wird er diese einräumen. In welche Form auch immer.

Der Vorteil detaillierter Festlegevernehmungen besteht darin, dass die Vernehmungsbeamten Zeit gewinnen, um sich ein Urteil bilden zu können, und nicht gezwungen sind, sich allzu schnell festzulegen. Ganz nach der Devise: erst einmal erzählen lassen, zuhören und protokollieren.

Die Festlegevernehmung ist grundsätzlich auch für geständige Beschuldigte geeignet, weil Geständnisbereitschaft nicht automatisch bedeutet, dass die Ermittler nunmehr mit der reinen Wahrheit bedient werden. Vielmehr tragen Beschuldigte in der Regel ihre eigene, subjektive Wahrheit vor, schildern also ihre Sicht der Dinge, was jedoch nur selten der ganzen Wahrheit entspricht (s. Kapitel 7.5).

Die Festlegemethode ist leicht erlernbar und vor allem nicht suggestiv. Sie eignet sich besonders auch dann, wenn man nicht weiß, ob man einen Schuldigen oder Unschuldigen vor sich hat.

Im Grunde genommen sind alle polizeilichen Vernehmungen darauf angelegt, möglichst viele Informationen zu erhalten, die im Gedächtnis von Zeugen, aber auch von Beschuldigten verankert sind und die von den vernommenen Personen als unwichtig oder nebensächlich eingestuft werden. Sie gilt es zu finden, da auch solche Angaben wichtig sein können. Detaillierte Befragungen sollen den Vernommenen dabei helfen, sich zu erinnern und alles, was sie noch im Gedächtnis haben, abzurufen. Darüber hinaus ist es eine wirksame Methode, Lügner zu entlarven.

Im Prinzip sollen Vernehmer detailliert Punkt für Punkt nachfragen und in die Tiefe gehen. Profan ausgedrückt: Man sollte einfach nur neugierig sein und so lange hinterfragen, bis man glaubt, alles verstanden zu haben. Die Grundsätze, die hierbei zu beachten sind, werden in den folgenden Abschnitten behandelt.

Bei der Vernehmung von Zeugen, die dem Umfeld von Tatverdächtigen oder Tätern angehören, hat es sich als zielführend erwiesen, nach der Belehrung zunächst mit der »Kenntnis von der Tat« zu beginnen. Dadurch wird der Eindruck vermieden, als stehe der Zeuge und nicht die Tat im Mittelpunkt des Interesses und man hege bereits einen Tatverdacht. Hat der Zeuge mit eigenen Worten geschildert, woran er sich erinnert, geht man Punkt für Punkt ins Detail. Am Ende fragt man jene Informationen ab, welche insbesondere bei Beziehungstaten zum Ausschluss eines Tatverdachtes führen sollen, nämlich die persönlichen Verhältnisse, die Alibiüberprüfung sowie die Abnahme von Vergleichsfingerabdrücken oder Speichelproben (s. auch Anlagen).

ZUSAMMENFASSUNG

Festlegevernehmung:

- Belehrung nach § 55 StPO immer sinnvoll
- Kenntnis von der Tat? (Wann, wie, wo, von wem was erfahren?)
- Beziehung zum Tatopfer / Angaben zum Tatopfer? (Opferbild)
- Bezug zu Tatort / Tatzeit / Tatwaffe / Tatbeute usw.? (flexibel bleiben)
- Detailliert festlegen (Punkt für Punkt gemäß den »sieben goldenen W«)
- Denkbare »Korrekturen« thematisieren (»Sind Sie sicher, dass ...?«)
- Rückweg in die Ausrede abschneiden (»Können Sie sich da festlegen?«)
- Persönliche Verhältnisse abfragen (Motivforschung)
- Alibiüberprüfung (Nachweis für die Abwesenheit vom Tatort)
- Vergleichsfinger, Speichelprobe, Verbindungsdaten usw.
- Glaubwürdigkeit und Glaubhaftigkeit überprüfen

Beispiel einer Festlegevernehmung (Auszüge aus meinem Buch *Verderben*)

Der Serienmörder Horst David aus Regensburg hatte in der Zeit von 1975 bis 1993 insgesamt sieben Morde an Frauen begangen. Sowohl an Prostituierten in München als auch an älteren, alleinstehenden Damen in Regensburg, denen er als Malermeister seine Hilfe bei Renovierungsarbeiten angeboten hatte. Er tötete alle seine Opfer durch Gewalt gegen den Hals und raubte sie anschließend aus. Erstmals in den Fokus der Ermittler geriet er 1994, als eine bislang nicht zugeordnete Fingerspur an einem

Whiskyglas in der Schwabinger Wohnung einer Edelprostituierten, die im August 1975 in ihrer Wohnung erdrosselt worden war, dank des neu entstandenen AFIS (automatisches Fingerabdruck-Identifizierungs-System) dem Malermeister aus Regensburg zugeordnet werden konnte. Anzufügen ist, dass am selben Wochenende, ebenfalls in München-Schwabing, eine zweite Prostituierte in ihrem Appartement auf die gleiche Art und Weise erdrosselt worden war. Beide Morde wurden nie geklärt. Damals herrschte in München eine Art Zuhälterkrieg, der besagte Fingerabdruck konnte 20 Jahre lang keiner Person zugeordnet werden. Bis eben AFIS kam …

Verursacher der Fingerspur war ein gewisser Horst David aus Regensburg. Ein geschiedener Malermeister und ein fast unbeschriebenes Blatt. Fast! David war nämlich 1993 erstmals erkennungsdienstlich behandelt worden, weil er im Verdacht stand, mit dem Tod einer Rentnerin in seinem Wohnhaus zu tun zu haben, die ebenfalls erdrosselt und beraubt worden war. In Verdacht war er geraten, weil er sich von der alten Frau immer wieder Geld geliehen hatte und weil Faserspuren der Opferkleidung auf seiner Kleidung gefunden wurden. Aber Faserspuren haben nur eine geringe Beweiskraft, und so konnte ihm die Tat nicht nachgewiesen werden. Allerdings waren nun wenigstens seine Fingerabdrücke gespeichert, und so kam es auch zu dem Treffer in der neu angelaufenen AFIS-Datei des BKA.

Nach Auskunft der Kollegen in Regensburg, die ihn schon vernommen hatten, war er als hartnäckiger Lügner einzuordnen, der umso sturer werden würde, je mehr man ihn unter Druck setze. Wir wussten also, dass er uns anlügen würde. Und wenn man das weiß, kann man sich darauf einstellen. Das bedeutete, dass hier nur eine Festlegevernehmung infrage kam. Da die Fingerspur von ihm alleine für sich noch keinen eindeutigen Beweis darstellte, schließlich befand sie sich an einem Glas im Wohnzimmer, während die Tat im Schlafzimmer stattgefunden hatte, war der zuständige Staatsanwalt damit einverstanden, wenn dieser Horst David erst einmal als Zeuge unter Belehrung nach § 55 StPO vernommen werden würde. Das war taktisch sehr wichtig, da er als Zeuge aussagen musste und wohl auch würde. Davon ausgehend, dass er lügen wird, war unser Plan, ihn so festzulegen, dass er alle möglichen Ausflüchte und Ausreden selbst ausgeschlossen hat, bevor er mit den Fakten konfrontiert wird.

David wurde an jenem Tag von einem Kollegen aus der nahen Wohnung abgeholt und höflich zur Dienststelle gebeten. Dort erwarteten ihn ein Kollege und ich, wir stellten uns als Ermittler aus München vor und erklärten ihm, er solle zu einem ungeklärten Frauenmord in München befragt werden, wohlgemerkt als Zeuge. Grund sei der Modus Operandi, der dem Münchner Mord zugrunde liege und der Ähnlichkeiten aufweise mit dem Tötungsdelikt hier in Regensburg an der alten Dame in seinem Haus, wegen dem er ja in Verdacht stand. Es ginge uns nur darum, einige Parallelen abzugleichen, Spuren abzuarbeiten und potenzielle Täter auszuscheiden. Nicht mehr und nicht weniger. Die Fingerspur erwähnten wir natürlich nicht. Vielmehr sagten wir ihm wahrheitsgemäß, es liege kein konkreter Tatverdacht gegen ihn vor, deshalb würde er selbstverständlich nur als Zeuge vernommen. Er war erleichtert, als er hörte, »nur« als Zeuge vernommen zu werden, und wir spürten förmlich, wie er sich entspannte. Wir boten ihm eine Tasse Kaffee an und eine Zigarette, und dann begann die bereits genau vorbereitete Festlegevernehmung in entspannter Atmosphäre. Es kam genau so, wie wir es erhofft hatten. Er log, dass sich die Balken bogen. Hier ein Auszug aus dieser legendären Zeugenvernehmung:

»Herr David, Sie sollen im Zusammenhang mit Frauenmorden in München als Zeuge vernommen und alibimäßig überprüft werden. Insbesondere sollen Sie Auskünfte zu Ihren Kontakten nach München geben und falls noch möglich, zu bestimmten Zeiträumen.

Sie werden ausdrücklich zur Wahrheit ermahnt, da unrichtige Angaben und bewusstes Verschweigen einen Anfangsverdacht begründen können. Außerdem werden Sie darauf hingewiesen, dass Sie sich als Zeuge nicht selbst oder Angehörige belasten müssen. Sie können also die Auskunft auf entsprechende Fragen verweigern. Haben Sie diese Belehrung verstanden, oder haben Sie irgendwelche Nachfragen?«

»Ja, ich habe verstanden und werde die Fragen beantworten.«

»Sie wollen gar nicht wissen, worum es genau geht? Soll ich Ihnen die betreffenden Tötungsdelikte nicht erst einmal benennen?«

»Nein, nicht nötig. Weil ich mit Tötungsdelikten nichts zu tun hatte und habe. Nicht das Geringste. Ich weiß auch nichts über irgendwelche solche Taten. Also fragen Sie ruhig.«

»Würden Sie der Einfachheit halber einen paar Angaben zur Person machen, vielleicht einen ganz kurzen Lebenslauf? Ich kann aber auch Einzelfragen stellen, wenn Sie das möchten.«

»Nein, kein Problem. Ich wurde 1938 in Breslau geboren, 1944, auf der Flucht nach Deutschland, hat mich meine Mutter am Bahnhof in Hof ausgesetzt …« (schildert seinen Lebenslauf)

»Danke für diesen Einblick, Herr David, Sie scheinen ein sehr gutes Gedächtnis zu haben, insbesondere was Jahreszahlen betrifft. Sicherlich können Sie dann auch die Fragen beantworten, wegen denen wir gekommen sind?«

»Ja klar, das dürfte kein Problem sein, ich habe nichts zu verbergen, und ich habe mir auch nie etwas zuschulden kommen lassen.«

»Welchen Bezug hatten oder haben Sie nach München?«

»Gar keinen.«

»Was? Sie waren noch nie in der Landeshauptstadt? Kann das sein?«

»Ich war bisher nur zwei- oder dreimal kurz in München, immer in Begleitung meiner Ehefrau. Einmal waren wir am Oktoberfest und einmal im Stadion bei einem Fußballspiel. Aber das ist

schon viele Jahre her. Ansonsten war ich nie in München. Wozu auch?«

»Vielleicht weil Sie in München gearbeitet haben?«

»Nein. Ich war ja hier bei der Firma Mauerer angestellt, und ich habe nie außerhalb von Regensburg gearbeitet.«

»Ich frage vorsichtshalber trotzdem: Hatten oder haben Sie Kontakt zu Frauen in München, auch brieflich oder telefonisch?«

»Nein, ich hatte nie Kontakt zu Frauen in München und habe auch jetzt keinen.«

»Kann ich trotzdem die Fragen abarbeiten, die ich vorbereitet habe? Auch wenn ich mich wiederhole. Einverstanden?«

»Ja klar, machen Sie nur.«

»Könnte es sein, dass Sie Kontakte zu Frauen in München nur vergessen haben? Vielleicht, weil Sie schon zu lange zurückliegen?«

»Nein, das kann nicht sein. Sie sagten ja selbst, dass ich ein gutes Gedächtnis habe, und an Kontakte zu Frauen würde ich mich doch hundertprozentig erinnern, auch an kurze oder berufliche.«

»Es gibt ja Gründe, warum Männer bestimmte Kontakte zu Frauen verschweigen, oder? Sie verstehen, was ich meine?«

»Ja, ich weiß schon, was Sie meinen.« (Er lacht.) »Sie meinen Prostituierte. Da muss ich passen. Ich war ja verheiratet, und ich war meiner Frau immer treu. Wenn ich Kontakte zu Frauen in München gehabt hätte, würde ich es heute sagen, denn ich bin ja seit 1986 geschieden, lebe alleine und bin frei. Warum sollte ich es dann verschweigen?«

»Ach, da gibt es viele Gründe. Einer ist sicherlich, dass man Kontakte zu anderen Frauen als der eigenen, insbesondere zu Prostituierten, generell nicht gerne zugibt. Viele Männer haben hier eine Hemmschwelle.«

»Die hätte ich hier und heute garantiert nicht. Wozu auch? Es wäre doch nichts dabei. Aber ich hatte zu solchen Damen keinen Kontakt, schon gar nicht in München. Nur hier in Regensburg hatte ich einmal einen Kontakt zu einer Prostituierten, da war ich aber schon geschieden. Das war in einem Nachtklub am Regensburger Hafen, das war aber schon 1985.«

»Wurden Sie nicht erst 1986 geschieden?«

»Ja, das stimmt. Entschuldigen Sie, ich habe da etwas durcheinandergebracht. Bei dieser Prostituierten war ich, nachdem ich meine Frau mit einem anderen erwischt hatte und die Scheidung für mich und auch für sie schon feststand.«

»Waren Sie auch schon in Bordellen oder auf Dirnenstandplätzen?«

»Nein, nie. Die Dame hier in Regensburg habe ich wie gesagt in einem Nachtklub kennengelernt. Das war zwar auch eine Art Bordell, aber eben kein solches, wie man es aus dem Fernsehen oder von Filmen kennt.«

»Herr David, gibt es irgendeinen Grund, warum Sie uns verschweigen wollen, doch schon mal bei einer oder mehreren Prostituierten auch in München gewesen zu sein? Vielleicht weil es Ihnen peinlich ist oder weil Sie Angst haben, es könnte jemand erfahren, Ihre Söhne vielleicht oder Ihre geschiedene Frau? Vielleicht wollen Sie auch nachträglich nicht als Ehebrecher dastehen?«

»Nein, wirklich nicht. Warum sollte ich es nicht sagen, wenn ich bei Prostituierten gewesen wäre? Ich lebe wie gesagt alleine, meine jetzige Lebensgefährtin ist ein Pflegefall, und sie ist im Pflegeheim. Und meine geschiedene Frau ist mir wurscht. Genauso wie meine Söhne, zu denen ich nie ein inniges Verhältnis hatte und habe. Ich habe nicht einmal Kontakt zu ihnen.«

»Vielleicht haben Sie ja nur Angst, in irgendetwas hineingezogen zu werden oder zu Unrecht in Verdacht zu geraten. Es geht schließlich um Morde an Frauen, und wie Sie sich denken können, speziell an Prostituierten. Da gibt es viele, die sich sagen, da halte ich lieber meinen Mund, bevor ich Schwierigkeiten bekomme. Insofern wäre es sogar verständlich, wenn man damit nicht in Verbindung gebracht werden will. Wäre das bei Ihnen denkbar?«

»Ganz sicher nicht. Wenn man nichts gemacht hat, muss man keine Angst haben. Ich würde es hier und heute sagen, wenn ich jemals Kontakt zu Prostituierten in München oder auch zu normalen Frauen gehabt hätte. So etwas vergisst man doch nicht.«

»Wissen Sie, was man unter einem Callgirl versteht?«

»Ja, so ungefähr schon, das ist halt eine Edelprostituierte. Die kosten halt viel mehr wie die normalen Prostituierten, wie ich immer wieder mal gelesen habe in den Zeitungen. Das weiß doch jeder.«

»Was verbinden Sie noch mit Edelprostituierten?«

»Soviel ich weiß, kann man die bestellen, oder man kann einen Treffpunkt ausmachen oder so.«

»Welche Treffpunkte könnten Sie sich vorstellen?«

»Ich habe gelesen, dass sie ihrer Tätigkeit meist in Wohnungen nachgehen und dass sie in Zeitungen inserieren. Dann ruft man halt an und kriegt gesagt, wohin man kommen soll. Das weiß doch auch jeder, deswegen muss man es doch noch nicht selber gemacht haben.«

»Ich frage trotzdem noch mal, um das abzuschließen: Könnte es nicht doch sein, dass Sie schon einmal auf solche Zeitungsannoncen reagiert oder Kontakt mit einem solchen Callgirl aufgenommen haben?«

»Auch hier ein klares Nein. Das wüsste ich. Das war noch nie der Fall, es ist auch nicht möglich, dass ich es vergessen habe oder aus sonst irgendwelchen Gründen nicht sagen würde.«

»Letzte Option: Wäre es vielleicht denkbar, dass Sie versehentlich in der Wohnung einer solchen Dame gelandet und unverrichteter Dinge wieder gegangen sind?«

»Nix, da ist nichts drin. Mit Prostituierten hatte ich nie etwas zu tun, außer dem einen Mal hier in Regensburg. Auch wenn Sie noch so oft fragen, es gibt auch keinen Grund, warum ich es hier *und heute nicht sagen würde, wenn es so gewesen wäre. Ich hätte auch gar nicht das Geld gehabt. Ich weiß es ja von dem einen Mal hier in Regensburg, da sind 100 DM auf dem Schlag für eine Viertelstunde weg.«*

»Es gibt ja auch Leute, die können sich an Einzelheiten nicht mehr erinnern, weil sie sehr häufig zu Prostituierten gehen.«

»Auf mich trifft das garantiert nicht zu. Außerdem habe ich 1985 meine Lotte wiedergefunden und habe sie die letzten sechs Jahre lang gepflegt.«

»Kennen Sie den Stadtteil München-Schwabing, waren Sie dort schon, und wenn ja, in welchem Zusammenhang?«

»Schwabing ist mir vom Hörensagen bekannt, vom Fernsehen usw., aber ich war dort noch nie. Ich kenne mich dort auch nicht aus, und einzelne Straßenamen sind mir überhaupt nicht bekannt. Wie schon gesagt, war ich mit meiner Frau zwei- oder dreimal in München. Einmal haben wir in einem Hotel in der Grünwalder Straße übernachtet. Da war noch 1860 in der Bundesliga. Aber ohne meine Frau war ich nie alleine in München. Ich habe auch nie in München gearbeitet. Deshalb kann ich jeglichen Kontakt zu Prostituierten ausschließen.«

»Haben Sie vor Jahren einmal von spektakulären Dirnenmorden in München gehört oder gelesen?«

»Ich erinnere mich, dass ich einmal vor vielen Jahren in der Fernsehsendung ›Aktenzeichen XY‹ von solchen Dirnenmorden in München etwas gesehen habe. Ich lese auch sehr viel Zeitung, und es kann durchaus sein, dass ich auch dort etwas gelesen habe. An Einzelheiten kann ich mich nicht erinnern.«

»Wann ungefähr könnte das gewesen sein?«

»Das könnte in den 70er-Jahren gewesen sein, aber an den genauen Jahrgang kann ich mich nicht mehr erinnern.«

»Ihr Langzeitgedächtnis ist wirklich erstaunlich. Ich wüsste so etwas nicht mehr. Gibt es noch weitere Details, die Ihnen im Gedächtnis geblieben sind?«

»Ich glaube, das waren irgendwelche Zuhälter. Die Zeitungen waren ja voll. Ich meine mich zu erinnern, dass mehrere Prostituierte in kurzer Zeit umgebracht wurden. Aber wie gesagt, Einzelheiten weiß ich nicht mehr.«

»Die eine hieß Anna Hierl, war 28 Jahre, blond und stammte aus Niederbayern. Die andere hieß Sulaika Menzel, war Tunesierin mit dunklem Teint. Hierl wohnte in der Winzererstraße, Menzel in der Arcisstraße. Sagt Ihnen das irgendetwas?«

»Mir sagen weder die Namen etwas noch die Beschreibungen. Auch die Straßennamen sind mir völlig unbekannt. Ich bin über den Hauptbahnhof und die Fußballstadien nie hinausgekommen.«

»Es kann ja auch sein, dass man zwar mit den Morden nichts zu tun hat, aber trotzdem lieber nicht sagt, dass man schon einmal dort war, weil man Angst hat, in Schwierigkeiten zu geraten oder zum Tatverdächtigen zu werden. So nach dem Motto: Da halte ich lieber meinen Mund. Könnte das bei Ihnen der Fall sein? Immerhin waren Sie schon einmal unter Mordverdacht und mussten wieder entlassen werden.«

»Das stimmt. Aber da wohnte ich ja im selben Haus wie die Frau, die umgebracht wurde, da kannte ich ja das Opfer. Da war ja jeder irgendwie unter Verdacht. Dass es mich getroffen hat, lag daran, dass ich mir von der Frau Steinmann ab und zu etwas Geld geliehen habe. Das habe ich leider verschwiegen, das gebe ich zu. Da verstehe ich sogar, dass man mich anfänglich in Verdacht hatte und mir nicht glaubte, als ich immer wieder sagte, dass ich es nicht war. Aber statt mich ins Visier zu nehmen, hätten sich die Herrn Ermittler lieber um den verkommenen Sohn der Frau kümmern sollen. Der war jeden Tag da und wollte Geld von seiner Mutter, um es dann versaufen zu können. Mehr will ich gar nicht sagen dazu, ich wurde ja freigelassen, weil ich es nicht war. Aber hier geht es ja um Prostituierte, die ich gar nicht kannte. Wenn ich jemals dort gewesen wäre, *würde ich es schon deshalb sagen, weil ich nicht noch einmal in Schwierigkeiten kommen möchte, nur weil ich etwas verschwiegen habe. Also noch einmal: Es gibt für mich keinen Grund, etwas zu verschweigen. Mehr kann ich nicht sagen.«*

»Herr David, das klingt ja sehr entschlossen und sicher, was Sie da angeben. Deshalb sehen Sie sicherlich ein, dass Sie in massiven Tatverdacht geraten, wenn sich herausstellen sollte, dass Sie gelogen haben, oder?«

»Darüber bin ich mir voll und ganz im Klaren.«

Um 10.45 Uhr war die Vernehmung beendet. Bis 11.20 Uhr las Horst David dieses Protokoll aufmerksam durch. Dann unterzeichnete er es, Seite für Seite. Es war ganz still im Raum.

Horst David zeigte keinerlei Nervosität. Jedenfalls ist er nicht der, als der er sich gibt, sagte mir mein Bauchgefühl, als ich ihn beobachtete, wie er das Protokoll durchlas. Als er mit ruhiger Hand schwungvoll seine Unterschrift unter das Protokoll setzte, wirkte er äußerlich ruhig und gelassen. Mir war jedenfalls klar, dass ich hier einen Mann vor mir hatte, der mindestens gefühlsarm war, wenn nicht gar völlig gefühlskalt. Ist er ein empathieloser, stressresistenter und mit schauspielerischer Begabung ausgestatteter Psychopath? Saß hier ein Serienmörder vor mir? Oder war er doch nur der, als der er sich ausgab, nämlich ein biederer, einfach strukturierter, konservativer, altmodischer, spießiger, harmloser Malermeister, der in bescheidenen Verhältnissen sein trauriges Dasein fristete? Kann es wirklich nur Zufall sein, wenn man mehrfach mit Mordverbrechen in Verbindung gebracht wird? Wie auch immer, eines war auffallend: Er hatte ein sehr gutes Langzeitgedächtnis, konnte zusammenhängend schildern, gut formulieren und war aussagewillig. Jetzt würde sich gleich zeigen, ob unser Konzept aufgeht. Ich war etwas nervös.

Nachdem Horst David das Zeugenprotokoll unterschrieben hatte, folgte das sogenannte Kreuzverhör, in dem der Zeuge mit Widersprüchen und Fakten konfrontiert wird. Auf alle Fragen hatte er so geantwortet, wie wir es erwartet hatten. Insbesondere bestritt er jeglichen Kontakt mit einem unserer Mordopfer. Aber nicht nur das: Gleichzeitig hatte er sich durch seine eindeutigen Festlegungen den Rückweg in irgendwelche Ausreden und nachträgliche Erklärungsversuche abgeschnitten. Genauso hatten wir es erhofft. Variationen wie »dann habe ich mich eben geirrt« oder »jetzt fällt es mir plötzlich wieder ein« oder »ich habe nur gelogen, weil ich Angst hatte, in die Sache hineingezogen zu werden« hatte er bereits selbst ausgeschlossen, sodass keine Ausflüchte mehr blieben. Ich wandte mich ihm zu, es war keine Barriere zwischen uns, und rückte mit meinem Bürostuhl nahe an ihn heran. Er schaute überrascht, dürfte aber noch ohne Argwohn gewesen sein. Ich blickte ihm direkt und wie ich meine offen in die Augen und bemühte mich, ruhig und sachlich zu wirken. Doch dann wich er meinem Blick aus, begann etwas verlegen zu lächeln und schüttelte leicht mit dem Kopf. Das war genau der Moment, in dem ich zuschlug – verbal natürlich. Mit ruhiger, fester Stimme und für ihn sicherlich total überraschend sagte ich:

»Herr David, Sie haben gelogen. Ich habe Sie ausdrücklich gewarnt, das nicht zu tun. Aber Sie haben trotzdem nicht die Wahrheit gesagt. Tut mir leid. Es stimmt nicht, dass Sie nie in der Wohnung einer Prostituierten waren. Wir haben nämlich in einer solchen Ihre Fingerabdrücke gefunden. Was sagen Sie dazu?«

Wohl zum ersten Mal in seinem Leben sprach er nach minutenlangem Schweigen aus, was bislang wohl nie über seine Lippen gekommen war: »Ja, ich habe gelogen.« Nach und nach räumte er ein, doch in München bei Prostituierten gewesen zu sein, zu einem Geständnis konnte er sich aber nicht gleich durchringen. Erst als wir mit ihm nach München gefahren waren und ihn dort weiter vernahmen, erkannte er wohl, dass wir eventuell doch mehr wissen, als wir bisher erkennen ließen, weshalb er sich entschied, ein Geständnis abzulegen. Es begann mit den Worten: »*Also gut, ich habe insgesamt drei Frauen umgebracht in meinem Leben. Die zwei Prostituierten in München, und die Frau Gruber hier in Regensburg. Aber die Frau Steinmann bei mir im Haus habe ich nicht umgebracht.*« Dieses Geständnis kam wie aus heiterem Himmel. Es war der Beginn einer Serie von Mordgeständnissen. So gestand er nach und nach nicht nur die Morde an den beiden Münchner Prostituierten, sondern auch die Morde an fünf älteren Damen in Regensburg. Einschließlich der Frau Steinmann in seinem Wohnhaus. Alle Opfer waren beraubt worden, Hauptmotiv war also Habgier. Er selbst schrieb in seiner späteren Biografie, die er veröffentlichte, in Bezug auf die erste Zeugenvernehmung Folgendes:

»Nach etwa einer Stunde Verhör – ich log hartnäckig, die beiden Mädels gekannt zu haben –, da sagten sie es mir knallhart ins Gesicht. Und dann wusste ich es genau. Dieser eine Fingerabdruck an dem Whiskyglas bei dem ersten Opfer Anna Hierl, den sie anhand des neuen AFIS ermittelt haben, der führte sie nach fast 20 Jahren auf meine Spur. Nun musste ich wohl oder übel zugeben, dass ich dieses Mädchen kannte und auch bei ihr war, jedoch leugnete ich hartnäckig, mit ihrem Tod etwas zu tun zu haben. Natürlich glaubten sie mir nicht, und so musste ich mit ihnen nach München fahren, denn ich war ja vorläufig festgenommen, verhaftet. Glauben Sie mir, liebe Leser, mit so etwas hatte ich wahrlich nicht gerechnet. Dieser so simple und einfache Fingerabdruck, der jetzt ganz deutliche Form im Polizeiapparat annahm, der holte mich jetzt nach 20 Jahren ein.«

Horst David wurde zu zweimal lebenslanger Haft verurteilt, wobei die besondere Schwere der Schuld festgestellt wurde. Wir Ermittler sind überzeugt, dass er mehr Frauen ermordet hat, als er zugab. In vier weiteren Fällen sind wir ziemlich sicher. Leider schaltete sich nach dem siebten Mordgeständnis (heute undenkbar) ein Anwalt ein, und damit war Schluss mit weiteren Geständnissen, die garantiert zu erwarten gewesen wären. Mein Verhältnis zu ihm war nämlich hervorragend. Jahrelang schrieb er übrigens an Feiertagen wie Ostern oder Weihnachten Glückwunschkarten an mich und bedankte sich für den fairen Umgang mit ihm. Zugegeben hat er damals aber nur die Taten, die ihm gezielt vorgehalten wurden. Insofern war es keine Lebensbeichte, sondern das Teilgeständnis eines der schlimmsten Frauenmörder in der deutschen Nachkriegsgeschichte.

4.3 Intuition als Wegweiser?

Unter Intuition versteht man Gedanken oder Eingaben, die auf unserem Unterbewusstsein beruhen und die sich nicht rational erklären lassen. Sie sind »einfach da«, ohne dass man deren Entstehung bzw. Herkunft selbst begründen könnte. Intuitionen bezeichnet man auch als Instinkt, Spürsinn, Ahnung, Riecher, Eingebung, Gedankenblitz, Geistesblitz, sechster Sinn und am öftesten als das sogenannte Bauchgefühl. An diesen Titulierungen kann man schon erkennen, welche enorme Bedeutung Emotionen und Eingebungen sowohl im Zusammenhang mit polizeilichen Ermittlungen als auch bei der Verbrechensbegehung haben. Niemand, weder der kaltblütigste Mörder noch der abgeklärteste Ermittler, kann seine Gefühle einfach abschalten oder gänzlich ausblenden. Umso wichtiger ist es, sie stets zu kontrollieren. Weil sie nämlich nicht auf gesicherten Fakten beruhen, sondern auf Gefühlen. Und diese können täuschen. Nie sollte man sich deshalb ausschließlich auf sein Bauchgefühl verlassen. Jeder hat schon erlebt, dass am Ende alles ganz anders war, als man geglaubt hat. Richtig ist also der Grundsatz: »Mein Bauchgefühl sagt mir zwar …, aber gibt es auch Fakten, die das untermauern?«

Speziell in der Vernehmungspraxis bedeutet dies nichts anderes, als mit Emotionen richtig umzugehen und sich niemals nur auf seine Gefühle zu verlassen. Dabei ist es sicherlich nicht einfach, die eigene Gefühlslage auf den Prüfstand zu stellen. Schließlich glaubt man gerne, was man glauben möchte bzw. was zur eigenen Denkrichtung passt. Gerade deshalb müssen professionelle Ermittler lernen, rein intuitive Gedanken im Zaum zu halten. Nur wer Emotionen, Vorurteile und Gefühlslagen unter Kontrolle hat und besonnen und sachlich bleibt, kann schwierige Verhandlungen führen. Wer sich dagegen von Gefühlen leiten lässt, neigt frühzeitig zu Be- oder Entlastungseifer und verliert das Wichtigste: Objektivität, Neutralität und Souveränität. Und damit seine Glaubwürdigkeit sowie die Befähigung zur Vermittlerrolle zwischen Wahrheit und Lüge.

Falsch wäre es, einen Zeugen, der einem gefühlsmäßig verdächtig vorkommt, auf die Frage, ob er schon einmal in der Tatwohnung gewesen sei und die er verneint hat, vorzuhalten: »Irgendwie habe ich das Gefühl, dass Sie mich anlügen.« Daraufhin wird der Zeuge »zumachen« und nichts mehr aussagen.

Richtig ist dagegen folgende Vorgehensweise:

Frage: »Waren Sie schon einmal in der Tatwohnung?«
Antwort: »Nein.«
Frage: »Na gut, dann können wir dort auch keine Fingerspuren vom Ihnen finden, oder?«
Antwort: »Moment, jetzt fällt mir ein, ich war doch einmal dort …«

4.4 Fragetechniken

Suggestivfragen

Jede Aussage muss auf freien, unbeeinflussten Willen zurückzuführen sein. Besteht der leiseste Verdacht, es könnte etwas vorgegeben oder durch hartnäckiges Insistieren dem Beschuldigten eingetrichtert worden sein, ist die Vernehmung zumindest leichter anfechtbar und gegebenenfalls gänzlich unverwertbar. Geschützt wird hier der freie, unbeeinflusste Wille sowohl von Zeugen als auch von Beschuldigten. Das heißt, es dürfen weder physischer (körperliche Eingriffe und Misshandlungen aller Art) noch psychischer Druck (Drohungen, Versprechungen usw.) auf eine zu vernehmende Person ausgeübt werden, was allerdings nicht heißt, dass Vernehmungsbeamten keinerlei Überzeugungsbemühen zugestanden wird. Überzeugungsarbeit ist natürlich erlaubt, aber eben nicht so weitgehend, dass dadurch die Entscheidungsfreiheit der zu vernehmenden Person eingeschränkt oder ganz aufgehoben wird. Derartige Beeinflussung kann aber nicht nur durch hartnäckiges Insistieren oder sonstigen Druck ausgeübt werden, sondern auch durch raffinierte Suggestivfragen, die als subtile Beeinflussung Folgendes bewirken:

- bestimmte Gedanken oder Gefühle werden geweckt
- jemand wird gegen seinen Willen beeinflusst oder ihm wird etwas eingeredet
- die Antwort auf die Fragen wird jemandem schon in den Mund gelegt oder
- es werden Fragen gestellt, die nur mit »Ja« oder »Nein« beantwortet werden können.

Ein Kriminalist namens Meinert beschrieb in seinem Buch über Vernehmungstechnik Suggestivfragen wie folgt:

Suggestivfragen sind Fragen, die ihrem Wortlaut und Inhalt nach eine gewisse Antwort nahelegen oder die gewisse Dinge als zweifellos gegeben voraussetzen, obwohl sie keineswegs feststehen.

Suggestivfragen können das Vernehmungsergebnis gefährden, das gilt insbesondere bei Geständnissen (vor Gericht allerdings – das habe ich oft genug miterlebt – sind sie an der Tagesordnung). Sie völlig zu vermeiden ist sehr schwer. Am sichersten ist es, sogenannte W-Fragen zu stellen, in Anlehnung an die »sieben goldenen W« der Kriminalistik (wer, wann, wo, was, wie, womit, warum).

Suggestivfragen können aber auch »geheilt« werden, wenn sogenannte Überhangantworten gegeben wurden (Beschuldigter fügt von sich aus etwas hinzu, wonach nicht gefragt wurde).

Suggestivfrage: »Trug der Mann einen hellen oder einen dunklen Mantel?«
Antwort: »Es war ein dunkler Mantel, und es fehlten vorne an der Leiste zwei Knöpfe.«

Am sichersten kann man Suggestivfragen vermeiden, wenn man keine Fragen stellt, sondern Vorhalte macht. Bei Vorhalten darf es sich aber nicht um grundlose, unbewiesene Unterstellungen oder bloße Vermutungen handeln.

Suggestiv: *»War es nicht so, dass Sie ein Klappmesser zogen und zustachen?«*
Vorhalt: *»Nach bisherigen Erkenntnissen* (die nicht erläutert oder erklärt werden, die aber begründet sein müssen) *zogen Sie ein Klappmesser und stachen zu. Was sagen Sie dazu?«*

Offene Fragen (suggestionsfrei)

Bei den offenen Fragen ist die Fragestellung so ausgewählt, dass der Vernommene nicht mit »Ja« oder »Nein« antworten kann. In der Regel sind folgende Fragestellungen suggestionsfrei:

- Wer, wann, wo, was, wie, womit, warum: *»Woran haben Sie Herrn XY wiedererkannt?«*
- Leer- oder Hilfsfragen: *»Wie ging es weiter? – Was tat er dann? – Warum sind Sie gegangen?«*
- Anstoßfragen: *»Ist Ihnen an der Kleidung etwas Besonderes aufgefallen?«*
- Sondierungsfragen: *»Sie sagten soeben, dass ... – Wie meinen Sie das? – Woher wissen Sie das?«*

Geschlossene Fragen (suggestible Anteile)

Die Antwortmöglichkeiten sind bei geschlossenen Fragen vorgegeben bzw. direkt durch die Frage oder die ausdrückliche Nennung der möglichen Antworten festgelegt:

- Auswahlfrage (wenn mehr als 50 Prozent möglich: nur wenig suggestiv): *»Hatte der Mann schwarzes, blondes, rotes Haar oder sonstiges Haar?«*
- Alternativfrage (50 Prozent – hoher suggestiver Anteil): *»War sein Haar schwarz oder braun?«*
- Die Ja / Nein-Frage (sehr hoher suggestiver Anteil; W-Frage anschließen!): *»Haben Sie eine Pistole gesehen?« (»Warum glauben Sie, dass es eine Pistole war?«)*
- Voraussetzungsfragen (Frage setzt etwas voraus): *»War der Mantel hell oder dunkel?« (»Wie war er bekleidet?«)*
- Fangfrage (Unterstellung eines nicht bewiesenen Sachverhaltes): *»Tut es Ihnen eigentlich leid, was Sie getan haben?«*

4.5 Verbotene Vernehmungsmethoden

Es muss unmissverständlich und glaubhaft dokumentiert und nachvollziehbar sein, dass ein Beschuldigter zum Zeitpunkt der Aussage im Vollbesitz seiner körperlichen und geistigen Kräfte war und sein freier, unbeeinflusster Wille durch keinerlei Einwirkungen und / oder Manipulationen beeinträchtigt oder beeinflusst worden ist (§ 136a StPO). Wird dieser Grundsatz strikt beachtet, kann es folgende Vorwürfe nicht geben:

- Misshandlung (körperliche Einwirkung, anleuchten usw.)
- Ermüdung (immer wieder fragen: »Sind Sie noch in der Lage ...?«)
- Verabreichung von Mitteln (Rauchen erlaubt; bei Medikamenten und Alkohol einen Arzt befragen)
- Quälerei (seelisch-psychischer Art: Beschimpfungen, Leiche zeigen, starkes Insistieren, stundenlange »Gehirnwäsche«)
- Täuschung (die Lüge: *zum Beispiel »Mittäter hat gestanden ...«* – obwohl es nicht stimmt; Vernehmung wegen Vermissung – obwohl Tötungsdelikt; falsche Versprechungen und Vorteilsgewährungen: beispielsweise Haftentlassung; Kaution bei Geständnis usw.)
- Hypnose (grundsätzlich verboten; Ausnahmen: freiwillig, um Gedächtnisblockade zu lösen)
- Zwang (Lügendetektor; Androhung körperlicher Gewalt)
- Drohungen (mit U-Haft oder Verurteilung, mit »Maßnahmen« gegen Angehörige, angsteinflößendes Auftreten, Androhung von Folter usw.)

Ermittler dürfen Situationen ausnützen, die infolge rechtmäßiger Maßnahmen entstanden sind. Kriminalistische List wird durch § 136a StPO nicht verboten, sondern gehört im Gegenteil zum Instrumentarium der notwendigen intellektuellen Auseinandersetzung mit Tat und Täter. Ermittler dürfen also Fangfragen stellen, müssen aber ihr Wissen nicht offenbaren und können dieses insbesondere auch sukzessive einsetzen, um den Druck zu verstärken. Ermittler müssen auch nicht irrtümliche Vorstellungen der zu vernehmenden Person ausräumen bzw. korrigieren, sie dürfen sie aber auch nicht verstärken. Keinesfalls aber dürfen Ermittler lügen oder bewusst täuschen (Komm. 12 ft § 136a StPO). Die Vernehmung nach erkennungsdienstlicher Behandlung ist erlaubt, auch wenn der Tatverdächtige oder Beschuldigte falsche Schlüsse daraus zieht, so nach dem Motto: »Wenn sie mich so behandeln, dann haben sie bestimmt Beweise …«

ZUSAMMENFASSUNG

- Erlaubt ist die kriminalpolizeiliche List (*»Könnte es sein, dass wir Ihre Fingerabdrücke in der Tatwohnung finden?«* – muss nicht stimmen).
- Ein Irrtum des Beschuldigten muss nicht (sofort) aufgeklärt werden (zum Beispiel: Tatverdächtiger glaubt, er habe etwas am Tatort verloren und gesteht, obwohl es nicht stimmt).
- Kriminalistische Einschätzungen dürfen vorgenommen werden, sofern sie nicht der gezielten Täuschung dienen und durchaus im Bereich des Denkbaren liegen (*»Erfahrungsgemäß versucht jeder, seinen Kopf aus der Schlinge zu ziehen. Kumpel her oder hin. Sind Sie wirklich sicher, dass Ihr Freund dichthält und nicht die Schuld auf Sie abwälzt?«*).

4.6 Erarbeitung des subjektiven Tatbestandes

In polizeilichen Vernehmungen, so zeigt die Erfahrung, ist der objektive Sachverhalt, sind also die nackten Fakten einer Tat, meist hervorragend abgeklärt. Die subjektive Seite dagegen wird leider oft zu wenig hinterfragt. Gerade aber die innere Einstellung des Täters entscheidet über Form und Ausmaß seiner Schuld.

Die innere Einstellung des Täters ist im Rahmen der Erarbeitung eines Täterbildes durch Vernehmungen aus dessen Umfeld zu eruieren, aber auch und vor allem durch Befragung des Beschuldigten selbst. Denn letztendlich kann nur er seine seelische Befindlichkeit, in der er sich zur Tatzeit befand, beschreiben.

Zahlreiches juristisches Schriftgut beschäftigt sich mit den objektiven und subjektiven Elementen einer Tat, da sich der Gesamttatbestand immer aus dem objektiv wahrnehmbaren, sichtbaren und feststellbaren Teil einer Tat (wer, wann, wo, was, wie, womit) als auch der inneren, unsichtbaren, emotionalen Einstellung des Täters zusammensetzt. Der subjektive Tatbestand spiegelt sich daher vorwiegend in folgenden Fragen:

- Was ist das für ein Mensch (Persönlichkeit)?
  - innere Eigenschaften (Charakter, Persönlichkeit, Empathie usw.)
  - Fähigkeiten (geistig, körperlich, handwerklich, sportlich, künstlerisch …)
  - seelisch-geistiger Zustand (psychische Störungen, Krankheiten usw.)

- Warum hat er das getan (Motiv)?
  - Wann, wo und wie begann es gedanklich? (Ursache? Quelle? Auslöser?)

- Wann kam es zum Tatentschluss? (Entwicklungsphasen, Planung)
- Welche seelische Entwicklung wurde durchlaufen? (innerer Kampf?)
- Welche Absicht steckte dahinter und wurde sie erfüllt?
- Was ging in ihm im Augenblick der Tat vor, welche Gedanken und Gefühle waren vordergründig?

»Wenn zwei das Gleiche tun, ist es noch lange nicht dasselbe.« Der Unterschied liegt im »Warum«. Dabei geht es nicht nur um den wahrnehmbaren Teil einer Tat, sondern um den Blick in das Innere der Täterseele. Dass dieser wesentlich schwieriger ist als die Feststellung der objektiven Abläufe, bedarf keiner Begründung. Manchmal ist es auch gar nicht möglich, weil so manche Beschuldigte trotz Geständnisses des objektiven Sachverhalts den Blick auf die subjektive Seite nicht zulassen. Entweder aus Scham oder weil man selbst nicht wahrhaben will, dass man zu einer solchen Tat fähig war. Es geht also vor allem darum, Beschuldigte von der Wichtigkeit und Bedeutung dieser inneren Beweggründe zu überzeugen, besonders weil dies ganz erheblich auch seiner Entlastung dienen kann und Voraussetzung für ein gerechtes Urteil ist. Erfahrungsgemäß ergreifen die meisten diese Chance, geben aber in der Regel »nur« ihre subjektive Wahrheit preis (s. Kapitel 7.5).

Das ist jedoch besser, als gar keine Aussagen zur inneren Einstellung zu bekommen. Ist nämlich erst einmal das objektive Gerüst einer Tat erkannt, kann man im sogenannten Kreuzverhör (Kapitel 6.6) gezielt hinterfragen und herausfiltern, was wohl im Täter selbst – angefangen beim ersten Gedanken bis hin zur Tatausführung – wirklich vorgegangen sein muss, was er sich erhofft hat und warum er so handelte, wie er gehandelt hat. Dazu dient das Aufzeigen von Widersprüchen, der Vorhalt gegenteiliger Zeugenaussagen und Sachbeweise sowie am Ende auch der Vorhalt der Gesamtsicht des Ermittlungsergebnisses. Häufig führt das Aufzeigen aller Erkenntnisse zur Korrektur der subjektiven Wahrheit der Täter.

Beispiel: der »Messerstecher von Schwabing«

Ein Sexualtäter sorgte dafür, dass das berühmte Künstlerviertel monatelang zur Nachtzeit wie ausgestorben war. Nach mehreren Überfällen auf Frauen herrschte Angst in der Bevölkerung. Anfangs war der Unbekannte als Exhibitionist aufgetreten, dann steigerte er sich von Mal zu Mal und wurde immer aggressiver. So zwang er schließlich eine junge Frau unter Vorhalt eines Messers, ihm mittels einer Spritze aus seinem Arm Blut zu entnehmen, zufälligerweise handelte es sich um eine Krankenschwester, die das, wenn auch mit zitternden Händen, schaffte. Mit der Blutspritze überfiel er in derselben Nacht zwei weitere Frauen und drohte ihnen, sie mit dem angeblich HIV-infizierten Blut zu stechen, falls sie sich wehren sollten. Aus Angst ließen es die Frauen über sich ergehen, brutal im Schritt begrapscht und ins Gesicht geschlagen zu werden, sie wurden aber nicht vergewaltigt. Beim nächsten Überfall, etwa eine Woche später, griff er nach Mitternacht eine junge Medizinstudentin an, die gerade die Haustür zu ihrem Mehrfamilienwohnhaus geöffnet hatte. Er drängte sich mit ihr ins Haus, rammte ihr ein Messer in den Bauch und schleifte sie in den Keller. Dort musste sie ihm eine ganze Stunde zu Willen sein, allerdings war er letztendlich nicht in der Lage, mangels Erektion mit seinem Glied in sie einzudringen. Stattdessen ließ er sich oral befriedigen und tat das Gleiche bei seinem blutenden, völlig nackt auf dem Kellerboden liegenden Opfer, das in Todesangst seine Handlungen über sich ergehen ließ. Als er aber das Messer kurz zur Seite legte, nutzte die junge Frau ihre Chance, ergriff die Waffe und stach ihrerseits unkontrolliert zu. Den Moment seiner Verblüffung nutzte sie, um nach oben ins Treppenhaus zu flüchten, bekam aber trotz lauter Schreie keine Hilfe, obwohl sie von verschiedenen Mietern gehört wurde. Der Täter setzte ihr aber nicht nach, sondern suchte das Weite, er war nur oberflächlich verletzt worden.

Bei den beiden nächsten Überfällen, im Abstand einiger Wochen, steigerte sich die Brutalität seiner Attacken, er stach nun hinterrücks und überfallartig mehrmals auf seine Opfer ein, insbesondere das letzte Opfer hatte sechs Einstiche im Rücken davongetragen, dass es überlebte, grenzte an ein Wunder.

Anhand der guten Täterbeschreibungen fahndeten wir nach einem jungen, schmächtigen, fast zierlichen Mann. Wochenlang wurden in Schwabing intensivste Polizeistreifen durchgeführt, wobei auch der Gesuchte mehrmals kontrolliert wurde, ohne aber in Verdacht zu geraten. Tatsächlich hatte er ein fast kindliches Aussehen, sodass sich wohl auch Polizisten durch sein derart harmloses Aussehen und Auftreten täuschen ließen. Vermutlich, weil er so gar nicht der allgemeinen Vorstellung von einem gefährlichen, monsterartigen Verbrecher entsprach, wie man es sich unter dem »Messerstecher von Schwabing«, wie er von der Boulevardpresse genannt wurde, wohl vorstellte. Bei mehreren Kontrollen blieb er jedenfalls unbehelligt, obwohl ein sehr gutes Phantombild vorlag, das fast wie eine Fotografie war.

Wiederum einige Wochen später war in einer Tiefgarage in Schwabing Feuer gelegt worden, dabei brannten zahlreiche Fahrzeuge restlos aus. Ein Großeinsatz für die Feuerwehr. Unter den Neugierigen entdeckte ein aufmerksamer Beamter schließlich einen rußgeschwärzten jungen Mann, der sich aber als Zeuge und Brandentdecker bezeichnete. Diesmal fiel aber die große Ähnlichkeit mit dem Fahndungsporträt bezüglich des Messerstechers auf, weshalb nun auch die Mordkommission eingeschaltet und auf den jungen Mann aufmerksam gemacht wurde. Es erfolgte unverzüglich eine genaue Überprüfung, zumal ja bekannt ist, dass Sexualstraftäter häufig auch als Brandstifter auftreten, weil vielen Brandlegungen ein ähnlich ausgeprägter Vernichtungswille zugrunde liegt, wie dies auch bei der Schändung von Frauen der Fall ist. Es geht also hier wie da um das Ausleben abgrundtiefen Hasses und starker Rachegelüste, wofür auch immer.

Zwei der geschädigten Frauen erkannten in dem jungen Mann zweifelsfrei denjenigen, der sie überfallen hatte. Insbesondere eines der Opfer hatte ja über eine Stunde lang im Keller ihres Wohnhauses den Mann gesehen und konnte ihn ganz genau beschreiben.

Der 23-jährige Gastwirtssohn wurde von der Mordkommission an seinem Arbeitsplatz festgenommen und von Anfang an als Beschuldigter vernommen. Ein sehr introvertierter Mann, dem man quasi jedes Wort aus der Nase ziehen musste und der anfangs jegliche Täterschaft bestritt, wie eben die meisten Beschuldigten. Er war aber aussagebereit und konnte daher gezielt vernommen werden. Ausgehend von der Erfahrung, dass man bei Sexualstraftätern zumindest in der Anfangsphase speziell die sexuellen Handlungen aussparen sollte, konzentrierte sich der Vernehmer ausschließlich auf die Tötungshandlungen. Das erwies sich als erfolgreich. Der Tatverdächtige gestand schließlich die Messerangriffe auf die Frauen, klammerte aber wie erwartet alle sexuellen Handlungen aus. Dazu wollte er sich nicht einlassen. Er hatte also keine Probleme damit, die schwereren Tötungshandlungen bzw. Messerattacken zu gestehen, aber nicht die sexuelle Motivation. Insofern erwies sich der bewusst lapidare Hinweis in der Anfangsphase, »wir seien hier bei der Mordkommission und nicht bei der Sitte« als der entscheidende Knackpunkt. Es kam offensichtlich seinem Bestreben entgegen, den jeweils objektiven Tatbestand einzuräumen, nicht aber die subjektive Seite seiner Taten. Aus Scham? Die Tötungshandlungen schilderte er jedenfalls in allen Einzelheiten und räumte sogar ein, den Tod seiner Opfer einkalkuliert zu haben. Was aber sein Motiv betraf, gab er lediglich an, großen Hass auf Frauen entwickelt zu haben, weil er so oft enttäuscht und gedemütigt worden sei. Nicht mehr. Warum er sich aber beispielsweise das eigene Blut abnehmen ließ, schließlich hätte er auch die Spritze mit Farbstoff oder Ketchup füllen können, wollte er nicht um alles in der Welt preisgeben. Weder vor dem psychiatrischen Gutachter noch vor Gericht. Er wurde sogar erstmals böse, als bei der Gerichtsverhandlung diesbezüglich nachgebohrt wurde. »Ich habe alles gesagt, was es zu sagen gibt, was wollen Sie noch?«, schimpfte er. Einen tieferen Einblick in seine innerste Gefühlswelt in Bezug auf seine sexuellen Vorstellungen ließ er bis heute nicht zu und nahm sogar die Feststellung der besonderen Schwere der Schuld in Kauf, die er sich bei entsprechender Offenheit vielleicht hätte ersparen können. Zum Hintergrund war nur bekannt geworden, dass er wohl einige Monate bevor er sich entschloss, Frauen zu überfallen, die eigene Freundin in flagranti mit dem eigenen Bruder ertappt hatte. Aus lauter Wut soll er Wochen später deren Wohnung in Brand gesteckt haben. Belangt wurde er deswegen nicht, die Tat wurde innerhalb der Familie vertuscht. Dann mutierte er nach und nach zum Sexualverbrecher und Serientäter. Und wenn er nicht gestoppt worden wäre, hätte sich die Zahl seiner Opfer beständig erhöht. Denn von selbst hätte er niemals aufgehört, Frauen zu hassen und sich an ihnen zu rächen.

5 Zeugenvernehmungen

5.1 Zeugenbegriff und Zeugenbelehrung

Kennzeichnend für jede Vernehmung ist die jeweils vorgeschriebene Belehrung, die am Anfang stehen muss (Pol. ZV § 163 a V StPO). Das gilt für Zeugen ebenso wie für Beschuldigte. Erst durch die korrekte Belehrung wird eine Befragung zur Vernehmung. Deshalb gilt:

- Es gibt keine Vernehmung ohne vorherige Belehrung
- die jeweils zutreffende Belehrung muss rechtzeitig erfolgen und
- sie muss vollständig, unmissverständlich und rechtlich korrekt sein.

Inhaltlich muss der Grund der Vernehmung genannt werden, ohne dass aber zu sehr ins Detail gegangen wird. Es sollen schließlich möglichst wenig Vorgaben gemacht werden. Deshalb genügt es, darüber aufzuklären, im Zusammenhang mit welcher Straftat die Vernehmung erfolgt, ohne dabei aber die Namen Beteiligter preiszugeben und welchen Status die zu vernehmende Person hat (Zeuge oder Beschuldigter?). Strafvorschriften sind nicht zu benennen. Es müssen Rechte und Pflichten erklärt und die Konsequenzen wahrheitswidriger Aussagen aufgezeigt werden. Zeugen muss auch klar sein, dass sie sich zwar nicht selbst belasten, aber bei Falschaussagen gegebenenfalls strafbar machen können (vgl. Kapitel 5.2).

Vor Gericht sind wahrheitswidrige Angaben als uneidliche Falschaussage mit Strafe bedroht, Meineid als Verbrechen sogar mit mindestens einem Jahr Freiheitsstrafe. Erfahrungsgemäß ist deshalb der Hinweis an »polizeiliche Zeugen« hilfreich, die Aussage müsse vor Gericht wiederholt werden. Es sei deshalb dringend anzuempfehlen, sich schon jetzt zur reinen Wahrheit durchzuringen.

Anwälte haben bei polizeilichen Vernehmungen grundsätzlich kein Anwesenheitsrecht, jedoch bei richterlichen und staatsanwaltschaftlichen Vernehmungen (vgl. aber Kapitel 6.5).

Zeugen haben aber auch bei polizeilichen Vernehmungen einen Anspruch auf Anwesenheit eines Rechtsbeistandes oder einer Vertrauensperson, wenn sie dies ausdrücklich wünschen. Normalerweise wird man dieses Ansinnen nicht ausschlagen können, da die Anwesenheit einer Person des Vertrauens ohnehin gestattet werden muss.

Die Entscheidung trifft letztlich der Vernehmungsbeamte (§ 406 StPO). Besteht die Gefahr, dass der Zeuge beeinflusst wird oder der Anwalt die Informationen unbefugt weitergibt, zum Beispiel an den Kollegen, der den Beschuldigten vertritt, kann der Ausschluss sinnvoll sein, sofern dann nicht die Gefahr der Aussageverweigerung droht. Natürlich sind die Gründe für einen Ausschluss in einem ausführlichen Vermerk darzulegen. Letztendlich sollte der Wille der zu vernehmenden Person entscheidend sein, denn der steht an erster Stelle. Abgesehen davon, dass Zeugen andernfalls weitere Angaben vor der Polizei verweigern können.

Jugendliche sind im Gegensatz zu Erwachsenen vor jeder (auch weiteren) Vernehmung zu belehren; Eltern haben ein Anwesenheitsrecht dann, wenn der Jugendliche geistig noch unreif erscheint und die Belehrung nicht verstanden haben könnte (§ 52 III StPO; Komm. 18–20, 28 zu § 52 StPO).

Kinder dürfen nur mit Genehmigung der Eltern vernommen werden. Die Anwesenheit von Erziehungsberechtigten bei Kindern und Jugendlichen ist grundsätzlich zu gestatten. Als sinnvoll hat es sich jedoch erwiesen, Minderjährige nicht im Beisein der Eltern zu vernehmen bzw. zu befragen. Darauf sollte zumindest im Gespräch mit Erziehungsberechtigten hingewirkt werden. Nicht selten sind Kinder und Jugendliche im Beisein ihrer Eltern gehemmt oder trauen sich nicht, offen zu reden (wenn Elternteil Beschuldigter: § 52 III S. 2 StPO; Bestellung eines Ergänzungspflegers nach § 1909 I S. 1 BGB über StA, s. Komm. 20 zu § 52 StPO).

Zwangsmaßnahmen gegen Zeugen in Form eines Eingriffes in die körperliche Unversehrtheit (zum Beispiel Blutentnahme) dürfen nur durch den Richter, bei Gefahr im Verzug auch durch Staatsanwaltschaft oder die Polizei angeordnet werden (nicht bei Zeugen mit Zeugnisverweigerungsrecht – zum Beispiel zwangsweise Blutentnahme; § 81c II, IV–VI StPO; bei Gefahr im Verzug auch durch Staatsanwalt und Polizei, zum Beispiel § 163b II StPO, §§ 161, 51 StPO).

ZUSAMMENFASSUNG

- Zeugen sind »persönliche« Beweismittel (Personenbeweis).
- Jeder Mensch ist zeugnisfähig (auch Geisteskranke oder Kinder).
- Zeugenpflicht ist Staatsbürgerpflicht (BVerfG, Komm. 5 vor § 48 StPO).
- Zeugen müssen polizeilichen Vorladungen nicht Folge leisten, staatsanwaltschaftlichen Vorladungen jedoch schon.
- Zwangsmaßnahmen gegen Zeugen erfolgen nur durch den Richter.

Zeugen sind ausdrücklich darüber zu belehren, dass sie sich bei wahrheitswidrigen Angaben strafbar machen können, zum Beispiel wegen

- Vortäuschung von Straftaten (§ 154 StGB)
- Falscher Verdächtigung (§ 164 StGB)
- Begünstigung (§ 257 StGB)
- Strafvereitelung (§ 258 StGB) (nicht Angehörige! – Abs. VI!)

5.2 Spezifische Zeugenbelehrungen

Zeugnisverweigerungsrecht gem. § 52 StPO

Das Zeugnisverweigerungsrecht steht nur solchen Zeugen zu, die gem. § 52 StPO mit dem Beschuldigten verwandt oder verschwägert sind. In unserer Rechtsordnung gibt es nämlich keine Wahrheitsfindung »um jeden Preis«. So sollen Angehörige nicht gezwungen sein, Angehörige belasten zu müssen. Dieses Recht ist umfassend, das heißt, Zeugnisverweigerung vor der Polizei, der Staatsanwaltschaft und auch vor Gericht ist zulässig, wobei es für folgenden Personenkreis gilt:

- Verlobte, Ehegatten, Verwandte, Verschwägerte (s. Komm. 29 zu § 52 StPO). Verwandt ist man mit den eigenen Angehörigen (auf- und absteigend; in gerader Linie und Seitenlinie bis zum dritten Grad); verschwägert ist man mit den Angehörigen des Ehegatten (bis Seitenlinie zweiter Grad).

Die Belehrung über das Zeugnisverweigerungsrecht (§ 57 StPO, s. RiStBV Nr. 65) muss vor jeder Vernehmung erfolgen. Unterbleibt sie auch nur ein einziges Mal, ist die Vernehmung unverwertbar.

Wird auf das Zeugnisverweigerungsrecht verzichtet, sind Aussagende »normalen« Zeugen gleichgestellt und zu wahrheitsgemäßen Angaben verpflichtet. Andernfalls können auch sie sich strafbar machen, allerdings nicht wegen Begünstigung und/oder Strafvereitelung oder Falschaussage vor der Polizei (gibt es nicht).

Wird auf das Zeugnisverweigerungsrecht verzichtet und macht die betreffende Person für das Verfahren wichtige Angaben (zum Beispiel zu Alibiangaben von Verwandten), sollte umgehend eine richterliche Vernehmung beantragt werden (s. Kapitel 5.3).

Zeugnisverweigerungsrecht gem. § 53, 53a StPO

Bei der Befragung von Ärzten ist die Belehrung entbehrlich, denn die ärztliche Schweigepflicht kann nur durch eine Schweigepflichtentbindung umgangen werden oder durch eine Güterabwägung, die der Arzt selbst zu treffen hat. Ärzte sind grundsätzlich nicht verpflichtet, die Polizei über strafbare Handlungen zu informieren – mag das moralisch noch so bedenklich erscheinen. Das gilt zum Beispiel auch für die Meldung von Schussverletzungen. Ärzte müssen grundsätzlich nicht mit der Polizei reden. Sie dürfen es aber! Und da 99 Prozent der Ärzte eine positive Einstellung zur Polizei haben, tun sie das auch. Die ärztliche Schweigepflicht gem. § 204 StGB entfällt nämlich dann, wenn das zu schützende Rechtsgut höher einzustufen ist als die Schweigepflicht. Diese Ermessensentscheidung muss jeder Arzt selbst vornehmen und nicht die Verwaltung eines Krankenhauses. Behandelt ein Arzt zum Beispiel ein verletztes Kind und erkennt, dass es misshandelt wurde, kann er – muss aber nicht – die Polizei oder das Jugendamt verständigen, ohne dass ihm dies als Verletzung seiner Schweigepflicht ausgelegt wird. Ebenso verhält es sich, wenn das Opfer einer Straftat – weil es nicht ansprechbar ist und deshalb keine Schweigepflichtentbindung abgeben kann – logischerweise nicht in der Lage ist, Angaben zu machen. In solchen Fällen darf der Arzt der Polizei Auskunft erteilen (Art und Intensität der Verletzungen, Drogen, Alkohol usw.), ohne sich strafbar zu machen, weil es nach allgemeiner Rechtsauffassung im Interesse von Opfern liegt, dass eine gegen sie gerichtet Straftat aufgeklärt wird. Der Arzt handelt also im Interesse des Verletzten, quasi im Sinne von »Geschäftsführung ohne Auftrag«.

Anders verhält es sich bei Beschuldigten, soweit die verletzte Person bereits als solche feststeht (was die Polizei bestimmt). In diesen Fällen ist auch die nachträgliche Beschlagnahme der Krankenunterlagen nicht möglich, weil es sich um beschlagnahmefreie Unterlagen handelt. Das gilt auch für Personen, die vom Zeugnisverweigerungsrecht Gebrauch machen.

In jedem Fall ist die Staatsanwaltschaft einzubinden, die dann entsprechend handeln muss.

Bei Zeugen, von denen man erwarten kann, dass sie ihre Rechte und Pflichten kennen, entfällt eine Belehrung. Diese Kenntnisse setzt man aus beruflichen Gründen voraus bei Strafverteidigern, Ärzten, Sanitätern (Komm. 44 zu § 53 StPO). Übrigens: Geistliche müssen nie aussagen (§§ 53 StPO ff.; §§ 138, 139 II StGB)!

Auskunftsverweigerungsrecht gem. § 55 StPO

Zeugen, die dem Umfeld von Tätern oder Beteiligten angehören, ohne aber mit ihnen verwandt oder verschwägert zu sein (denen steht ja das Zeugnisverweigerungsrecht zu), sollten unbedingt nach § 55 StPO belehrt werden. Das kann dann wichtig werden, wenn Zeugen zu Beschuldigten wurden. Waren sie schon als Zeugen darüber belehrt worden, dass sie sich nicht selbst oder Angehörige belasten müssen, erhöht das die Wertigkeit solcher Zeugenaussagen, die dem Beschuldigtenstatus vorausgingen und die in der Regel von Anwälten als unverwertbar angeprangert werden, weil angeblich zu spät zur Beschuldigtenvernehmung umgeschaltet wurde. Deshalb ist die Belehrung nach § 55 StPO grundsätzlich anzuraten.

Insgesamt gilt:

- Niemand muss sich selbst oder Angehörige belasten und kann und darf
- die Auskunft auf entsprechende Fragen verweigern.

Die Belehrung nach § 55 StPO ist allerdings entbehrlich, wenn bereits nach § 52 StPO belehrt wurde (s. Komm. 14 zu § 55 StPO).

5.3 Richterliche Vernehmungen

Richter (in der Regel Ermittlungsrichter) sind in der Hauptverhandlung zwar genau wie Ermittler »Zeugen vom Hörensagen«, allerdings dürfen richterliche Vernehmungsprotokolle vor Gericht verlesen werden, während polizeiliche Protokolle durch den Vernehmungsbeamten aus dessen Erinnerungs- und Gedächtnisvermögen eingebracht werden müssen.

Richterliche Vernehmung entkräften übrigens nachträgliche Anschuldigungen gegen Vernehmungsbeamte zum Beispiel wegen verbotener Vernehmungsmethoden. Richter sind nämlich gehalten, Beschuldigte qualifiziert zu belehren, wenn sie Unkorrektheiten oder Fehler in den vorausgegangenen polizeilichen Vernehmungen feststellen oder angezeigt bekommen (s. hierzu Kapitel 6.4).

Eine richterliche Vernehmung ist erforderlich bei Zeugen (nicht bei Beschuldigten!) mit

- Zeugnisverweigerungsrecht gem. §§ 53, 53a (s. Kapitel 5.2) und bei
- möglicher Unerreichbarkeit (Ausländer, Obdachlose, Ablebensgefahr).

Bei richterlichen Vernehmungen von Zeugen haben die jeweiligen Beschuldigten und deren Anwälte grundsätzlich Anwesenheitsrecht.

Vom Anwesenheitsrecht können Beschuldigte ausgeschlossen werden, wenn die Gefahr besteht, dass durch deren Teilnahme der Untersuchungserfolg gefährdet würde (zum Beispiel: Zeuge hat Angst, in deren Anwesenheit die Wahrheit zu sagen).

Staatsanwalt und Richter sollten gegebenenfalls auf die Gefährdung des Untersuchungserfolges im Falle der Anwesenheit des / der Beschuldigten hingewiesen werden.

Der Ausschluss von Beschuldigten muss durch den Richter in Form eines Beschlusses schriftlich begründet werden, andernfalls ist auch die richterliche Vernehmung unverwertbar (was leider immer wieder vorkommt).

Der Ausschluss des Verteidigers ist nicht möglich, allerdings ist eine Terminverschiebung bei dessen Nichterreichbarkeit nicht erforderlich, wenn die Kanzlei zeitgerecht über den Termin informiert war (Terminnachricht § 168c StPO).

Richterliche Vernehmungen von »normalen« Zeugen ergeben nur Sinn, wenn die Gefahr besteht, dass diese bei der Hauptverhandlung nicht zugegen sein könnten (Ausländer, Obdachlose, Schwerkranke usw.).

Gehen ehemals »normale« Zeugen nach einer richterlichen Vernehmung ein Verlöbnis mit Beschuldigten ein und widerrufen daraufhin bisherige Aussagen, unterliegen auch richterliche Vernehmungen einem Verwertungsverbot, da das nunmehrige Zeugnisverweigerungsrecht »zurückstrahlt« (§ 252 StPO). (Beispiel: Prostituierte ist »plötzlich« mit Zuhälter verlobt; Strittig: kein Verwertungsverbot bei Heirat zwecks Erlangung des Zeugnisverweigerungsrechts, da »unlautere Verfahrensmanipulation«, s. Komm. 2 zu § 252 StPO).

ZUSAMMENFASSUNG

- § 252 StPO schließt jede Verwertung polizeilicher Aussagen aus, wenn der Zeuge, der ein Zeugnisverweigerungsrecht hat, vor Gericht diese Aussagen widerruft, auch wenn er korrekt belehrt war.
- Nur wenn der Zeuge richterlich vernommen worden war, kann seine Aussage trotz Widerrufes eingeführt werden, denn nur der Richter gilt dann als Zeuge vom Hörensagen (§ 254 StPO – s. Komm. 13, 14 zu § 252 StPO; Ausnahme: ausdrückliche Verwertungsgestattung im Rahmen der Hauptverhandlung, s. Komm. 16a zu § 252 StPO).

6 Beschuldigtenvernehmungen

6.1 Beschuldigteneigenschaften

Beschuldigte (s. hierzu §§ 163a I–IV, 136, 136a usw. StPO) dürfen straflos lügen bzw. müssen im Gegensatz zu Zeugen nicht die Wahrheit sagen. Ob das allerdings immer klug ist, ist eine ganz andere Frage. Außerdem gibt es natürlich auch für sie Grenzen. So dürfen auch Beschuldigte nicht, nur um den eigenen Kopf aus der Schlinge zu ziehen, andere Menschen wissentlich falsch verdächtigen bzw. beschuldigen.

Da aber viele Täter den Verdacht von sich weg hin zu anderen lenken, wird es darauf ankommen, wie konkret der geäußerte Tatverdacht hinsichtlich dieser anderen Person formuliert wurde. Direkte Beschuldigungen, wie zum Beispiel: »Das war nicht ich, sondern der XY, das habe ich mit eigenen Augen gesehen«, dürften demnach anders zu bewerten sein als vage Vermutungen wie: »Es könnte ja auch der XY gewesen sein, immerhin hatte er vorher mit dem Opfer Streit.« Sinnvoll ist es jedenfalls, Beschuldigte darauf hinzuweisen, dass auch sie sich strafbar machen, wenn sie jemanden wissentlich falsch bezichtigen. Dass Täter logischerweise stets wider besseres Wissen und damit vorsätzlich handeln, wenn sie andere einer Tat beschuldigen, die sie selbst begangen haben, versteht sich von selbst. Allerdings wird der Vorwurf einer falschen Verdächtigung beim Strafmaß, wenn es zur Verurteilung wegen eines Kapitalverbrechens kommt, kaum ins Gewicht fallen. Es wirft jedoch ein aufschlussreiches Bild auf den Charakter eines Täters, wenn er auch noch Unschuldige wissentlich belastet und diese Menschen dadurch in große Schwierigkeiten bringt, von deren seelischer Belastung ganz zu schweigen. Das kommt bei Gerichten in der Regel nicht gut an. Es geschieht auch gar nicht selten, dass Anwälte versuchen, einen Tatverdacht auf andere Personen zu lenken. Sie tun das natürlich auf eine Art und Weise, die normalerweise juristisch nicht angreifbar ist. Moralisch allerdings ist dies aus meiner Sicht äußerst verwerflich, weil solcherart beschuldigte Menschen erheblichen seelischen Schaden erleiden, wie ich es mehrfach miterlebt habe.

Beschuldigter ist nicht gleich jeder Tatverdächtige. Man muss jedoch Personen als Beschuldigte führen, gegen die

- Anzeige erstattet wurde
- ein Ermittlungsverfahren eingeleitet wurde
- strafprozessuale Maßnahmen (Rechtseingriffe) getroffen wurden
- ein konkreter Anfangsverdacht vorliegt (Personen- oder Sachbeweise).

§ 136 StPO vereinigt subjektive und objektive Elemente. Das heißt, Beschuldigter ist jemand erst, wenn der Verfolgungswille der Strafverfolgungsbehörden durch verschiedene Willensakte deutlich wird. Dazu zählen auch die Art und Weise, wie Ermittler Tatverdächtige behandeln (subjektiv), oder ob sie diesen, wenn objektive Fakten vorliegen, den Beschuldigtenstatus sofort zuerkennen. Hierzu einige Beispiele:

- Liegt eine Anzeige gegen eine bestimmte Person vor, hat der Polizeibeamte keinen Ermessensspielraum, die Person ist als Beschuldigte zu führen, auch wenn die Beschuldigungen noch so fadenscheinig sein sollten. Einstellen kann ein solches Verfahren nur die Staatsanwaltschaft. Derartige Anzeigen sollten »ohne weitere Ermittlungen« der Staatsanwaltschaft zur Entscheidung zugeleitet werden.
- Strafprozessuale Maßnahmen, wie sie nur gegen Beschuldigte zulässig sind, schließen den Zeugenstatus aus (Festnahmen, Durchsuchungen, Telefonüberwachung, Observation usw.). So wird der Zeugenstatus wohl zu Recht angezweifelt werden, wenn man das Grundstück eines »Noch-Zeugen« umgraben lässt, um die Leiche zu finden, oder wenn man Wohnungen »auf freiwilliger Basis« nach Spuren oder Beweismitteln durchsucht.
- Strafprozessuale Maßnahmen gegen »andere Personen« als den Tatverdächtigen (zum Beispiel Durchsuchungen) können ebenso dessen Beschuldigtenstatus begründen, wenn sie erkennen lassen, dass gezielt gegen diesen ermittelt wird. Grundsätzlich gilt: »Zeugen« wird man gewöhnlich nicht observieren, überwachen oder aus »Eigensicherungsgründen« fesseln, wenn man sie zur Dienststelle mitnimmt.
- Bestimmte Fragestellungen in Vernehmungen oder »Unterstellungen« können ebenfalls erkennen lassen, dass man diesen »Zeugen« längst schon als Beschuldigten betrachtet hat, zum Beispiel durch Formulierungen wie: »Wollen Sie nicht endlich die Wahrheit sagen?«, oder: »Plagt Sie eigentlich nicht Ihr schlechtes Gewissen?«, oder: »Sie werden mit dieser Schuld nicht leben können, erleichtern Sie Ihr Gewissen!«
- Auswertbare Tatortspuren, sofern ihnen hohe Tatrelevanz zukommt, zum Beispiel Spermaspuren an einer Kindesleiche, begründen grundsätzlich einen dringenden Tatverdacht. Und dringender Tatverdacht bedeutet in jedem Fall Beschuldigtenstatus.

Wird der Verursacher dennoch als Zeuge vernommen, geht man das Risiko der Unverwertbarkeit ein.

Aus taktischen Gründen zögern Ermittler den Beschuldigtenstatus manchmal bewusst hinaus, um möglichst lange das Aussageverweigerungsrecht des Tatverdächtigen oder das Zeugnisverweigerungsrecht von Angehörigen zu umgehen. Das ist riskant und sollte nie ohne Einbindung der Staatsanwaltschaft erfolgen.

Alibiüberprüfungen sind übrigens keine Rechtseingriffe und auch bei Zeugen zulässig. Sie dienen letztlich auch dem Ausschluss einer potenziellen Täterschaft, zum Beispiel im Rahmen informatorischer Befragungen. Es wäre auch absurd, bei Personen, deren Alibis überprüft werden, gleich den Beschuldigtenstatus vorauszusetzen.

Beachte: Auch der Beschuldigtenstatus berechtigt nicht automatisch zu allen strafprozessualen Maßnahmen, diese müssen im Einzelfall gesondert geprüft und gegebenenfalls beantragt werden.

6.2 Verdachtsstufen

Vager Tatverdacht

Es ist wichtig, die einzelnen Verdachtsstufen zu beachten und vor Gericht auch begründen zu können (warum wurde jemand wann zum Beschuldigten und nicht schon früher?).

Vager Verdacht kann schon dann vorliegen, wenn jemand dem engeren Umfeld des Opfers angehört und es sich um eine

Beziehungstat handelt. Auch wenn theoretisch bei jeder dieser engen Bezugspersonen die Täterschaft grundsätzlich nicht ausgeschlossen werden kann und jede von ihnen als Täter infrage kommen könnte, kann man aber nicht gleich alle mit einem so schweren Tatverdacht überziehen und zu Beschuldigten erklären. Die Belehrung nach §§ 55 StPO ist allerdings zwingend anzuraten.

Vager Tatverdacht liegt zum Beispiel vor, wenn die theoretische Möglichkeit besteht, jemand könnte Täter sein, aber (noch) keinerlei konkrete Hinweise vorhanden sind. Existiert jedoch noch kein begründeter (starker) Verdacht, handelt es sich (noch) um eine Zeugenvernehmung (OLG Stuttgart).

Konkreter Tatverdacht

Konkret wird ein Anfangsverdacht, wenn Indizien auf eine mögliche Täterschaft hinweisen (Tatmotiv, falsche Alibiangaben, täuschendes Verhalten, Lügen usw.), das heißt, dass zwar vage Hinweise existieren, aber noch keine Beweise für eine Täterschaft vorliegen.

Eine Verdachtslage darf aber in Vernehmungen abgeklärt werden. Tatverdächtige Zeugen können sogar mit einem Tatverdacht konfrontiert werden; Vorhalte und Fragen sind nicht zwingend ein Beleg dafür, dass ein Tatverdächtiger bereits als Beschuldigter betrachtet wurde. Auch Tatverdächtige dürfen also im Einzelfall als Zeugen vernommen werden (§§ 55, 60 Nr. 2 StPO), allerdings ist immer die Belehrung nach § 55 StPO anzuraten (»Sie müssen sich nicht selbst belasten …«).

Eine späte Umschaltung zur Beschuldigteneigenschaft gerade bei schwerwiegendem Tatvorwurf hat auch eine schützende Funktion. Schließlich muss man berücksichtigen, dass vorschnelles Überziehen mit einem Tatvorwurf gerade bei Tötungsdelikten gravierende nachteilige Konsequenzen haben kann (Leumund zerstört, Misstrauen, Schande, Scham usw.). Konkret (nicht dringend) wird also ein Verdacht, wenn begründete (starke) Verdachtsmomente (Indizien) auf eine mögliche Täterschaft hinweisen, aber weder Beweise noch starke Indizien vorliegen und eine Festnahme (noch) nicht infrage käme.

Dringender Tatverdacht

Dringender Tatverdacht ist die schwerste Verdachtsform. Liegen also starke Indizien (Hinweise) oder gar Beweise (Personen- oder Sachbeweise) vor, die eine Täterschaft in hohem Maße wahrscheinlich erscheinen lassen, ist der Beschuldigtenstatus unumgänglich (s. Kapitel 6.1). Einfach ausgedrückt: Wenn gezielt gegen eine Person ermittelt wird oder wenn sie wie ein Beschuldigter behandelt wird, ist ihr der Beschuldigtenstatus zuzuerkennen. Nichts wird vor Gericht strenger geprüft und von Anwälten heftiger gerügt als die angeblich zu späte Umschaltung vom Zeugen- in den Beschuldigtenstatus. Warum? Weil Beschuldigte mehr Rechte haben und mehr Schutz genießen als Zeugen, zum Beispiel das Recht auf sofortige Hinzuziehung eines Anwaltes oder das Aussageverweigerungsrecht. Das Recht zu lügen wurde bereits erwähnt. Die Beschuldigteneigenschaft liegt also bereits vor, wenn die Wahrscheinlichkeit groß ist, dass sich der Tatverdächtige schuldig gemacht hat und deshalb gezielt gegen ihn ermittelt wird.

Der sogenannte *hinreichende Tatverdacht* ist nur juristisch relevant (Anklageerhebung bei leichteren Delikten) und reicht nicht für einen Haftbefehl, denn Freiheitsentzug ist nur bei dringendem Tatverdacht zulässig.

Merke: Beschuldigtenstatus lieber zu früh als zu spät zuerkennen (s. Kapitel 6.3).

6.3 Umschalten zur Beschuldigtenvernehmung

Während oder nach einer Zeugenvernehmung

Ergeben sich spontane Anhaltspunkte für eine mögliche Täterschaft noch während einer Zeugenvernehmung (Widersprüche, Lügen, widerlegte Alibiangaben usw.), ist diese sofort zu beenden. Der »Zeuge« ist sofort als Beschuldigter zu belehren.

Die Beschuldigtenbelehrung ist entweder noch im Zeugenprotokoll vorzunehmen oder man schließt die Zeugenvernehmung mit einem entsprechenden Vermerk ab und beginnt die Beschuldigtenvernehmung in einem neuen Protokoll.

Ergibt sich ein Tatverdacht erst nach Abschluss einer Zeugenvernehmung, muss der »Ex-Zeuge« spätestens zu Beginn der nächsten (Beschuldigten-)Vernehmung (keine Fristsetzung) über den neuen Status informiert werden. Dann muss er entscheiden, ob er seine Zeugenaussage aufrechterhält oder nicht.

Einbringen vorheriger Zeugenvernehmungen

Machen Zeugen, die zu Beschuldigten wurden, als solche keine Angaben mehr, stellt sich die Frage, inwieweit die Zeugenaussagen verwertbar sind oder nicht. Ein ganz wichtiger Punkt, der in solchen Fällen nahezu immer zur Entscheidung ansteht, weil Anwälte erfahrungsgemäß fast immer die zu späte Umschaltung zur Beschuldigtenvernehmung reklamieren. Es kommt also stets darauf an, ob auch wirklich rechtzeitig von der Zeugen- zur Beschuldigtenvernehmung übergegangen worden ist. Fast schon obligatorisch wird dies von Anwälten generell verneint, besonders wenn die Zeugenaussage für den Mandanten belastend ist. Es ist deshalb wichtig, dass aus dem Zeugen-Vernehmungsprotokoll zweifelsfrei hervorgeht, wann genau und warum der Zeuge zum Beschuldigten wurde. Diese Begründung sollte der Vernehmer vor Gericht parat haben. Schließlich handelt es sich um eine Frage, die von vorneherein zu erwarten ist und auf die man deshalb vorbereitet sein sollte. Die Antwort, warum genau zu einem bestimmten Zeitpunkt der Beschuldigtenstatus erhoben wurde, muss also prompt kommen. Und zwar mit Begründung. So gab es bereits Verurteilungen allein auf Grundlage von Zeugenvernehmungen, weil sich die dort gemachten Widersprüche nur mit der Täterschaft erklären ließen.

Sind »Ex-Zeugen« auch als Beschuldigte aussagebereit, sind sie in der Belehrung explizit zu fragen, ob sie die Zeugenaussage auch als Beschuldigte aufrechterhalten wollen, ob sie diese – eventuell in Teilbereichen – korrigieren oder ergänzen wollen, oder ob sie die vorangegangenen Zeugenaussagen komplett widerrufen und für ungültig erklären möchten.

Sind Beschuldigte damit einverstanden, ihre Zeugenaussage »auch zum Gegenstand der Beschuldigtenvernehmung« zu machen, genügt es nicht, nur diese »Pauschalerklärung« in die

Beschuldigtenvernehmung zu übernehmen. Vielmehr sollen die wesentlichen Kernpunkte aus der Zeugenaussage noch einmal wiederholt und in die Beschuldigtenvernehmung übertragen werden. Denn dann ist sie endgültig gesichert.

Man sollte nie ausschließen, dass eine Zeugenvernehmung für unverwertbar erklärt wird, weil die rechtzeitige Umschaltung zur Beschuldigtenvernehmung vor Gericht anders beurteilt und als zu spät angesehen wird. Oft setzen sich die Anwälte durch, weil das Gericht keinen Revisionsgrund riskieren will. Das ist grundsätzlich dann kein Verlust, wenn der wesentliche Inhalt aus dieser nunmehr unverwertbaren Zeugenvernehmung in einer anschließenden Beschuldigtenvernehmung mit entsprechender Belehrung noch einmal thematisiert bzw. übertragen worden ist. Der Inhalt einer korrekten Beschuldigtenvernehmung kann nämlich vom Vernehmungsbeamten auch dann eingebracht werden, wenn der Angeklagte die Aussage widerruft oder wenn vorangegangene Zeugenvernehmungen unverwertbar werden sollten.

Erfolgte die Umschaltung zu spät, wird dies aber rechtzeitig erkannt, bleibt noch die Möglichkeit der qualifizierten Belehrung (s. Kapitel 6.4). Ist der Beschuldigte aber trotz qualifizierter Belehrung nicht mehr zu einer Aussage bereit, droht die Unverwertbarkeit der Zeugenaussage.

Beachte: Kernpunkte aus der Zeugenvernehmung sind unbedingt noch einmal in die Beschuldigtenvernehmung zu übernehmen bzw. zu wiederholen. (»Stimmt es, was Sie bereits in Ihrer Zeugenvernehmung zur Tatwaffe sagten?«)

Beispiel für Umschaltung zur Beschuldigtenvernehmung

»Herr Schwindele, hiermit wird die Zeugenvernehmung abgebrochen. Ab sofort sind Sie Beschuldigter, es wird nunmehr gegen Sie wegen Verdachts eines Tötungsdeliktes ermittelt. Als Beschuldigter haben Sie das Recht, jegliche Aussage zu verweigern und sofort einen Anwalt zu verständigen. Sie haben aber auch das Recht, Anträge zu stellen, die Ihrer Entlastung dienen können. Sind Sie bereit, auch als Beschuldigter Angaben machen?«

»Ja klar, warum denn nicht? Ich habe ja nichts getan.«

»Wie soll mit Ihren Angaben verfahren werden, die Sie als Zeuge gemacht haben? Wollen Sie diese widerrufen oder machen Sie diese auch zum Gegenstand Ihrer Beschuldigtenvernehmung?«

»Meine Angaben, die ich als Zeuge gemacht habe, halte ich auch als Beschuldigter aufrecht.« (»Möchte ich wiederrufen – möchte ich in einigen Punkten korrigieren.« usw.)

»Wollen Sie einen Verteidiger hinzuziehen?«

»Nein, ich werde auch ohne einen solchen aussagen, weil ich die Wahrheit gesagt habe und auch weiterhin sagen werde. Deshalb brauch ich keinen Anwalt.«

»Würden Sie noch einmal die Situation schildern, als Sie nach Hause kamen und Ihre Frau tot auffanden, auch wenn Sie dies schon als Zeuge getan haben?«

»Also es war so: Ich war beim Joggen, kam eine Stunde später zurück und fand die Haustür unversperrt vor. Das war komisch, zumal meine Frau nirgends zu sehen war. Erst als ich in den Keller ging, fand ich sie …«

Die wesentlichen Inhalte aus der Zeugenvernehmung wurden allesamt in die Beschuldigtenvernehmung übernommen und sind somit gesichert. Das mag nervig und mühevoll sein, aber es ist sinnvoll.

6.4 Beschuldigtenbelehrungen

Individuelle Belehrung Beschuldigter

Die individuelle Belehrungspflicht ist nicht durch Belehrungsformulare zu ersetzen. Allein schon deshalb, weil sie zusätzlich in § 114a StPO gefordert ist und weil in den Vorlagen der Festnahmegrund fehlt. Außerdem ist in Formularen zwar aufgezählt, worüber zu belehren ist, aber nicht wie. Das ist auch nicht möglich, weil Menschen unterschiedliche intellektuelle Fähigkeiten haben. Was wiederum bedeutet, dass eine Belehrung dem Geistes- und Verstandesniveau des Beschuldigten angepasst sein muss.

Gesetzestext auf Formblatt reicht insbesondere dann nicht aus, wenn man einen Beschuldigten vor sich hat, dessen geistige Fähigkeiten erkennbar begrenzt erscheinen. In der Praxis ist es jedenfalls in den meisten Fällen leicht erkennbar, ob jemand die Formblattbelehrung begriffen haben könnte oder nicht. Deshalb ist die nochmalige, auf die betroffene Person zugeschnittene Belehrung vor Beginn der schriftlichen Vernehmung unerlässlich.

Entscheidend ist, dass der Beschuldigte die Belehrung verstanden hat. Daher wäre eine individuelle Belehrung sogar dann nicht zu beanstanden, wenn sie in stark vereinfachter Form für den Beschuldigten eben am verständlichsten wäre, zum Beispiel bei Jugendlichen: »Du bist hier, weil du eine alte Oma überfallen hast. Du kannst das Maul halten, dir sofort irgendeinen Winkeladvokaten nehmen oder etwas zu deiner Entlastung beitragen. Wie möchtest du es?«

Derartige Formulierungen sind zwar nicht anzuraten, aber sie sind besser als gar keine Belehrung oder die Vorlage des nackten Gesetzestextes auf Formblatt, den der Beschuldigte eventuell gar nicht verstehen würde.

Zu weitschweifige, zu sehr ins Detail gehende Belehrungen sind zu vermeiden. Sie sollten nur »Eckdaten« enthalten und keine Vorgaben (Belehrungsbeispiele s. Anlage 3).

Rechtliche Differenzierungen (zum Beispiel zwischen Mord und Totschlag) sind zu unterlassen. Zumal in den meisten Fällen zum Zeitpunkt der Vernehmung noch gar nicht feststeht, welcher Straftatbestand infrage kommen könnte. Darüber streiten sogar noch die Juristen in der Hauptverhandlung. Strafvorschriften haben also in einer Belehrung wirklich nichts zu suchen. Der zur Last gelegte Sachverhalt muss tatbestandsmäßig vorgehalten werden (»Sie werden beschuldigt, den XY erstochen zu haben, wir ermitteln wegen eines Tötungsdeliktes ...«).

Jugendliche müssen vor jeder Vernehmung belehrt werden, Erwachsene dagegen nur vor der ersten Beschuldigtenvernehmung, noch besser aber vor jeder Befragung: »Wie Sie ja bereits wissen ...«

Beschuldigte können sich auch zu Teilbereichen äußern (Aufnahmepflicht). Fehlende bzw. fehlerhafte Belehrungen ziehen ein Verwertungsverbot nach sich, es sei denn, sie wurden durch die qualifizierte Belehrung (s. unten) »geheilt« (weitere Möglichkeiten der »Heilung« nur noch in der Hauptverhandlung – s. Komm. 25 zu § 136 Abs. 1 StPO).

Bei Beginn der ersten Vernehmung ist Beschuldigten zu eröffnen,

- welche Tat ihnen zur Last gelegt wird (keine Strafvorschriften)
- dass sie das Recht haben, die Aussage zu verweigern (auch vor Gericht)
- dass sie sofort / jederzeit einen Verteidiger hinziehen dürfen (die ersten drei Punkte haben unmittelbare Auswirkungen auf die Verwertbarkeit der Aussage – s. Komm. 20 zu 136 StPO)
- dass sie Beweiserhebungen beantragen können.

§ 136 Abs. 2 StPO wird oft nicht deutlich genug hervorgehoben oder erklärt, obwohl er sehr aussagemotivierend wirkt. Denn in § 136 Abs. 2 StPO wird durch den Gesetzgeber festgelegt, dass die Vernehmung dem Beschuldigten die Gelegenheit geben soll, die gegen ihn vorliegenden Verdachtsgründe zu entkräften und die zu seinen Gunsten sprechenden Tatsachen geltend zu machen. Er hat sogar das Recht, Beweiserhebungen zu verlangen, welche weiteren Ermittlungen bzw. Vernehmungen seiner Meinung nach noch durchzuführen sind, um ihn zu entlasten. Damit wird dem Beschuldigten verdeutlicht, dass seine Aussage nicht der Eigenbelastung dient, sondern einer möglichen Entlastung unter Wahrung und Sicherung seines in Art. 103 I GG verfassungsrechtlich garantierten Anspruchs auf rechtliches Gehör. Ermittler sind verpflichtet, dieses Recht zu beachten und die gemachten Aussagen korrekt zu protokollieren. Natürlich sollte diesen Anträgen selbst dann nachgegangen werden, wenn die Täterschaft als gesichert gilt und gezielte Ermittlungen gegen einen Tatverdächtigen oder Beschuldigten geführt werden. Das Zusammentragen belastender Indizien und Beweise ist also nicht per se als einseitig zu betrachten, es ist jedoch anzuraten, dass selbst in solchen Fällen zu überprüfen ist, ob es auch Entlastendes gibt. Das muss nicht unbedingt die Täterschaft als solche betreffen, sondern kann sich zum Beispiel auch auf das Motiv oder mögliche Tatbeteiligte beziehen. In der Praxis bedeutet das eben, dass allen Spuren nachzugehen ist und andere Personen als Täter oder Mittäter festgestellt oder ausgeschlossen werden müssen. Übrigens ist der Vorwurf einseitiger Ermittlungen einer der häufigsten, der polizeilichen Ermittlern durch Strafverteidiger gemacht wird. Das gilt insbesondere für Indizienprozesse, wenn also kein verwertbares Geständnis vorliegt.

Jeder Beschuldigte ist also auch darüber zu belehren, dass er das Recht hat, »Beweisanregungen« zu fordern, die seiner

Meinung nach seiner Entlastung dienen können. Dieses Recht hat er auch dann, wenn er die Angaben zur Sache verweigert (Komm. 11 zu § 136 StPO).

Neu ist das Wiener Übereinkommen bezüglich des Umganges mit ausländischen Beschuldigten. Sie sind zu fragen, ob sie die sofortige Verständigung ihrer Auslandsvertretung wünschen. Darüber hinaus sollte bei Ausländern bereits dann ein Dolmetscher hinzugezogen werden, wenn geringste Zweifel an deren Kommunikationsfähigkeit bestehen. Besonders wichtig ist dabei, ausdrücklich zu protokollieren, in welcher Sprache (Muttersprache?) sich Beschuldigte und Dolmetscher unterhalten und ob sie sich gut verständigen können. Es sollte auch darauf geachtet werden, ob die Übersetzung in etwa der Länge und dem Umfang der Fragestellung entspricht. Andernfalls besteht die Gefahr, dass Dolmetscher und Beschuldigter illegal kommunizieren (Entlastungseifer für Landsmann? Bedrohung des Dolmetschers? usw.).

Auch die Deutschkenntnisse von Personen, die schon viele Jahre in Deutschland leben und die deutsche Staatsangehörigkeit haben, können derart mangelhaft sein, dass sie den Anforderungen einer komplizierten Vernehmung nicht genügen und ein Dolmetscher notwendig ist. Entscheidend ist nur, ob der Beschuldigte auch zweifelsfrei verstehen konnte, was man ihm vorwirft und was im Protokoll niedergeschrieben wurde.

Formblattbelehrungen Festgenommener

Im Zusammenhang mit der Föderalismusreform wurde das Haftrecht zum 1. Januar 2010 den Forderungen der Europäischen Menschenrechtskommission zur Verhütung polizeilicher Willkür angepasst und im Gesetz zur Änderung des Untersuchungshaftrechts bzw. der StPO neu geregelt. Gemäß § 114a, b StPO sind verhaftete Beschuldigte u. a. unverzüglich und schriftlich in einer ihnen verständlichen Sprache über ihre Rechte zu belehren. Hierzu sind folgende Vordrucke zu verwenden:

- Belehrung von vorläufig festgenommenen Personen (gem. § 136 StPO)
- Belehrung von aufgrund eines Haftbefehls festgenommenen Personen (nach §§ 112 ff., 230 Abs. 2, §§ 236, 329 Abs. 4, §§ 412, 453c StPO)
- Belehrung von aufgrund eines Unterbringungsbefehls festgenommenen Personen (nach §§ 126a, 275a Abs. 5, § 453c i. V. m. § 463 Abs. 1 StPO)
- Belehrung von zur Identitätsfeststellung festgehaltenen Verdächtigen (gem. § 163b Abs. 1, § 163c StPO)
- Belehrung von zur Identitätsfeststellung festgehaltenen Unverdächtigen (gem. § 163b Abs. 2, § 163c StPO).

Qualifizierte Beschuldigtenbelehrung

Das Recht zu schweigen und das Recht, sich nicht selbst belasten zu müssen (»nemo tenetur se ipsum accusare«-Grundsatz), gehören zum Kernstück des von Art. 6 Abs. 1 der Europäischen Menschenrechtskonvention garantierten »fairen Verfahrens«. Gerade deshalb muss die rechtsstaatliche Ordnung Vorkehrungen in Form einer »qualifizierten« Belehrung treffen, die verhindert, dass ein Beschuldigter auf sein Aussageverweigerungsrecht nur deshalb verzichtet, weil er möglicherweise glaubt, eine frühere, unter Verstoß gegen die Belehrungspflicht zustande gekommene Selbstbelastung nicht mehr aus der Welt schaffen zu können (BGH v. 18. 12. 2008).

Die qualifizierte Belehrung schafft die Möglichkeit, Fehler und Versäumnisse aus vorherigen Vernehmungen zu »heilen«

bzw. zu korrigieren und quasi einen »Neustart« durchzuführen (Komm. 9 zu § 136 StPO). Sie ist anzuwenden, wenn

- die Belehrung unterblieben ist oder nicht korrekt war
- die Belehrung nicht verstanden worden sein könnte (Ausländer)
- sich der Tatvorwurf änderte (von Versuch zu Vollendung usw.)
- bei Erstvernehmung Alkohol- oder Drogeneinfluss vorlagen
- erkennbar zu spät von der Zeugen- zur Beschuldigtenvernehmung übergegangen wurde
- verbotene Vernehmungsmethoden angewandt wurden (s. Kapitel 4.2).

In der neuen Beschuldigtenbelehrung muss explizit auf die Fehler und Versäumnisse hingewiesen werden, wegen deren vorangegangene Vernehmungen unverwertbar wären. Es geht also im Grunde genommen darum, eigentlich unverwertbare Vernehmungen zu »heilen«, so nach dem Motto: »Wir haben einen Fehler gemacht, weil ... Sie können deshalb alle bisherigen Aussagen für ungültig erklären, es sei denn ...«

Wichtig ist vor allem der Hinweis auf das Recht, die bisherigen Angaben für »null und nichtig« erklären zu können. Es geht also nicht nur darum, einem Beschuldigen lapidar die Möglichkeit zur Korrektur einzuräumen, ohne ihm zu erklären, warum, sondern auch um die Offenlegung bzw. Benennung der begangenen Fehler und Irrtümer sowie um das Angebot, alles bisher Ausgesagte komplett widerrufen zu können. Nur wenn Beschuldigte die bisherigen Angaben ausdrücklich bzw. nachträglich autorisieren, sind diese und alle nachfolgenden Vernehmungen »legalisiert«. Unterbleibt die qualifizierte Belehrung, sind nicht nur die fehlerhafte Vernehmung unverwertbar, sondern auch alle darauf aufbauenden Nachfolgevernehmungen.

Zwei Beispiele für eine qualifizierte Belehrung

»Herr, T., Sie wurden gestern Abend wegen Verdachts eines versuchten Tötungsdeliktes festgenommen. Anschließend haben Sie Angaben als Beschuldigter gemacht, obwohl Sie unter dem Einfluss von Alkohol standen.

Ich weise Sie deshalb ausdrücklich darauf hin, dass Sie unter diesen Umständen Ihre bisherigen Angaben, die Sie als Beschuldigter gemacht haben, für null und nichtig erklären können. Sie wären dann nicht mehr verwertbar. Andererseits haben Sie die Möglichkeit, Ihre Aussage aufrechtzuerhalten oder zu korrigieren. Sie können diese gerne noch einmal durchlesen, bevor Sie sich entscheiden.«

»Herr G., Sie haben gestern die Tötung des Jakob v. M. gestanden, den Leichenablageort gezeigt und als Beschuldigter Angaben zur Sache gemacht, nachdem wir Ihnen damit gedroht hatten, Ihnen Schmerzen zufügen zu lassen, sollten Sie den Aufenthaltsort des von Ihnen entführten Kindes nicht preisgeben. Da Ihre Aussage also unter der Drohung mit Folter zustande kam, haben Sie das Recht, alle bisherigen Angaben für null und nichtig zu erklären. Ihre Aussage wäre dann unverwertbar und kann nur durch Sie selbst legalisiert werden. Wie wollen Sie sich entscheiden?«

Wenn die qualifizierte Belehrung unterbleibt, sind auch alle nachfolgenden polizeilichen Vernehmungen unverwertbar.

6.5 Vernehmung ohne Verteidiger

Strafverteidiger wissen, dass Polizeibeamte nahezu immer die Ersten sind, die in Kontakt mit Tatverdächtigen bzw. Beschuldigten kommen, und dass sie dabei die Gelegenheit nutzen, um diese Personen zu Angaben zu bewegen. Und zwar ohne Beisein eines Rechtsbeistandes. Viele Verteidiger unterstellen deshalb, wir würden diesen Umstand dazu missbrauchen, den meist in Rechtsdingen ahnungslosen Beschuldigten die Hinzuziehung eines Anwaltes auszureden, um sie dann entsprechend »bearbeiten« zu können. Mit dem Ziel, Geständnisse herauszulocken. Deshalb fordern bestimmte Anwaltskreise, Beschuldigtenvernehmungen durch die Polizei ohne Rechtsbeistand generell als unverwertbar zu erklären bzw. zu verbieten, ungeachtet des freien Willens der Betroffenen. So nach dem Motto: »Beschuldigte sollten nur im Beisein eines Rechtsanwalts aussagen dürfen, ob sie wollen oder nicht.« Noch aber ist es nicht so weit, noch dürfen Tatverdächtige, Beschuldigte, Festgenommene oder Verhaftete selbst entscheiden, ob sie auch ohne Anwalt von ihrem Recht auf Gehör Gebrauch machen wollen, oder von ihrem Aussageverweigerungsrecht, oder ob sie einen Rechtsbeistand hinzuziehen wollen. Das nennt man freie Willensentscheidung (hierzu Komm. 10 zu § 136 StPO).

Man kann nur hoffen, dass sich dieses Ansinnen nicht durchsetzt, da andernfalls die Aufklärung erheblich erschwert wäre. Denn Straftaten lassen sich nur schwer aufklären, wenn man als Ermittler mit den wichtigsten Protagonisten, nämlich den Tätern selbst, nicht wenigstens sprechen darf, ohne dass ein Anwalt zugegen ist.

Erfahrungsgemäß raten insbesondere unerfahrene Strafverteidiger ihren Mandanten generell, vor der Polizei keinerlei Angaben zu machen, egal welcher Tatvorwurf im Raume steht. Ob das allerdings immer klug ist, wage ich zu bezweifeln. Ich könnte Dutzende von Fällen aufzählen, bei denen Beschuldigte von ihren frühen Geständnissen profitiert haben, und ebenso könnte ich Beispiele benennen, bei denen Angeklagte besser »weggekommen« wären, hätten sie nicht den Ratschlag ihrer Anwälte befolgt und die Aussage verweigert. Insofern ist es rechtlich und moralisch absolut gerechtfertigt, einem Beschuldigten die Mitwirkung an der Wahrheitsfindung anzuraten.

Beschuldigte haben nämlich nicht nur das Recht, die Aussage zu verweigern, sie haben auch das Recht auf sofortiges Gehör sowie auf Beantragung von Beweiserhebungen zu ihren Gunsten bzw. zu ihrer Entlastung. Genau aus diesen Gründen haben auch Anwälte die freie Willensentscheidung von Beschuldigten zu respektieren.

Dass wir Ermittler es vorziehen, erst einmal alleine mit Beschuldigten reden zu können, liegt in der Natur der Sache und bedarf keiner Rechtfertigung. Entscheidend ist, dass Beschuldigte ordnungsgemäß belehrt werden, dass sie diese Belehrung auch verstanden und die Tragweite ihrer Entscheidung erkannt haben. Das lässt sich auch ohne Probleme glaubhaft protokollieren.

Es ist höchstrichterlich bestätigt, dass den Vernehmungsbeamten ein »gewisser Grad an Überzeugungsbemühen« zugestanden werden muss, zumal es sich bei Beschuldigten in der Regel um mündige Bürger handelt, die selbst entscheiden können, ob sie aussagen bzw. gestehen wollen oder nicht. Polizeibeamte dürfen also durchaus die Vorteile wahrheitsgemäßer Angaben hervorheben und darauf hinweisen, dass ein frühzeitiges und aus freien Stücken abgelegtes Geständnis erfahrungsgemäß eher zu einer Strafmilderung führt, als ein Wochen oder Monate später abgegebenes Statement nach umfassender Beratung mit einem Anwalt. Überzeugungsarbeit ist also erlaubt, sofern sie nicht in hartnäckiges Insistieren ausartet und solange dadurch der freie Wille der Beschuldigten nicht unzulässig beeinträchtigt wird.

Was die moralische Seite dieser Thematik betrifft, sei mir noch folgende Anmerkung erlaubt: Ermittler haben die Pflicht, Straftaten aufzuklären, wodurch sie im Grunde genommen die Interessen der Tatopfer vertreten. Anwälte setzen sich für Beschuldigte bzw. Angeklagte ein und sind alleine deren Interessen verpflichtet.

Sollte trotz eingehender Belehrung auf die Hinzuziehung eines Anwaltes verzichtet werden, ist unbedingt die Kernfrage zu stellen und zu protokollieren:

- Warum wird auf einen Verteidiger verzichtet?

Die Frage nach dem Grund sollte unbedingt gestellt werden, weil sie belegt, dass der Verzicht auf einen Anwalt nicht Konsequenz fragwürdiger Überredung bzw. Beeinflussung ist, sondern dass diese Frage mit dem Beschuldigten eingehend erörtert wurde und dass die Entscheidung auf Verzicht eines Anwaltes das Ergebnis wohlüberlegter, freier Willensentscheidung ist.

Beispiele:

- »Ich kann nicht mehr als die Wahrheit sagen, ich will jetzt reinen Tisch machen, dazu benötige ich keinen Anwalt.«
- »Ich möchte jetzt und völlig unbeeinflusst aussagen, weil …«

Sollten aber Antworten wie folgt lauten, ist Vorsicht geboten:

- »Wenn ich Geld hätte, würde ich mir einen Anwalt suchen.«
- »Würde ich einen Anwalt kennen, würde ich einen anrufen …«

Solche Antworten sind so zu werten, als würde ein Anwalt erwünscht sein. Wird die Vernehmung trotzdem ohne Rechtsbeistand durchgeführt, ohne dass der Beschuldigte ausdrücklich erklärt, er sei dennoch bereit, hier und jetzt auszusagen, kann sie als unverwertbar eingestuft werden. Willensbekundungen sollte man stets so hinterfragen, dass jeder Eindruck, der Aussagende habe nicht aus freien Stücken entschieden, widerlegt ist. Eine Möglichkeit wäre zum Beispiel, die Hinzuziehung eines Pflichtverteidigers zu thematisieren, wenngleich dieser nicht sofort zur Verfügung stehen kann, sondern vom Gericht bestimmt wird.

- »Ich halte es für ausreichend, wenn mir das Gericht einen Pflichtverteidiger stellt.«

Wird aber die sofortige Hinzuziehung eines Anwaltes verlangt, müssen ernsthafte Bemühungen des Polizeibeamten folgen, dem Beschuldigten bei der Herstellung eines Kontaktes in effektiver Weise zu helfen. Die Vorlage eines Telefonbuches reicht nicht aus, da es inzwischen flächendeckend sogenannte Anwaltshotlines gibt (BGH St 38, 372).

Verlangt der Beschuldigte während der Vernehmung den sofortigen Abbruch derselben und die Hinzuziehung eines Anwaltes, obwohl er eingangs darauf verzichtet hat, so ist die Vernehmung sofort zu unterbrechen (Grund aktenkundig machen, Uhrzeit vermerken usw.).

Setzt der Beamte die Vernehmung trotzdem fort, so wird diese selbst dann unverwertbar, wenn der Beschuldigte weiterhin aussagt und die (hartnäckigen) Fragen des Vernehmers beantwortet. Die Fortsetzung wäre nur zulässig, wenn sich der Beschuldigte erneut ausdrücklich damit einverstanden erklärt. Dabei muss auch zum Ausdruck kommen, warum er jetzt doch weiter aussagen will:

- »Ich habe mich nur geärgert, weil Sie mir nicht geglaubt haben, aber jetzt habe ich verstanden, warum das der Fall war, und nachdem wir das geklärt haben, möchte ich nun doch weiter aussagen …«

Nach Eröffnung eines Haftbefehles gelten noch strengere Maßstäbe. Es muss ausdrücklich dokumentiert sein, warum Beschuldigte auch ohne Rechtsbeistand weiterhin Angaben machen wollen:

- »Der Haftbefehl wurde mir eröffnet und ich weiß, dass ich ohne Anwesenheit eines Anwaltes nichts mehr sagen muss. Ich möchte dennoch auch ohne Anwalt weitere Angaben machen, weil ich sofort Stellung nehmen will zum Inhalt des Haftbefehles.«

Eigentlich haben Anwälte bis dato kein Anwesenheitsrecht bei polizeilichen Vernehmungen (im Gegensatz zu staatsanwaltschaftlichen und richterlichen Vernehmungen), es sei denn, der Beschuldigte oder auch der Zeuge würde ohne permanente Anwesenheit des Anwaltes keine Angaben machen.

Meldet sich ein noch nicht bestellter Verteidiger ohne Prozessvollmacht bei der Dienststelle (meist bei spektakulären Fällen), sollte dies dem Beschuldigten oder auch dem (vage tatverdächtigen) Zeugen mitgeteilt werden. Sie allein entscheiden, ob dieser nicht bestellte Anwalt vorgelassen werden soll. Lehnt es die zu vernehmende Person ab (egal ob Beschuldigter oder Zeuge), mit dem Anwalt zu sprechen, hat der Anwalt kein weiteres Anwesenheitsrecht (Aktenvermerk fertigen!).

Bei Jugendlichen können dessen Erziehungsberechtigte einen Anwalt beauftragen. Dieser darf nicht abgewiesen werden. Wenn doch, ist die weitere Vernehmung unverwertbar.

Kinder können nicht vernommen, sondern nur befragt werden, und zwar im Beisein Erziehungsberechtigter. Ist eine erziehungsberechtigte Person selbst Beschuldigter (zum Beispiel bei sexuellem Missbrauch), hat sich die Staatsanwaltschaft um die sofortige Bestellung eines Vormundes zu bemühen. Der entscheidet dann, ob eine Befragung stattfinden kann.

6.6 Gliederung von Beschuldigtenvernehmungen

Nachfolgende Dreiteilung einer Beschuldigtenvernehmung eignet sich grundsätzlich auch für schwierige Zeugenvernehmungen. Sie ist psychologisch geschickt aufgebaut, hat sich in der Praxis sehr bewährt und garantiert eine hohe Qualität. Sie ist ähnlich strukturiert wie das kognitive Interview oder die Festlegevernehmung (vgl. Kapitel 4.1; 4.2).

Oft empfiehlt es sich, Stufe 3 erst dann durchzuführen, wenn Stufe 1 und 2 abgeschlossen (und unterschrieben) sind, da Vorhalte die Aussagebereitschaft beeinträchtigen können (vgl. Anlage 3 – Konzept BV).

Stufe 1: Reden lassen

- Belehrung (Aussageverweigerungsrecht / Beweiserhebung / Verteidiger)
- Anwesenheiten protokollieren (Beamte, Protokollführerin, Staatsanwalt, Rechtsanwalt)
- Verfassung des Beschuldigten (zeitlich / geistig orientiert? Alkohol?)
- Einbringen voriger Vernehmungen / Vorgespräch (qualifizierte Belehrung?)
- Beschuldigten mit eigenen Worten schildern lassen
- Möglichst wortgetreu protokollieren (lässt Intellekt erkennen)
- Gegebenenfalls nur Hilfsfragen stellen (Was war dann? Wie ging es weiter? usw.)
- auch lügen lassen, wenn es sein muss, stundenlang
- keine Vorhalte in der Phase der Öffnung (sonst droht Abbruch)
- möglichst nachprüfbare Eckdaten fixieren (Täterwissen)

Stufe 2: Hinterfragen – Festlegen

- Vertiefung durch ergänzende Fragen (kurze, knappe Fragen!)
- Festlegung auf objektiv nachprüfbare Tatsachen (vgl. Kapitel 4.4)
- Details erheben, die nur der Täter wissen kann (sogenanntes Täterwissen)
- Orientierung an den »sieben goldenen W« (geistige Checkliste):

Wer (Täter, Teilnehmer, Anstifter, Mitwisser, Opfer usw.)
Wann (Tatzeit, Vor- und Nachtatphase, Alibis usw.)
Wo (Tatorte und alle anderen relevanten Örtlichkeiten)
Was (Tatbestand, Tatbeiträge, Vorbereitungshandlungen usw.)
Wie (Tatausführung oder sonstige relevante Tathandlungen)
Womit (Tatmittel, Tatwaffen und alle relevanten Gegenstände)
Warum (Tatmotiv(e), Tatanlass, Beweggründe usw.).

Stufe 3: Kreuzverhör

- Vorhalte (Widersprüche, Klarstellungen, Korrekturen usw.)
- Konfrontation mit belastenden Fakten / Sachbeweisen
- Konfrontation mit belastenden Zeugenaussagen / Widersprüchen
- Vorhalt von eigenen Widersprüchen (verschiedener Versionen)
- Aufzeigen von Unwahrheiten, Ausreden und Lügen usw.
- Aufzeigen der (belastenden) Beweislage (wenn unschädlich)
- Aufzeigen negativer Konsequenzen (zum Beispiel Strafverschärfung)
- Möglichkeit zur Korrektur / Klarstellung anbieten (Wahrheit).

6.7 Absicherung gegen Widerruf (Checkliste)

Man sollte darauf bestehen, dass das Protokoll auch wirklich durchgelesen wird, verbunden mit dem Hinweis, vor Gericht würde es auf jede einzelne Formulierung ankommen und deshalb sei es wichtig, den Inhalt noch einmal zu überprüfen und dann erst zu unterzeichnen. Diese ausdrückliche Aufforderung ist in einem Aktenvermerk festzuhalten. Sollten das Durchlesen oder die Unterschrift verweigert werden, ist ebenfalls ein Aktenvermerk zu fertigen (warum verweigert?). Die Verweigerung ändert nichts an der Beweiskraft, da der Inhalt durch den Sachbearbeiter eingebracht werden kann. Zur Absicherung der Verwertbarkeit sollten folgende Punkte (Checkliste) beachtet werden:

- Zustandekommen / Beginn und Ende der Vernehmung vermerken
- Anwesende, kommende und gehende Personen stets notieren
- Verständigung mit Dolmetscher protokollieren (Muttersprache?)
- Rauchen, Essen, Trinken, Medikamente, Pausen usw. vermerken
- Verhalten bzw. Reaktionen aufnehmen (gesonderter Vermerk)
- Vernehmungsfähigkeit immer wieder festhalten (Müdigkeit usw.)
- Auf Durchlesen bestehen (Vermerk)
- Korrekturen und Ergänzungen anbringen lassen
- Jede Seite unterzeichnen lassen (blauen Kugelschreiber auf Original)
- Uhrzeit nach Durchlesen vom Beschuldigten vermerken lassen
- Geständnisse am nächsten Tag wiederholen lassen
- Skizzen und Aufzeichnungen fertigen lassen (erhöht Beweiswert)

- Rekonstruktion durchführen und bildlich festhalten (Fotos / Video)
- Eventuell Tatortbesichtigung / -begehung (Täterwissen?)
- Gesonderter Aktenvermerk zum Verlauf der Vernehmung

Nicht selten widerrufen geständige Beschuldigte auf Drängen ihrer Verteidiger die vor der Polizei gemachten Angaben und machen vor Gericht von ihrem Aussageverweigerungsrecht Gebrauch. Dann ist das Gericht auf das »Einbringen« des Vernehmungsinhaltes durch den Vernehmungsbeamten angewiesen. Dieser muss dabei aus dem Gedächtnis berichten und sollte sich daher gründlich vorbereiten, aber keinesfalls etwas »auswendig lernen«. Nach der Befragung durch Gericht und Staatsanwaltschaft wird die Verteidigung versuchen, dem Vernehmungsbeamten Fehler nachzuweisen, um die Unverwertbarkeit zu erreichen.

Hat der Vernehmer alle vorstehenden Punkte beachtet, wird er vor Gericht überzeugend und sicher auftreten. Der Widerruf der Aussage wird dann mit Sicherheit erfolglos bleiben, weil das Protokoll »unangreifbar« abgesichert war. Das ist jene Professionalität, die mit Vernehmungen einhergehen muss. Professionalität bedeutet auch, von der Richtigkeit des Handelns überzeugt zu sein. Und wer überzeugt ist, alles richtig gemacht zu haben, wird vor Gericht auch selbstbewusst auftreten und souverän aussagen.

7 Wege zum Geständnis

7.1 Begriff

Schon im Römischen Reich galt der Satz: »Confessio est regina probationum«, was so viel heißt wie: »Das Geständnis ist die Königin der Beweismittel.« Dieser Satz hat heute noch Gültigkeit, denn ohne Geständnisse, also der Mitwirkung der Täter bei der Aufklärung des eigenen, strafbaren Verhaltens, ist die Wahrheitsfindung zumindest erheblich erschwert, in jedem Fall aber komplizierter, aufwendiger und manchmal auch gar nicht möglich. Insofern ist das Bemühen der Ermittler, Beschuldigte, aber auch leugnende Zeugen, zu wahrheitsgemäßen Angaben zu bewegen, nicht nur logisch, sondern auch rechtlich absolut korrekt. Erspart es doch in der Regel umfangreichste, komplizierte Ermittlungsarbeit, beispielsweise die Verfolgung und Austragung anderer Spuren. Das kommt übrigens auch Unschuldigen zugute, falls sie – was durchaus geschehen kann – in den Fokus der Ermittler geraten sind und als Tatverdächtige ausgeschieden werden mussten. Darüber hinaus können frühzeitig abgelegte Geständnisse, sofern sie von Reue und Einsicht getragen sind, auch für Beschuldigte von Vorteil sein. Weil sie normalerweise strafmildernd wirken. Abgesehen davon tragen Geständnisse auch zur seelischen Entlastung der Beschuldigten selbst und zur Beseitigung quälender Ungewissheit bei Angehörigen der Opfer bei.

Die formelle Definition von Geständnissen lautet:

- Beschuldigter »gibt etwas zu«, was bislang bestritten wurde
- Beschuldigter räumt etwas ein, was ihn belastet
- Beschuldigter bestätigt bekannte Tatsachen
- Beschuldigter offenbart noch nicht bekannte Tatsachen
- Das Geständnis ist Bestandteil der Beschuldigtenvernehmung
- Mündliche Geständnisse unterliegen der freien Beweiswürdigung (§ 261 StPO)

Geständnisse haben vor Gericht nur Bestand, wenn sie im rechtlich vorgegebenen Rahmen erlangt wurden und auf dem unbeeinflussten, freien Willen eines Gestehenden beruhen. Natürlich müssen auch sämtliche anderen verbotenen Vernehmungsmethoden ausgeschlossen sein (s. Kapitel 4.5).

Enthalten Geständnisse kein fundiertes Täterwissen, ist äußerste Vorsicht geboten. Es besteht nämlich die Gefahr »falscher Geständnisse«, in den meisten Fällen, um einen schwerwiegenderen Tatbestand zu verschleiern oder von anderen (wahren) Tätern abzulenken.

Hin und wieder treten auch pathologische Trittbrettfahrer auf, die sich nur wichtigmachen wollen, aber schnell zu durchschauen sind, weil sie natürlich nicht über detailliertes Täterwissen verfügen können. Mögen sie den Medien auch noch so viele Details entnommen haben. Professionellen Vernehmern dürfte es nicht allzu schwerfallen, solche bedauernswerten Menschen zu entlarven.

Geständnisse dürfen nicht im krassen Widerspruch zu sicheren Personen- und Sachbeweisen stehen. Lassen sich Widersprüche nicht mit der für Beschuldigte typischen subjektiven Sichtweise (Rechtfertigungen, Ausreden usw.) erklären, müssen Personen und Sachbeweise so lange auf den Prüfstand, bis alle Zweifel beseitigt sind.

Geständnisse, die nur mündlich vorliegen und widerrufen werden, unterliegen der freien Beweiswürdigung durch das Gericht und haben eventuell nur geringen Beweiswert. Es sei denn, es wurde echtes, also unverfälschtes, noch nicht öffentlich gemachtes Täterwissen preisgegeben (Leichenfundort, Versteck der Tatwaffe usw.)

Ohne verwertbare Geständnisse kommt es zu Indizienprozessen, die ungleich schwieriger sind, weil der Tatnachweis allein durch eine geschlossene Indizienkette erbracht werden muss. Dabei gilt der Rechtsgrundsatz »in dubio pro reo« – »im Zweifel für den Angeklagten«. Hat das Gericht (nicht die Medien oder Bürgerinitiativen) keine Zweifel an der Täterschaft, kommt es zur Verurteilung! Das Urteil fällt bei Schwurgerichtsprozessen stets in geheimer Abstimmung durch die drei Berufsrichter und die beiden Schöffen, wobei deren Stimmen gleichwertig sind. Stimmen mindestens zwei der fünf Mitglieder einer Kammer für »nicht schuldig«, hat Freispruch zu erfolgen. Nur wenn die Abstimmung mit mindestens 4 : 1 oder einstimmig mit 5 : 0 für »schuldig« endet, kann eine Verurteilung erfolgen. Die einfache Mehrheit von 3 : 2 genügt also nicht zur Verurteilung. Es ist bei spektakulären Mordfällen, zum Beispiel im Fall der Kindermörderin Weimar, schon vorgekommen, dass die drei Berufsrichter auf »schuldig« erkannten, während die beiden Schöffen für »nicht schuldig« stimmten. Es hatte Freispruch zu erfolgen.

Grundsätzlich sind Schuldeingeständnisse auch gegenüber verdeckten Ermittlern oder V-Leuten möglich, also außerhalb formeller Vernehmungen. Inwieweit ein Gericht ein solchermaßen abgelegtes Schuldeingeständnis für verwertbar erachtet, wird im Rahmen der freien Beweiswürdigung entschieden. Stark vereinfacht ausgedrückt bedeutet dies, dass Richter – und nur diese – auch ohne klare Beweise etwas oder jemandem glauben können oder auch nicht. Sie müssen es allerdings schlüssig begründen.

Wurde in Geständnissen keinerlei Täterwissen preisgegeben, dürfte die Anerkennung schwierig werden. So ist es zum Beispiel unstatthaft, V-Leute oder verdeckte Ermittler auf Beschuldigte oder Zeugen anzusetzen, die bereits offiziell von ihrem Zeugnis- oder Aussageverweigerungsrecht Gebrauch gemacht haben. Dies wird laut BGH als Unterlaufen deren elementarer Rechte gewertet. Wer also bereits offiziell kundgetan hat, dass er nicht aussagen will, darf nicht »durch die Hintertür« (V-Leute) ausgefragt werden. Spontanäußerungen ohne jegliches Insistieren und Hinterfragen sind davon allerdings nicht betroffen und dürfen in jedem Fall verwertet werden.

Den meisten Geständnissen geht ein »anfängliches Leugnen« voraus, wobei es sehr schwierig sein kann, dieses in ein Geständnis umzuwandeln. Dazu benötigt man unter Umständen viel Geduld. Wer unter Zeitdruck steht, hat schon verloren. Allein das einfühlsame Vorgespräch, das man führt, um den sogenannten Schwachpunkt zu finden, erfordert viel Zeit. Schwachpunkte können Bezugspersonen sein, die man »nicht mit hineinziehen will« (zum Beispiel Kinder), aber auch Vermögenswerte oder geschäftliche Belange, die man nicht gefährden will und deshalb lieber eine Strafe auf sich nimmt.

Es gibt sehr viele Gründe für leugnendes Verhalten. Nicht immer geht es dabei nur um die Täterschaft. Bei sexuellem Tathintergrund spielen zum Beispiel Scham und Angst vor Schande eine große Rolle. Manche lügen auch, weil sie zwar nicht Täter sind, sich aber dennoch verwerflich verhalten haben und dies vertuschen wollen (zum Beispiel Entdeckungszeuge stiehlt am Tatort; Mitwisser; Nachbarn, die nichts bemerkt haben wollen und sich schuldig fühlen, unterlassene Hilfeleistung usw.). Es ist also wichtig, dass Vernehmer objektiv bleiben und keine Vorurteile spüren lassen. Weil man nie sicher sein kann, wen man vor sich hat und warum jemand lügt.

Konkret geht es darum, Tatverdächtige, Täter, Zeugen und manchmal auch Opfer davon zu überzeugen, dass es in ihrem Sinne ist, zu kooperieren, weil sie am Ende einen Vorteil haben werden. Das ist die entscheidende Zielrichtung. Es geht um Überzeugungsarbeit.

Die Unterscheidung zwischen rationalen und emotionalen Verhaltensweisen und den daraus resultierenden Vernehmungsstrategien hat sich in der polizeilichen Praxis seit vielen Jahren bewährt. Deshalb wird sie hier beibehalten. Wer schwierige Vernehmungen mit dem Ziel beginnt, als alleiniger Sieger hervorgehen und dem Gegenüber eine Niederlage beibringen zu wollen, wird in der Regel scheitern. Vernehmungen sind vergleichbar mit schwierigen Verhandlungen zwischen unterschiedlichen Interessensparteien. Am Ende müssen alle Beteiligten davon überzeugt sein, gewonnen zu haben. Jeder auf seine Weise. Es läuft also stets auf einen Kompromiss hinaus. Wenn zum Beispiel ein eiskalter Mörder glaubt, durch das Tatgeständnis könne er eventuell die Feststellung der besonderen Schwere der Schuld verhindern, wird er sein Geständnis als Teilsieg empfinden. Aber auch die jeweiligen Ermittler dürfen sich als Gewinner betrachten, weil sie zumindest die Frage der Täterschaft geklärt haben. Die Fragen zur Schuldfähigkeit oder zum subjektiven Tatbestand versucht man normalerweise im zweiten Anlauf herauszuarbeiten (vgl. Kapitel 6.6). Oft genug kommt es auch vor, dass Beschuldigte seelisch erleichtert sind, nachdem sie sich zu einem Geständnis durchgerungen hatten und ihnen dadurch der berühmte »Stein vom Herzen fiel«.

Auch diese Menschen empfinden ein Eingeständnis ihrer (objektiven) Schuld eher als Vorteil für sich selbst denn als Niederlage. Zum einen, weil sie enormen seelischen Druck losgeworden sind, und zum anderen, weil sie sich eine mildere Strafe erhoffen.

Beispiel eines falschen Geständnisses

Der Schauspieler Günther K. geriet in Verdacht, seinen Steuerberater in dessen Münchner Haus getötet zu haben. Motiv: Der Schauspieler und seine in Bremerhaven lebende Ehefrau hatten dem Steuerberater unter Vorspiegelung falscher Tatsachen (angeblich bevorstehender Hotelbau auf einem großen Grundstück des Ehepaares in Portugal) im Laufe von zwei Jahren ein Darlehen von umgerechnet fast einer Million Euro abgeschwindelt. Als der Steuerberater hinter den Betrug kam, setzte er dem Schauspieler und dessen Ehefrau, die schwer krebskrank war und zeitweise in Berlin bei ihrem Liebhaber lebte (wovon K. aber nichts wusste) an einem Donnerstagnachmittag die Pistole auf die Brust und kündigte an, am kommenden Montag Anzeige wegen Betruges zu erstatten, sollten sich die beiden weigern, ihren gesamten Grundbesitz unverzüglich und schriftlich an ihn abzutreten. Diesen Montag erlebte der Steuerberater aber nicht mehr. Er wurde am Freitag tot in seinem Haus aufgefunden, am Boden liegend, gefesselt und geknebelt. Wie die ersten Untersuchungen ergaben, war der Mann erstickt, aber nicht erdrosselt oder erwürgt worden. Aufgefunden wurde das Opfer von Feuerwehrleuten im Beisein des Schauspielers, der von Angestellten der Kanzlei gebeten worden war, im Haus Nachschau zu halten, da das Fernbleiben des Steuerberaters an diesem Freitag als ungewöhnlich empfunden wurde. Notgedrungen musste K. zum

Haus fahren, hatte aber (angeblich) keinen Schlüssel und rief die Polizei, die schließlich von der Feuerwehr die Haustüre öffnen ließ. Da er mit ins Haus gehen konnte – er wurde nicht daran gehindert –, stellte sich später die Frage, ob er bestimmte Einzelheiten bei dieser Gelegenheit registriert haben konnte, oder ob er diese Details wusste, weil er schon vorher am Tatort war.

Bei seiner Vernehmung als Auffindungszeuge verstrickte sich K. unabhängig davon, wann er was gesehen haben konnte, in erste Widersprüche. So leugnete er zunächst geschäftliche Verbindungen zu seinem Freund und Steuerberater und verschwieg die Kredite im Zusammenhang mit dem Hotelbau in Portugal. Obwohl sich der anfänglich vage Tatverdacht nach und nach erhärtete, reichte es noch nicht für die Zuerkennung des Beschuldigtenstatus und schon gar nicht für den Erlass eines Haftbefehles. In den folgenden Tagen kam K. immer wieder von sich aus zur Dienststelle und brachte eine Reihe von Mutmaßungen hinsichtlich der Täterschaft vor. So benannte er dubiose Geschäftsfreunde des Steuerberaters als mögliche Täter, und schließlich hielt er es auch für möglich, dass der Steuerberater von der chinesischen Mafia umgebracht worden sein könnte, da dessen geschiedene Ehefrau eine Chinesin sei, die nunmehr in China mit einem Mafiosi liiert wäre. K. war jedenfalls sichtlich bemüht, bei der Aufklärung des Verbrechens mitzuhelfen und Ermittlungsansätze zu liefern, um es vorsichtig auszudrücken. Es fiel nämlich ganz deutlich auf, dass er offensichtlich panische Angst hatte. Fragte sich nur, wovor.

Die Ermittlungen schritten schnell voran. Als Nächstes konnten die Alibiangaben K.s widerlegt werden. Hinzu kam, dass diverse Spuren am Tatort auf seine tatzeitnahe Anwesenheit am Tatort hindeuteten (DNA-Spuren, daktyloskopische Spuren; eine Socke von ihm, vermutlich als Handschutz verwendet, in einer leeren Abfalltonne vor dem Haus usw.), die sich auch nicht mit seinem berechtigten Aufenthalt Monate vorher in dem Haus erklären ließen. Aufgrund dieser neuesten Erkenntnisse wurde ihm schließlich rechtzeitig der Beschuldigtenstatus zuerkannt. Als ihm dies nach eingehender Belehrung eröffnet wurde, knüpfte sich ein sehr theatralisches, stundenlanges Vorgespräch an, in dem er laut artikulierend und wie vor einer Filmkamera agierend versicherte, unschuldig am Tod seines Freundes zu sein. Niemals habe er jemandem Gewalt angetan, er hasse Gewalt. Ich kann an dieser Stelle nur versichern, dass ich im Gegensatz zu ihm sehr ruhig und gelassen blieb und ihm offen und ehrlich immer wieder die Fakten aufzählte, derentwegen er zum Beschuldigten wurde. Ausschlaggebend dafür, was dann folgen sollte, war wohl auch die Mitteilung, dass der Betrug am Steuerberater inzwischen bekannt sei und deshalb auch seine Frau, die sich gerade in Bremerhaven aufhalte, im Fokus der Ermittlungen stehe und derzeit vernommen werde. Nun erschrak er sichtlich und sagte wortwörtlich: »Um Gottes willen, da krieg ich ja mehr wie für das andere.« Wie er das genau meinte, sollte uns erst später klar werden. Man spürte fast körperlich, wie es in ihm arbeitete und wie er überlegte. Er befand sich zu diesem Zeitpunkt wohl in einem Zustand des Abwägens.

Inzwischen hatte die rechtsmedizinische Untersuchung der Leiche ergeben – was ihm ebenfalls ausführlich erklärt wurde –, dass es sich wohl nicht um ein vorsätzliches Tötungsdelikt gehandelt habe, sondern um einen Erstickungsvorgang durch Verlegung der peripheren Atmungsorgane, wie es auch schon vorgekommen ist, wenn Polizisten festzunehmende Personen in Bauchlage brachten, um sie zu fesseln und diese dann durch den starken Druck auf den Brust- und Bauchraum in Atemnot gerieten und erstickten. Sowohl die Rechtsmediziner als auch die Staatsanwaltschaft und auch wir Ermittler seien uns ziemlich sicher, dass es sich um den Tatbestand der Körperverletzung mit Todesfolge handle und nicht um Mord oder Totschlag. Diese sogenannte goldene Brücke war wohl ausschlaggebend dafür, dass er schließlich wie aus der Pistole geschossen sagte: »Sie kriegen jetzt ein Geständnis von jemanden, der es nicht war.« Ich kann mich noch gut erinnern, was ich spontan dachte, nämlich: »Das sagen sie alle.« Zu diesem Zeitpunkt hatten wir jedenfalls keine Zweifel an seiner Täterschaft, allerdings war das, was er dann schilderte, für uns nicht überzeugend. So gestand er, am Tatort gewesen und mit dem Steuerberater in Streit geraten zu sein, weil dieser seinen gesamten Grundbesitz, dessen Wert die Darlehenssumme weit überstieg, einforderte. Er drohte damit, seine Frau und ihn anzuzeigen, und beleidigte schließlich seine kranke Ehefrau als dreckige Schlampe, sodass er ausrastete. Der Streit sei dann eskaliert und in Tätlichkeiten ausgeartet, in deren Verlauf er den Steuerberater zu Boden gebracht und sich mit seinem gesamten Körpergewicht (130 kg) auf ihn geworfen habe. Man habe miteinander gerungen und plötzlich habe sich der Steuerberater nicht mehr gerührt, er sei tot gewesen. Das habe er nicht gewollt, er sei schließlich kein Mörder. In Panik habe er nun Telefonkabel u. Ä. herausgerissen, den Mann gefesselt und geknebelt, Schränke und Behältnisse durchwühlt, Bilder abgehängt und im gesamten Haus Gegenstände so drapiert, als habe ein Einbruch stattgefunden, der eben nur nicht mehr vollendet werden konnte.

Wir glaubten ihm seine Version nicht. Zum einen, weil er nicht in der Lage war, auch nur einigermaßen detaillierte Fragen zum Tathergang zu beantworten, und zum anderen, weil längst feststand, dass es sich um mindestens drei oder vier Tatbeteiligte gehandelt haben musste. Die Frage war also nicht, ob er an der Tat beteiligt war, daran hatten wir aufgrund der klaren Motivlage, des fehlenden Alibis und der eindeutigen Spuren, die zumindest seine zeitnahe Anwesenheit am Tatort bewiesen, keine Zweifel. Es stand vielmehr die Frage im Raum, welchen Tatbeitrag er selbst geleistet hat und welchen die anderen? Wenn es mehrere Täter waren, hätte es ja sein können, dass er an der direkten Tötung gar nicht beteiligt war. Das hätte sein dürftiges Wissen hinsichtlich des Tatablaufes erklärt. Es ging also nicht nur darum, K. die Tatbeteiligung nachzuweisen, sondern auch herauszufinden, wer die anderen waren und wer welchen Tatbeitrag geleistet hatte. Aber warum behauptete er, alleine gehandelt zu haben? Warum sagte er nicht wenigstens, dass es zwar Mittäter gab, dass er diese aber nicht verraten wolle?

Dass es K. darum ging, seine Frau zu schützen, war in dieser Anfangsphase nicht absehbar. Wer nimmt schon ein Tötungsdelikt auf sich, nur um eine drohende Anzeige gegen die schwer kranke Ehefrau zu verhindern, die aufgrund ihres Gesundheitszustandes ohnehin nicht in Untersuchungshaft hätte genommen werden können. Zumal ihr nur noch wenige Wochen oder Monate zum Leben blieben. K. aber wich auch dann nicht von dieser ersten Version ab, als ihm vorgehalten wurde, seine Angaben seien nicht glaubhaft, weil er die Tat niemals alleine begangen haben konnte. Dieses falsche Geständnis, das er in dieser ersten polizeilichen Vernehmung abgelegt hatte, hielt er übrigens auch gegenüber seinen beiden Anwälten aufrecht, die ebenfalls nicht die geringsten Zweifel an der Echtheit hatten, im Gegensatz zu uns Ermittlern. Allerdings waren auch die Anwälte aufgrund der Spurenlage überzeugt, dass ihr Mandant nicht als Alleintäter handelte, sondern Komplizen gehabt haben musste. Sie setzten nun den Schauspieler, der mit Ausnahme dieser ersten Vernehmung niemals mehr ohne Beisein seiner Anwälte vor der Polizei aussagte, derart unter Druck, dass dieser schließlich zwei Mittäter benannte. Es waren gute Freunde des Schauspielers aus dem kriminellen Milieu. Wir Ermittler waren es am Ende, die den Nachweis erbrachten, dass diese Männer unschuldig waren und mit der Tat nichts zu tun hatten. Sehr zu deren Erleichterung, hatte ihnen doch ihr Freund K. die Mittäterschaft in unserem Beisein direkt ins Gesicht gelogen (»Klar warst du dabei, das weißt du doch selbst.«).

Die wahren Mittäter konnten nicht ermittelt werden. Es kam zum Prozess, in dem K. trotz intensivster Befragungen durch das Gericht bei seiner Tatversion blieb. Hartnäckig und unbelehrbar. Die Ehefrau K.s war kurz vorher verstorben, und eigentlich hätte er auf sie keine Rücksicht mehr nehmen müssen. Trotzdem belastete er sie nicht, obwohl er andererseits behauptete, von den betrügerischen Machenschaften nichts gewusst zu haben, die geschäftlichen Aktivitäten seien alle von seiner Frau ausgegangen. Den Betrug schob er also ihr in die Schuhe, die Tötung nahm er auf sich. Niemand verstand das. Das Gericht nicht, die Anwälte nicht und auch die Medien rätselten.

K. wurde schließlich wegen Raubes mit Todesfolge zu einer zeitlichen Freiheitsstrafe von 14 Jahren verurteilt. Noch im Gerichtssaal führten er und seine Anhänger Freudentänze auf, war es doch gelungen, das drohende »Lebenslänglich« abzuwenden. Auch die Anwälte betrachteten dies als Erfolg, und alsbald wurde K. von Bayern nach Berlin verlegt, wo er sich nicht nur angenehmere Haftbedingungen erhoffte, sondern auch eine deutliche Verkürzung der Haftzeit. Wie ja allgemein bekannt, gehen halt die Uhren in Bayern etwas langsamer als anderswo, außerdem sind bayerische Justizvollzugsanstalten nicht nur deswegen eher unbeliebt.

Für uns Ermittler war das Ergebnis insgesamt unbefriedigend. Wir blieben deshalb am Ball. Immerhin fehlten die Mittäter. Nach einigen Monaten war es so weit. Wir bekamen einen Hinweis aus Berlin auf einen Mann aus dem kriminellen Umfeld des Liebhabers der Ehefrau K.s. In Zusammenarbeit mit der Berliner Mordkommission wurde dieser Mann schließlich festgenommen; ein Haftbefehl lag bereits seitens der Staatsanwaltschaft München vor. Es handelte sich um einen regelrechten Koloss aus dem Milieu, mit Oberarmen wie ein fünfjähriger Baum. Er legte noch in Berlin ein umfassendes Geständnis ab. Am nächsten Tag wurde ein zweiter Mann verhaftet, der ebenfalls umfänglich gestand, und schließlich wurde auch der Liebhaber selbst enttarnt. Auch er legte ein Geständnis ab.

Aufgrund der weitgehend übereinstimmenden Aussagen der drei Festgenommenen stand nunmehr fest, dass das von Frau K. entsandte Trio aus Berlin noch an jenem Donnerstag nach München geschickt worden war mit dem Auftrag, den Steuerberater in dessen Haus zu überfallen und sämtliche relevanten Unterlagen bezüglich des Millionenkredites zu entwenden, einschließlich des Computers. Eine genaue Beschreibung der Einzelheiten erhielten sie von der Auftraggeberin. Nebenbei, so wurde ihnen versichert, könne sich die Gruppe noch an wertvollem Schmuck, Bargeld und Gemälden bereichern, als Belohnung sozusagen.

Die Männer führten den Auftrag aus. Sie fuhren mit einem Pkw nach München, läuteten in den Abendstunden an der Haustür, und als der alleinstehende Steuerberater geöffnet hatte, überfielen sie ihn. Bei dem Versuch, den massigen, schwerfälligen und kurzatmigen Mann, der von allen drei Tätern gewaltsam zu Boden gebracht worden war und dort in Bauchlage zu liegen kam, zu fesseln, sei er schließlich gestorben, ohne dass dies beabsichtigt war. In Panik habe man das meiste des schon bereitgestellten Diebesgutes zurückgelassen und nur einige wenige Wertsachen mitgenommen. Nur in einem Punkt unterschieden sich die Aussagen: Der Liebhaber behauptete als Einziger, K. sei zum Tatort gekommen, unmittelbar nachdem sie weg waren. Noch bevor sie nämlich die Stadt verlassen hatten, habe er die Auftraggeberin angerufen und ihr mitgeteilt, dass die Sache schiefgegangen und der Mann möglicherweise tot sei. Möglicherweise! Er selbst sei eher davon überzeugt gewesen, dass der Mann noch gelebt habe, als sie das Haus verließen. Frau K. habe daraufhin angekündigt, sie würde ihren Mann zum Tatort schicken, der »die Sache überprüfen würde«. Den Inhalt dieses Telefonats hätten die beiden anderen nicht mitbekommen, so der Liebhaber. Die Überprüfung der Telefonverbindungen bestätigte, dass dieses Gespräch stattgefunden hatte, ebenso wie verschiedene Telefonate zwischen Frau K. und dem Festanschluss ihres Mannes in München in jener Nacht. Das war zumindest ein Beleg dafür, dass K. tatsächlich unmittelbar nach der Tat von seiner Frau angerufen worden war und auch mehrfach zurückgerufen hatte. Dass er jedenfalls am Tatort war – er hatte einst einen Schlüssel zum Haus, den er nie zurückgegeben hat –, belegen die gesicherten Spuren eindeutig. In der Küche trank er aus einer Tasse Wasser und hinterließ dort seine (frische) DNA. Da die Tasse noch halb voll war, kann er sie nicht schon zu einem früheren Zeitpunkt benutzt haben, schon gar nicht Monate vorher. Ein weiterer Beleg seiner Anwesenheit war eine Socke in der ansonsten völlig leeren, weil vormittags geleerten Mülltonne, die zweite, dazugehörige Socke fand sich in K.s Pensionszimmer. Wir gingen davon aus, dass er die Socke in Ermangelung von Handschuhen zur Vermeidung von Fingerspuren nutzte und sie dann beim Verlassen des Tatortes in die Mülltonne warf. Es blieb am Ende die Frage offen, was er am Tatort getan hat. Hat das Opfer vielleicht tatsächlich noch gelebt und hat er den Mann sterben lassen? Oder hat er gar nachgeholfen? Wenn eine dieser beiden Optionen zutreffend gewesen sein sollte, wäre dies allerdings die einzige nachvollziehbare Erklärung dafür, warum er 14 Jahre Freiheitsstrafe auf sich nahm, obwohl er angeblich unschuldig war. Hätte er nämlich die Wahrheit gesagt, wäre eine Verurteilung wegen Mordes unausweichlich gewesen. Und Mord bedeutet lebenslang. Für die Medien wurde dieser Fall übrigens als hartes Duell zwischen Ermittler und Tatverdächtigem dargestellt, welches Letzterer aufgrund fragwürdiger Vernehmungsmethoden verloren habe. Von den Anwälten und deren äußerst dubiosen Rolle sprach niemand. Obwohl alleine sie es waren, die den Schauspieler so sehr unter Druck gesetzt hatten, dass er sogar Unschuldige als Mittäter nannte.

Als die Berliner Täter verurteilt waren, gab es ein Wiederaufnahmeverfahren, das mit einem Freispruch K.s endete. Eine Haftentschädigung wurde ihm allerdings nicht zuerkannt, da ihm die alleinige Schuld am Urteilsspruch zugesprochen wurde. Wie das Revisionsgericht feststellte, hätte er hinreichend Gelegenheit gehabt, seine Selbstbezichtigung widerrufen zu können. Das habe er nicht nur unterlassen, sondern sie sogar noch permanent verstärkt. Auch noch vor Gericht. Allerdings, und das kam leider nicht zur Sprache, auf permanenten Druck und auf Betreiben seiner Anwälte, die ihn für den Haupttäter hielten. Nebenbei sei noch angefügt, dass K. nach diesen Prozessen und den enormen Anwaltskosten sein Haus mit Grundstück in Portugal verloren hat. Unberücksichtigt musste laut Gericht bleiben, was K. am Tatort gemacht haben könnte. Dass er dort war, daran wurde nicht gezweifelt. Aber ob er dort strafrechtlich relevant gehandelt hat, sei nicht nachweisbar. Die hartnäckige Unterstellung bestimmter Medien, hier sei ein Unschuldiger von der Polizei zur Lüge gedrängt worden, von der er dann nicht mehr loskam, hätte jedenfalls der Korrektur bedurft. Leider ist eine solche bis heute nicht erfolgt. Nicht wir waren es nämlich, die ihn unter Druck setzten, sondern seine Verteidiger. Aber Anwälten traut man eben nicht zu, was man uns Polizisten fast schon obligatorisch unterstellt. Aber mit derartigen Fehleinschätzungen und Unterstellungen muss man als Ermittler leben können. Das gehört quasi zum Geschäft, um es ironisch auszudrücken.

Es war der nervigste Fall meiner gesamten Zeit bei der Mordkommission. Trotzdem stand am Ende die nahezu vollständige Aufklärung. Es blieb und bleibt nur eine einzige offene Frage: Was hat er am Tatort gemacht? K. nahm dieses Geheimnis mit ins Grab. Er brach im Jahre 2012 in Berlin auf offener Straße zusammen und starb.

7.2 Grundregeln

Um es vorwegzunehmen: Es gibt Straftäter, von denen kein Geständnis zu bekommen ist. Egal ob sie der Gruppe der rational oder der emotional gesteuerten Täter angehören (vgl. Kapitel 7.5 und 7.6).

Manche Menschen sind einfach nicht willens oder in der Lage, Schuld einzugestehen. Selbst dann nicht, wenn die Täterschaft klar erwiesen ist. Die meisten dieser Tätergruppe gestehen nicht, weil sie Angst vor den Konsequenzen haben, andere, weil sie sich schämen oder weil sie einfach nicht wahrhaben wollen, wozu sie (oder nahe Angehörige) fähig waren. Auch Trotz, Wut und Hass auf die Ermittlungsbehörden können eine Rolle spielen. Ebenso Misstrauen gegenüber den Verfolgungsbehörden, wie es zum Beispiel hin und wieder bei ausländischen Mitbürgern zu beobachten ist, die aus totalitären Staaten kommen und der Polizei – oft aus verständlichen Gründen – nicht über den Weg trauen. Ausschlaggebend können auch Mentalität, Kultur und soziale Unterschiede sowie politische Gegebenheiten im Herkunftsland sein.

Es kann Stunden dauern, bis man totale Verweigerungshaltung erkennt, auch wenn es immer wieder Zwischenphasen gibt, in denen man den Eindruck gewinnt, als ob das Gegenüber doch noch bereit sei, sich zu öffnen. Darüber hinaus sollte man sich auch nachfolgende Verhaltensregeln verinnerlichen, die einem breiten Erfahrungsspektrum entspringen und sich in der Praxis vielfach bewährt haben:

- Zum Reden motivieren (positive Verstärkungen)
- Am Reden halten
- Zum Reden zurückführen, falls es abgebrochen wurde
- Lügen lassen! (Keine Vorhalte in der Anfangsphase)
- Behutsame Überzeugungsarbeit (Geständnis ist Vorteil …)
- »Goldene Brücke« bauen (s. Kapitel 7.4)

Bei planenden Tätern ist es oft Teil des Tatplanes, vor der Polizei aussagen zu wollen bzw. zu müssen. Besonders wenn es sich um Beziehungstaten handelt. Wie sonst sollte man einen möglichen Tatverdacht von sich weg in eine andere Richtung oder auf eine bestimmte Person lenken? Täter wollen mit allen Mitteln verhindern, in Verdacht zu geraten. Es bleibt ihnen also gar nichts anderes übrig, als das Unschuldslamm zu markieren und so zu tun, als würden sie an der Aufklärung interessiert sein. Aussageverweigerung würde dazu nicht passen.

Ein Gespräch darf nicht mit negativen Nachrichten, Vorhalten oder Drohungen begonnen werden, sondern nach Möglichkeit mit erfreulichen Mitteilungen für das Gegenüber. Positive Nachrichten (»Ihre Familie steht zu Ihnen« oder »dem Opfer geht es besser« oder »es wird nichts so heiß gegessen, wie es gekocht wird«) lösen Spannungen und verhindern den Eindruck eines Belastungseifers durch Ermittler. Gute Nachrichten wirken nicht nur im normalen Lebensalltag gesprächsmotivierend, sondern erzeugen Erleichterung, ganz besonders bei solchen Menschen, die schwere Schuld auf sich geladen haben und dadurch unter enormem seelischen Druck stehen. Wenn dann jemand kommt, der diese Schuldgefühle nicht auch noch verstärkt, sondern die Angst vor den Konsequenzen sogar etwas dämpft, ist das Eis meistens gebrochen.

Die wenigsten Straftäter gehen freiwillig, reumütig und in »Sack und Asche« gehüllt ins Gefängnis, so nach dem Motto: »Mir ist alles egal, mein Leben ist vorbei, macht mit mir, was ihr wollt.« Es gibt nur ganz wenige Täter, die ohne »Wenn und Aber« zu ihrer Schuld stehen und die damit zu erwartende Strafe akzeptieren. Ich habe das in 22 Jahren bei der Mordkommission nur zweimal erlebt, 99,9 Prozent der Täter dagegen kämpften wie die Löwen um ihre Freiheit und vor allem um den Erhalt ihrer bisherigen Lebensumstände. Die Angst vor dem Verlust des sozialen Status und dem Kontaktverlust zu nahestehenden Menschen sowie zu allem, was man bisher erreicht und aufgebaut hat, ruft den stärksten, oft verzweifelten Widerstand gegen die Aufdeckung schwerer Schuld hervor. Von einem »Lebenslänglichen« stammt die treffende Aussage: *»Das Absitzen in einer Zelle ist nicht das Schlimmste; es ist die totale Abkoppelung vom bisherigen Leben, der totale Verlust des vertrauten Umfeldes, die Trennung von der Familie und der Verlust jeder Kontrolle über das eigene Leben. Man ist abgekoppelt vom bisherigen Leben und ohnmächtig, und das ist schlimmer als der Tod.«*

Vielfach wird auch aus Sorge um nahestehende Menschen die Täterschaft bestritten: »Was wird aus meiner Familie, wenn ich im Gefängnis bin? Was wird aus meinem Beruf, meinem Besitz, meiner gesamten Existenz?« Nur wenn es gelingt, Straftäter davon zu überzeugen, dass ein Geständnis für sie selbst oder ihnen nahestehenden Menschen trotz allem besser ist als weiteres Bestreiten, werden sie sich öffnen und »Schadensbegrenzung« betreiben wollen. Anders ausgedrückt: Geständnisse sind nur zu erwarten, wenn sich Schuldige davon einen Vorteil versprechen. Oder wenn sie einen Nachteil für andere damit abzuwenden erhoffen. In den wenigsten Fällen ist es das schlechte Gewissen, mit dem Täter nicht weiterleben wollen, auch wenn diese Erklärung fast schon obligatorisch ist (»Ich bin froh, dass es vorbei ist, ich fühle mich erleichtert ...«).

Erhoffte Vorteile:

- Geringere Strafe (Totschlag statt Mord?)
- Abwendung der besonderen Schwere der Schuld
- Glaubhaftmachung der subjektiven Wahrheit (s. Kapitel 7.5)

Erhoffte Vermeidung von Nachteilen:

- Schutzgedanke (negative Folgen für Angehörige abwenden)
- Bezugspersonen aus der Schusslinie nehmen

- Weitere Ermittlungen vermeiden, zum Beispiel aus Scham oder zur Abwendung von finanziellem Ruin.

Es liegt in erster Linie am Vernehmungsgeschick und am Einfühlungsvermögen der Kriminalbeamten, ein tragfähiges Geständnis zu bekommen. Aber Vorsicht: Niemand gesteht ein schweres Verbrechen, nur weil ihm der Vernehmungsbeamte sympathisch ist. Trotzdem ist es besonders wichtig, eine Vertrauensbasis zwischen Vernehmer und zu vernehmender Person aufzubauen. Weil man sich nämlich leichter überzeugen lässt von jemandem, den man für kompetent, ehrlich und vertrauenswürdig hält, als von jemandem, der einem unsympathisch ist und eventuell deutlichen Belastungseifer zeigt. Täter, die Geringschätzung oder gar Verachtung spüren, denen der Vernehmer unehrlich erscheint, selbstherrlich oder suspekt, werden sich nicht öffnen. Deshalb ist es wichtig, dass Vernehmer ruhig und sachlich auftreten und zumindest in der Anfangsphase mehr zuhören, als selbst zu reden. Daran ändert auch die Tatsache nichts, dass es Einzelfälle geben kann, bei denen die »harte Linie« (Angst erzeugen, düstere Prognosen stellen) zum Erfolg führt. Das sind seltene Einzelfälle, die niemals die hier vertretene Linie der Vernunft und Menschlichkeit ersetzen können. Man darf nie vergessen, dass auch die schlimmsten Verbrecher Menschen sind, deren Würde man genauso nicht verletzten darf wie die von braven Bürgern. Es ist also immer sinnvoll, zunächst einmal zurückhaltend und abwartend zu beginnen. Keinesfalls sollte man schon in dieser Anfangsphase Vorhalte machen. Das führt meist zur totalen Aussageverweigerung (»dann sag' ich eben gar nichts mehr …«).

Ganz entscheidend ist also der »Einstieg« in eine Vernehmung. Dazu zählen die vernehmungstaktischen Maßnahmen, wie sie bereits unter den Ziffern 1.6 bis 1.11 beschrieben sind.

7.3 Grenzen der Wahrheitsfindung

Es gibt in einem Rechtsstaat keine Wahrheitsfindung um jeden Preis. Deshalb setzt die Strafprozessordnung Ermittlern enge Grenzen. Werden diese auch nur geringfügig überschritten, droht die Unverwertbarkeit. Deshalb gilt:

- Keine Wahrheitsfindung um jeden Preis!
- Aussagen müssen jeder rechtlichen Prüfung standhalten.
- Freier Wille ohne jede Suggestion muss geachtet werden.

Die Rechte Beschuldigter wurden in den letzten Jahren kontinuierlich ausgeweitet, einhergehend mit fast schon obligatorischen Vorwürfen bezüglich unrechtmäßiger Ermittlungsmethoden. Dabei geht es nicht nur um die angebliche Missachtung des Aussageverweigerungsrechtes, der Verweigerung auf rechtzeitige Hinzuziehung eines Rechtsbeistandes oder um fehlende oder fehlerhafte Belehrungen, häufig werden auch Vernehmungs- und Fragetechniken als unzulässig angeprangert.

Immer wieder wurden nach spektakulären Mordprozessen Vorwürfe gegen Vernehmungsbeamte laut, weil diese angeblich die schwierige seelische Lage Beschuldigter dazu benutzt hätten, diese stundenlang »zu bearbeiten«. Vor allem habe man ihnen stereotyp und gebetsmühlenartig eingeredet bzw. suggeriert, »was man unbedingt hören wollte«. Dadurch habe man Unschuldige seelisch derart unter Druck gesetzt, dass sie schließlich etwas gestanden hätten, was sie gar nicht gemacht haben. Nur, um endlich Ruhe zu bekommen.

Geständnisse werden also, sofern sie widerrufen werden, generell als Ergebnis unzulässiger Manipulation, Suggestion und vor allem hartnäckigen, stundenlangen Insistierens infrage gestellt. Reicht das nicht, werden auch Drohungen, Täuschungen und sogar physische Gewalt unterstellt. In dieser Hinsicht scheint das Repertoire von Strafverteidigern jedenfalls unerschöpflich zu sein. Deshalb kommt es mehr denn je darauf an, glaubhaft zu machen, dass der freie Wille des Beschuldigten nicht beeinträchtigt war und dass quasi alles »mit rechten Dingen zuging«. Das gelingt nur durch strikte Beachtung der rechtlichen Vorgaben, durch korrekte Vernehmungsführung und lückenlose, authentische Protokollierung. Wichtig ist auch, die Absicherung von Geständnissen zu beachten (s. Kapitel 6.7). Nicht wenige Angeklagte folgen nämlich dem Rat ihrer Anwälte, widerrufen ihr Geständnis und verweigern vor Gericht die Aussage. Auf Fragen des Gerichtes, warum sie vor der Polizei gestanden haben, bleibt logischerweise nur eine einzige Ausrede: »Die Polizei hat mich derart unter Druck gesetzt (getäuscht, belogen und in die Falle gelockt), dass ich ganz durcheinander war und deshalb am Ende etwas gestanden habe, was ich gar nicht getan habe.«

7.4 Die goldene Brücke

Es wäre weltfremd zu erwarten, dass Beschuldigte sofort und »schonungslos« die reine Wahrheit sagen. Die meisten Menschen, die mit schuldhaftem Verhalten konfrontiert werden, werden zunächst in Verteidigungsposition gehen und alles abstreiten. Das gilt umso mehr, je schwerer der Tatvorwurf ist und je ferner irgendwelche Rechtfertigungsgründe liegen. Die meisten Täter leugnen also verwerfliches Tun zunächst, und falls sie es doch eingestehen (müssen), werden sie bemüht sein, dieses in irgendeiner Form zu rechtfertigen. Menschen, die schwere Schuld auf sich geladen haben und damit konfrontiert werden, versuchen nahezu ausnahmslos, »ihren Kopf aus der Schlinge zu ziehen« und ihr Fehlverhalten in irgendeiner Weise zu rechtfertigen. Das ist nicht nur deren gutes Recht, es ist auch verständlich. Schließlich ist Fluchtverhalten, und darum handelt es sich letztendlich, in unserer menschlichen DNA fest verankert. Nur Personen oder stark traumatisierte Menschen neigen unter Umständen zu direkter, schonungsloser Offenheit. Oder solche, die resignieren, keine Chance mehr für sich sehen und denen deshalb »alles egal ist«. Im Normalfall suchen Beschuldigte oder Tatverdächtige nach einem Ausweg und streben nach »Schadensbegrenzung«, wobei die meisten Schuldigen zwar nicht in der Lage sind, ihre Tat rechtlich einzuordnen, aber alle wissen, dass sie sich gesetzeswidrig verhalten haben. Viele schämen sich für ihr Tun, und alle haben Angst vor den strafrechtlichen oder gesellschaftlichen Konsequenzen. Diesen Menschen eine sogenannte goldene Brücke zu bauen bedeutet also nichts anderes, als ihnen dabei zu helfen, einen Ausweg zu finden. Das beginnt mit der wahrheitsgemäßen Aufklärung darüber, wie der Sachverhalt nach jetzigem Erkenntnisstand rechtlich einzuordnen ist bzw. welche Optionen denkbar sind (Mord, Totschlag, Körperverletzung mit Todesfolge usw.). Diese ersten polizeilichen, nicht juristisch gesicherten Einschätzungen müssen jedoch den Tatsachen entsprechen. Die »goldene Brücke« wird nur dann nicht als Täuschung im Sinne von §136a StPO eingestuft, wenn all die Optionen, die durch Vernehmungsbeamte aufgezeigt werden, zum Zeitpunkt der Vernehmung auch tatsächlich für möglich gehalten wurden, das heißt, sie dürfen nicht im Widerspruch zum bereits bekannten Sachstand stehen. Es wäre zum Beispiel Täuschung und Irreführung, würde einem Beschuldigten vorgelogen, man gehe von einer Körperverletzung mit Todesfolge aus, obwohl das Opfer zwölf Einstiche im Rücken hat und allein aufgrund dieser Fakten Mord oder Totschlag naheliegen. Die Optionen, die man aufzeigt, müssen also zum Zeitpunkt der Vernehmung im Bereich des Möglichen liegen und dürfen nicht erfunden sein, um ein Geständnis herauszulocken. Nur dann darf man diese verschiedenen Optionen der zu vernehmenden Person auch aufzeigen. In der Regel werden Beschuldigte die mildeste der vorgegebenen Optionen auswählen, was dann eben »nur« zur subjektiven Wahrheit führt (vgl. Kapitel 7.5).

Wichtig ist, sich einzuprägen, dass falsche Vorgaben die totale Unverwertbarkeit eines Geständnisses zur Folge haben (»gib es zu, dann kommst du mit Totschlag davon« usw.). Es gilt der unumstößliche Grundsatz: Ermittler lügen nicht!

Meistens kommt es im Rahmen eines Vorgespräches zur ersten Einvernahme des Beschuldigten, falls dieser überhaupt bereit ist, mit den Ermittlern zu reden und falls ein Vorgespräch überhaupt sinnvoll ist (vgl. Kapitel 2.4).

Bei einer Vernehmung ist das »Recht auf Gehör« unbedingt zu thematisieren, wobei das Gegenüber nicht bedrängt werden darf, sondern der Beamte sollte auf die Chance hinweisen, frühzeitig die eigene Sicht der Dinge kundtun zu können. Er sollte auch darauf hinweisen, dass sich ein Geständnis zum jetzigen Zeitpunkt in der Regel strafmildernd auswirkt, sofern es von Reue und Einsicht getragen ist. Die eventuelle Mitschuld »anderer« (Provokation, Angriff usw.) und denkbare, nachvollziehbare Gründe hinsichtlich des Motives (jahrelanges Martyrium, tiefe Kränkung, Demütigung, Provokation etc.) sind ebenfalls anzusprechen. Beschuldigten sollte immer die Chance eingeräumt werden, ihre subjektive Einschätzung rechtzeitig vortragen und zu Protokoll geben zu können. Jede beschuldigte Person hat das Recht, sich verteidigen bzw. rechtfertigen zu können. Es ist absolut legal, Mut zu machen und wahrheitsgemäße Angaben anzuraten, wenn dadurch die freie Willensentscheidung nicht beeinflusst wird. Dabei ist höchstrichterlich festgestellt, dass Ermittlern ein gewisses Maß an »Überzeugungsbemühen« zugestanden werden muss. Allerdings darf dieses Bemühen nicht in hartnäckiges Insistieren ausarten. Unter

Letzterem versteht man gebetsmühlenartige, stundenlange Vorhaltungen, so nach dem Motto: »Gib endlich zu, dass du es warst! Du hast keine Chance mehr und kriegst lebenslänglich, wenn du nicht endlich gestehst!«

7.5 Subjektive Wahrheit

Im Gegensatz zur objektiven, also der sichtbaren Wahrheit, versteht man unter subjektiver Wahrheit so viel wie die gefühlte, emotionale Wahrheit bzw. die Wahrheit aus der jeweiligen Sicht des Betrachters. Es ist also die eigene Sicht der Dinge, die eigene Tatversion, die eigene innere Einstellung und die eigene Bewertung eines Sachverhaltes, den Menschen wiedergeben, wenn sie sich zu Tatvorwürfen äußern. Die absolut reine Wahrheit ist nicht zu erwarten und kann es deshalb nicht geben, weil die Blickwinkel unterschiedlich sind. Ebenso wie es den absolut neutralen Zeugen nicht gibt. Weil wir nämlich alle von unseren Emotionen gesteuert werden, und die mischen auch bei sogenannten Verstandesmenschen im Unterbewusstsein kräftig mit. Selbst wenn man bemüht ist, objektiv zu bleiben. So schildern Täter den Sachverhalt logischerweise anders, als es Opfer bzw. Zeugen aus ihrer Sicht tun. Ermittler müssen also versuchen, die unterschiedlichsten Betrachtungsweisen in den Vernehmungen zu entwirren, mit dem Ziel, der reinen Wahrheit so nahe wie möglich zu kommen, auch wenn die reine, lückenlose Wahrheit so selten ist wie ein vierblättriges Kleeblatt. Insofern bedienen uns Beschuldigte, auch wenn sie versichern, die Wahrheit zu sagen, in 99,9 Prozent aller Fälle nur mit ihrer eigenen, subjektiven Wahrheit. Und die sieht meist so aus:

- Verharmlosung der Tatausführung (Brutalität »herunterfahren«)
- Bestreiten des Tatmotivs (Affekt statt Planung, Totschlag statt Mord)
- Beschönigung (»war alles gar nicht so schlimm …«)
- Rechtfertigung (»wurde provoziert, beleidigt, angegriffen« usw.)
- Entschuldigung (Tatfolgen nicht gewollt, eskaliert usw.)
- Schuldzuweisungen (schuld waren andere …)
- Bewusstseinsstörung (hatte Blackout, war betrunken, Affekt usw.)

Aber Vorsicht: Es ist das Recht eines jeden Beschuldigten, seine Sicht der Dinge, »seine Wahrheit«, zu schildern und zu Protokoll zu geben. Vorhalte, Vorwürfe oder Ermahnungen zur Wahrheit sind deshalb gerade in der Phase der Öffnung nicht sinnvoll und können die Aussagebereitschaft abrupt beenden. Erst im dritten Teil einer Vernehmung, dem sogenannten Kreuzverhör, sollten Vorhalte erfolgen (s. Kapitel 6.6).

Oft kommt es zu Teilgeständnissen, weil Beschuldigte zwar ihre Beteiligung an einer Straftat einräumen (müssen), das wahre Tatmotiv oder den eigenen Tatbeitrag aber verschleiern oder Teile davon ausklammern wollen (»Ich habe zwar zugestochen, aber ich wollte keinesfalls töten …«)

Gelogen, relativiert oder »laviert« wird meist in Bezug auf die Tatausführung und das Tatmotiv. Deswegen aber ein Geständnis als gänzlich falsch und damit unverwertbar zu bezeichnen ginge völlig an der Realität vorbei. Weil es, wie bereits erwähnt, nicht nur das Recht eines Beschuldigten ist, Schadensbegrenzung zu betreiben, es ist sogar signifikant für die Echtheit eines Geständnisses. Nur wirklich Schuldige versuchen, ihre Schuld zu rechtfertigen bzw. zu beschönigen. Beschuldigte, die das nicht tun, sondern ihre Täterschaft bzw. Schuld sogar noch verstärken, sind »mit Vorsicht zu genießen«. Es gilt die Regel: Geständnisse, in denen Täter relativieren, beschönigen, sich rechtfertigen oder die Schuld auf andere abschieben, sind meistens echt, zumindest was die reine Täterschaft betrifft. Selbstbelastungen, Verstärkungen oder scheinbar schonungslose Offenheit können dagegen ein Hinweis darauf sein, dass ein Geständnis falsch sein könnte. In der Regel, um den Tatverdacht von anderen, meist nahestehenden Personen abzulenken oder wegzunehmen. Selten sind dagegen »Geständnisse« durch sogenannte Trittbrettfahrer, wobei diese Wichtigmacher, die ihr »Täterwissen« in der Regel den Medien entnommen haben, durch Detailbefragungen leicht zu entlarven sind.

7.6 Vernehmungsstrategien

Professionalität ist bei Vernehmungen von ausschlaggebender Bedeutung, das heißt, man muss »überzeugt sein« von der Richtigkeit des Handelns als Vernehmungsbeamter. Richtiges Vernehmungsverhalten in seiner Gesamtheit basiert auf empirischen Erfahrungswerten in rechtlicher und verhaltenspsychologischer Hinsicht. Diese Erfahrungswerte sind zunächst meist auf theoretischem Wege zu verinnerlichen und in der Folge durch ständige Anwendung in der Praxis zu manifestieren. Das nennt man »learning by doing«. Zur Professionalität gehört aber auch ein gehöriges Maß an Flexibilität. So zum Beispiel beim erforderlichen Wechsel der Vernehmungstaktik, falls die gewählte nicht funktioniert. Dabei kommt es darauf an, den Irrtum zu erkennen und zu heilen, und zwar ohne Erfolgseinbuße.

Das ist jene Professionalität, die alle Prozessbeteiligten von der polizeilichen Vernehmung zu Recht erwarten dürfen. Professionalität schafft Sicherheit im Handeln und dem Vertreten einer Vernehmung vor Gericht.

Wie bereits unter Kapitel 4 erörtert, ist die Festlegevernehmung die sinnvollste, weil sicherste, variabelste und unangreifbarste Methode, mit der man als Ermittler arbeiten sollte. Sie eignet sich für traumatisierte Opfer ebenso wie für leugnende Zeugen, Tatverdächtige oder Beschuldigte. Allerdings stellt sich vor einer Vernehmung stets die Frage, welche Taktik bei den jeweiligen Tatverdächtigen oder Beschuldigten wohl sinnvoll bzw. erfolgversprechend sein könnte. Das ist besonders schwer, wenn man keine Gelegenheit hatte, sich vorzubereiten und wenn man die zu vernehmende Person nicht kennt, wie das zum Beispiel bei Ad-hoc-Einsätzen der Fall ist. Die erste und wichtigste Frage ist deshalb: Hatte die Tat einen emotionalen oder einen rationalen Hintergrund? Oder beides? Welches Motiv könnte vorliegen? Waren es Leidenschaft, Angst, Rache, Neid, Zorn oder sonstige negative Emotionen, wie sie bei Beziehungstaten obligatorisch sind, oder steckte eiskaltes Kalkül dahinter, wie man es beim Mordmerkmal der Habgier voraussetzen kann, aber auch bei Racheakten oder der Befriedigung sexueller Triebhaftigkeit. Diese erste Erkenntnis, welcher Tathintergrund möglicherweise vorlag, hilft uns, die richtige Strategie zu finden. Oft lässt sich das Motiv schon am Tatort ablesen oder nach sonstigen Ermittlungen der Anfangsphase erkennen. Hilfreich kann hier auch der Einsatz der operativen Fallanalyse (OFA) sein. Sollte man dann dem Täter gegenübersitzen, weiß man wenigstens schon, wohin die Reise gehen könnte und welche der beiden einzigen sinnvollen Vernehmungsstrategien man anwenden sollte.

Wichtig ist auch die Erforschung des Charakters einer zu vernehmenden Person. Handelt es sich um einen reaktiven, rationalen, emotionalen Gefühls- oder Empfindungstypen? In der Regel erkennt man das zum Beispiel im Rahmen eines Vorgespräches recht schnell durch die Art und Weise, wie die Person auf Fragen oder Vorhalte reagiert.

Beichtvater oder Pokerface?

In der Kriminalliteratur gibt es eine Reihe sogenannter Vernehmungsstrategien mit schrecklichen Bezeichnungen wie »Konfrontationstaktik«, »Ochsentour«, »Zermürbungstaktik« oder »good cop – bad cop« usw. All diese Methoden sind auch Anwälten bekannt, und man darf davon ausgehen, dass sie erkennen, welche dieser Strategien bei ihren Mandanten angewandt wurde. Mit Sicherheit werden sie dies in der Hauptverhandlung thematisieren und unterstellen, die freie Willensentscheidung des Mandanten sei unzulässig beeinträchtigt worden. Ich persönlich bin deshalb der Meinung, man sollte solche »Spielchen« unterlassen und aus den Lehrbüchern streichen, weil es eigentlich nur zwei wirklich seriöse und legale Methoden gibt.

Mitgefühls-, Verständnis- und Zuhörtaktik

Es ist notwendig, die Taktik, die man anstrebt, dem Tathintergrund bzw. dem Tatmotiv anzupassen. Letzteres ist der Schlüssel zur richtigen Taktik. Manchmal liegt das Motiv klar auf der Hand und ist schon am Tatort ablesbar, zum Beispiel bei Sexual-, Raub- oder Eigentumsdelikten. Andererseits kann es aber gerade im Tötungsbereich sehr schwer erkennbar sein, und manchmal findet man es auch nicht (siehe NSU-Mordserie).

Wenn man nicht weiß, ob es sich um einen emotionalen oder einen rationalen Hintergrund handelte, empfiehlt es sich, zumindest in der Anfangsphase die Sachlichkeitstaktik anzuwenden. Ist dagegen zweifelsfrei erkennbar, dass ein emotionaler Hintergrund vorliegt, was routinierte Beamte normalerweise am Verhalten Beschuldigter schnell erkennen, empfiehlt sich von vornherein die »Beichtvatertaktik«. Dazu schrieb ein Kriminalist namens Albert Hellwig schon vor vielen Jahren:

»Wer will, dass andere ihm ihr Herz öffnen, der muss selbst ein gütiges Herz haben, der muss tiefes Verständnis für das Menschliche und allzu Menschliche besitzen und muss dies in der ganzen Art, wie er dem Zeugen oder dem Beschuldigten gegenübertritt, auch erkennen lassen.«

Ganz so schwülstig würde ich es zwar nicht ausdrücken, aber es trifft den Kern der Sache. Die sogenannte Beichtvatertaktik eignet sich bei Tätern, die aus emotionalen Gründen (häufigste Motive) gehandelt haben, bei denen also Eifersucht, Angst, Verzweiflung, Verlassensangst oder Rache für erlittenes oder vermeintliches Unrecht im Vordergrund standen und nicht eiskaltes Kalkül. Diese Täter leiden in der Regel unter Schuldgefühlen, auch wenn ihnen oft das Unrechtsbewusstsein fehlt. Sie suchen nach einem Ausweg, wollen sich offenbaren und gleichzeitig rechtfertigen, bereuen eventuell, was sie getan haben, und sind in den meisten Fällen auch ohne Rechtsbeistand aussage- und geständnisbereit. Es handelt sich fast ausnahmslos um Beziehungstäter, die zumindest ein Stück weit erleichtert sind, wenn sie sich das Geschehen von der Seele reden können. Der Vernehmungsbeamte schlüpft nun in die Rolle des verständnisvollen Zuhörers, zeigt Mitgefühl, beruhigt, signalisiert Verständnis und schlägt als Ausweg vor, darüber zu reden. Er wird mitunter sogar zur Vertrauensperson und sollte deshalb Vorhalte in dieser wichtigen Anfangsphase vermeiden.

Erzählen lassen und zuhören, lautet die Devise. Wobei das Ganze in ruhiger Atmosphäre stattfinden sollte. Aber: Professionelle Distanz nicht verlieren! Zu viel Nähe und Vertrautheit kann später vor Gericht als Parteinahme und Verstoß gegen Objektivität und Neutralität ausgelegt werden – eine Todsünde für Ermittler. Deshalb ein Ratschlag: Ermittler duzen sich nicht mit Zeugen und schon gar nicht mit Beschuldigten. Ausnahmen können allenfalls bei Jugendlichen oder im entsprechenden Milieu angebracht sein.

Häufig handelt es sich gerade in diesem Bereich um sogenannte Affekttaten, die unschwer daran zu erkennen sind, dass dem Tatgeschehen meist Streitereien, Schlägereien, Provokationen, Beleidigungen oder schwere Kränkungen vorausgegangen sind, die schließlich so weit eskalierten, dass es zu Übergriffen kam. Kennzeichnend ist also die Spontanität, durch die – juristisch ausgedrückt – Täter »auf der Stelle zur Tat hingerissen« werden. Wobei man daran denken sollte, dass Affekttaten auch die Folge einer lang andauernden, unheilvollen Entwicklung sein können (erkaltete Liebe, Beziehungsprobleme, Alkoholismus usw.). Emotionen können sich über lange Zeit anstauen, um sich dann durch einen »Zündfunken« explosionsartig zu entladen. Psychologen sprechen dann vom Affektstau. Häufig spielen auch Alkohol und Drogen eine tragende Rolle. Beide setzen bekanntlich die berühmte Hemmschwelle herunter und können die Steuerungsfähigkeit einschränken oder ganz aufheben. Durch entsprechende Fragen ist deshalb zu prüfen, in welchem Zustand der Täter war. Später vor Gericht stellt sich nämlich die Frage: War er zum Tatzeitpunkt in der Lage, das Unrecht seiner Tat einzusehen und nach dieser Einsicht zu handeln? Falls nicht, fehlt es an Schuld, und schuldunfähige Täter können nach unserem Schuldstrafrecht bekanntlich nicht bestraft werden. Deshalb ist es wichtig, dass neben den entsprechenden Beweissicherungen wie Blutentnahme, Urinprobe, körperliche Untersuchung usw. in der Vernehmung darauf eingegangen wird, in welchem körperlichen, geistigen und seelischen Zustand sich Täter und auch

Opfer befunden haben. Was nämlich die Polizei in der so wichtigen Anfangsphase versäumt, kann Wochen oder Monate später vor Gericht nicht mehr nachgeholt werden. Weil es einen Unterschied macht, ob Zeugen oder Beschuldigte zeitnah nach der Tat Angaben machen, oder erst Monate später vor Gericht, instruiert durch den Strafverteidiger.

Bei emotionalem Tathintergrund erlebt man oft die Verdrängung der eigentlichen Tathandlung. Ausflüchte wie: »Ich kann mich einfach nicht erinnern«, oder: »Da ist ein Loch, ich hatte wohl einen Blackout« usw. sind obligatorisch. Solche Erinnerungslücken sind aber eher auf Verdrängung denn auf echten Gedächtnisverlust zurückzuführen. Deshalb ist es wichtig, in der Vernehmung die Vor- und Nachtatphase möglichst genau zu hinterfragen. Erinnern sich Beschuldigte nämlich detailliert an Geschehnisse vor und nach der Tat, klammern das Kerngeschehen aber aus, ist dies ein Hinweis auf bewusstes Verschweigen. Natürlich fällt es den meisten Beschuldigten schwer, dieses Aussageverhalten aufzugeben und sich zum Kern der Ereignisse, nämlich der eigentlichen Tatausführung, durchzuringen. Hier hilft nur geduldiges, wiederholtes Nachfragen und vor allem der Hinweis, dass die polizeiliche Vernehmung auch die Chance bietet, die gemachten Angaben nochmals und auch mehrmals überdenken und gegebenenfalls korrigieren zu können. Im Grunde genommen sei es doch besser, schon jetzt durch die Polizei auf Widersprüche und unglaubhafte Angaben hingewiesen zu werden, als später vor Gericht damit überrumpelt zu werden. Jetzt bestünde noch die Möglichkeit, sich zu korrigieren, ohne dass deswegen die Glaubwürdigkeit infrage gestellt ist, was vor Gericht mit Sicherheit der Fall wäre. Der Vernehmer fungiert also tatsächlich eher wie ein Anwalt. Wichtig ist aber dennoch, eventuell Korrekturen in einem gesonderten Vermerk aktenkundig zu machen. Damit will ich zum Ausdruck bringen, dass es Ermittler nicht nötig haben,

Fallen zu stellen und jemanden »auflaufen« zu lassen. Sie sind ausschließlich der Wahrheitsfindung verpflichtet, sollten keinen Belastungseifer zeigen und das Gebot der Fairness beachten. Es kommt für uns Ermittler nicht darauf an, das höchste Strafmaß herauszuholen, es kommt auf die Wahrheit an. Egal wie diese aussieht. Wenn eben alle Einlassungen und Ermittlungen darauf hindeuten, dass es »nur« eine Körperverletzung mit Todesfolge oder ein Totschlag war, dann wäre es nicht nur unseriös, sondern fast schon verwerflich, unbedingt einen Mord nachweisen zu wollen. Wir sind der Wahrheit verpflichtet und nicht irgendeiner Erfolgsskala. Ehrlichkeit und Menschlichkeit haben oberste Priorität. Alles andere haben wir nicht nötig.

Einige Ratschläge zur »Beichtvatertaktik«:

- Verständnis zeigen, beruhigend einwirken, Hilfe anbieten
- Positive Mitteilungen machen (Opfer geht es besser usw.)
- Bezugspersonen ins Spiel bringen (deren Verfassung)
- Tatfolgen relativieren (»wie gut, dass es nicht schlimmer kam«)
- »Goldene Brücke« bauen (»Sie sind doch kein eiskalter Mörder, oder?«)
- Strafmilderungsmöglichkeiten erläutern (frühes Geständnis)
- »Schadensbegrenzung« erörtern (das Beste ist die Wahrheit)
- Bloßstellung vermeiden (keine peinlichen Fragen am Anfang)
- Keine Vorhalte in der Phase der Öffnung (»Sie lügen ...«)
- Konfrontationen mit Opfern vermeiden (gegebenenfalls aber später)
- Eventuell Mitschuld des Opfers thematisieren (zum Beispiel Provokation)
- Lage der Opferangehörigen erörtern (Leid, Schmerz, Schande)
- Gewissenserleichterung (bei emotionalem Tathintergrund)

Als günstiger Einstieg in ein Vorgespräch hat sich die Überbringung bzw. Übermittlung von Mitteilungen erwiesen, die für Beschuldigte positiv besetzt sind. Allerdings müssen diese »guten Nachrichten« auch den Tatsachen entsprechen und dürfen nicht erfunden sein (zum Beispiel: »Das Opfer ist Gott sei Dank außer Lebensgefahr«, oder: »Ihre Angehörigen stehen zu Ihnen, ich soll Ihnen ausrichten, es wird alles wieder gut« usw.)

Kommt man auf die Tat zu sprechen, sollte man zunächst die Motivlage in den Mittelpunkt rücken und die Frage aufwerfen, was wohl den oder die Täter bewogen haben könnte, eine solche Tat zu begehen. Es sei schließlich ein Unterschied, ob es sich um eiskalten Mord gehandelt hat oder um eine Eskalation oder Spontantat. Es komme eben immer darauf an, welche Beweggründe jemand hatte. Ist man sicher, den wahren Täter vor sich zu haben, kann man ihn durchaus bitten, seine Einschätzung der Tat vorzutragen. Es hat sich gezeigt, dass die meisten darauf eingehen und tatsächlich eine mildere Variante schildern, den Täter (also sich selbst) quasi in Schutz nehmen. (»Ich glaube nicht, dass das ein Mord war, bestimmt ist da irgendetwas vorgefallen« usw.).

Es kommt aber auch häufig vor, dass Beschuldigte den »sterbenden Schwan« markieren und entrüstet wissen wollen, warum man sie beschuldige und welche Beweise vorlägen. In solchen Fällen sollte man um Verständnis dafür bitten, dass man keine Vorgaben machen könne, da es ja darauf ankomme, dass sich der Beschuldigte öffne, ohne vorinformiert zu sein, wie zum Beispiel: »Ich kann Ihnen doch jetzt nicht verraten, was wir wissen oder nicht wissen. Sie sollen doch die Chance haben, unbeeinflusst und ohne Vorinformationen auszusagen. Das erhöht doch Ihre Glaubwürdigkeit, was vor Gericht sehr wichtig ist.«

Zeigt sich ein Beschuldigter zögerlich, aber nicht ablehnend, ist es sinnvoll, mit der so elementaren »Überzeugungsarbeit« zu beginnen und die berühmte »goldene Brücke« bauen. Damit ist nichts anderes gemeint, als mit dem »Schuldigen« die verschiedenen denkbaren Optionen zu besprechen (s. Kapitel 7.4). Voraussetzung ist allerdings, dass diese Optionen auch tatsächlich im Bereich des Möglichen liegen. Unzulässig wäre es, wider besseres Wissen eine Tatversion vorzugeben, die nicht zutreffen kann (zum Beispiel Körperverletzung mit Todesfolge anbieten, obwohl das Opfer mehrere Einstiche im Rücken hat, oder Totschlag im Affekt, obwohl feststeht, dass es nur Mord gewesen sein kann).

Sachlichkeitstaktik (friendly Pokerface)

Sachliche Gelassenheit, Kompetenz und Professionalität auszustrahlen ist besonders wichtig bei rational handelnden Tätern. Also bei solchen, die aus kaltem Kalkül gehandelt haben, wozu zum Beispiel Berufsverbrecher, Mafiosi, brutale Psychopathen usw. zählen, aber auch planende Beziehungstäter. Die meisten geplanten Morde werden schließlich von scheinbar braven, bislang unbescholtenen Ehemännern und Lebenspartnern begangen, wobei es sich bei den Opfern fast ausnahmslos um die Ehefrauen bzw. Lebenspartnerinnen handelt.

Bei rational planenden Tätern kann es abträglich sein, an das Gewissen zu appellieren oder Seelenmassage betreiben zu wollen. Solche Appelle würden vielmehr als Hilflosigkeit und Schwäche empfunden. Also kommt es bei gefühlsarmen Tätern darauf an, ebenso rational vorzugehen. Interessanterweise ist die Gefahr, dass diese Täter überhaupt nicht mit den Ermittlern reden, gerade hier relativ gering. Das hat damit zu tun, dass die Aussagebereitschaft bei dieser Klientel oft Teil ihres Tatplanes ist. Planende Täter beziehen polizeiliche Vernehmungen ganz bewusst mit ins Kalkül ein, weil sie nämlich die Vernehmer auf eine falsche Spur führen und den Verdacht von sich weg in eine andere Richtung lenken wollen. Und das können sie nur, wenn sie reden. Wenn man das weiß, weiß man auch, dass in solchen Fällen souveräne Gelassenheit am wirksamsten sein kann. Es gilt also, keinen Belastungseifer an den Tag zu legen, sondern eher den Eindruck zu erwecken, als sei man nach »allen Richtungen offen« und deshalb neutral und objektiv. Wichtig ist es jedenfalls, die Aussagebereitschaft zu nutzen, alle Angaben entgegenzunehmen, zu protokollieren und »sein Pulver nicht vorzeitig zu verschießen«. Deshalb drängt sich hier die klassische Festlegevernehmung geradezu auf. Der Vernehmer muss kompetent, sachlich und vertrauenswürdig wirken. Kritische Zwischenfragen sollten also möglichst für das Kreuzverhör aufgespart werden, damit kein Abbruch droht. Es gilt:

- keine voreiligen Beschuldigungen, keine Unterstellungen
- Aussagebereitschaft nutzen
- Lügen lassen
- Festlegen – vorsichtige Nachfragen
- Rückweg in eventuelle Ausreden und Ausflüchte abschneiden
- akribische Protokollierung
- Kreuzverhör (Offenbarung von Fakten) erst nach erfolgter Festlegung

Hier einige Beispiele für rational handelnde Täter, die in den meisten Fällen (aber nicht immer) erst gestehen, wenn sie mit dem Rücken zur Wand stehen und sich durch ein (subjektives) Geständnis eine mildere Strafe erhoffen (zum Beispiel die Abwendung der »besonderen Schwere der Schuld«). Es sind drei der brutalsten Verbrechen in der Kriminalgeschichte unseres Landes. Täter waren ein Polizist, ein Postbote und ein Jurastudent. Gerade diese Fälle belegen, dass oft Menschen zu Mördern werden, von denen man es am allerwenigsten erwartet. (Die folgenden Fallbeispiele sind meinen Büchern *Abgründe* –

Wenn aus Menschen Mörder werden und *Unheil – Jeder kann zum Mörder werden* entnommen).

Der Polizist, der in einer Nacht seine Exfreundin und deren aktuellen Lebensgefährten bei lebendigem Leibe mit einer Axt enthauptet hatte (s. Kapitel 1.5), weil er sich die 140 000,– DM einverleiben wollte, die seine Ehemalige von einer reichen Tante geschenkt bekommen hatte, verstrickte sich in einer zwölfstündigen Zeugenvernehmung immer mehr in Widersprüche und wurde schließlich (rechtzeitig) zum Beschuldigten erklärt. Als solcher verweigerte er die Aussage, ließ sich aber drei Wochen lang immer wieder zu »Vernehmungsgesprächen« aus der Untersuchungshaft zur Mordkommission überstellen, weil er ausloten wollte, wie der Sachstand war. In diesen drei Wochen wurde er darauf vorbereitet, dass er spätestens dann, wenn wir die Leichen gefunden haben, überführt sei. Dann war es so weit. Ein Pilzesammler fand die Torsos der Vermissten, und Stunden später, als ihm dies eröffnet worden war, brach er zusammen, legte im Beisein seines Anwaltes ein Geständnis ab und zeigte die Stelle, an der er die Köpfe und Hände der beiden Opfer vergraben hatte. Das Geständnis war verbunden mit der Hoffnung, sich dadurch die »besondere Schwere der Schuld« zu ersparen (was nicht der Fall war).

Der Postbote tötete seine beiden Nichten (acht und elf Jahre) im Haus ihrer Mutter, in das er nachts eingedrungen war, wissend, dass die Mädchen alleine daheim sind. Er ermordete die Kinder mit solcher Brutalität, dass die Menschen im ganzen Land wie gelähmt waren. Sogar hartgesottene Ermittler und Rechtsmediziner hatten beim Anblick der Leichen Tränen in den Augen. Hintergrund war ein Erbschaftsstreit zwischen der Mutter der Mädchen, die er ebenfalls zu töten gedachte, und deren Schwester, also seiner Ehefrau. Die Mutter der Kinder kam aber in der Tatnacht (sie arbeitete im Nebenhaus in einem

Lokal) zufälligerweise nicht wie üblich pünktlich nach Hause, sodass er die von ihm geplante Vortäuschung eines Familiendramas (Mutter tötet ihre Kinder und dann sich selbst) nicht vollenden konnte, musste er doch pünktlich am Arbeitsplatz erscheinen. Nach seiner Festnahme machte er zumindest Angaben zu seinem Alibi, das aber klar widerlegt werden konnte. Ein Geständnis hat der eiskalte, nicht die geringste Reue zeigende Täter nie abgelegt, und ein solches ist auch von einem Tätertypen wie ihm nicht zu erwarten. Er wurde aufgrund erdrückender Sachbeweise und der eindeutigen Widerlegung seiner Alibiangaben sowie dem Nachweis eines klaren Tatmotives zu lebenslanger Haft verurteilt, mit Feststellung der besonderen Schwere der Schuld.

Ein exmatrikulierter Jurastudent lauerte seiner millionenschweren Tante, die ihn zu enterben drohte, beim Verlassen ihrer Wohnung auf, zertrümmerte ihr mit einem Eisen o. Ä. den Schädel und täuschte einen Raubmord vor. In einer achtstündigen Zeugenvernehmung mimte er das Unschuldslamm und versuchte, den Verdacht auf einen anderen zu lenken. Er fühlte sich als ehemaliger Jurastudent den Vernehmungsbeamten so überlegen, dass er einen Strafverteidiger, den seine Verlobte engagiert hatte, wieder wegschickte. In der Folge verwickelte er sich aber mehr und mehr in Widersprüche, sodass er schließlich (rechtzeitig) zum Beschuldigten wurde. Als solcher verweigerte er sowohl vor der Polizei als auch vor Gericht jegliche Aussage. Er wurde dennoch wegen Mordes aus Habgier zu lebenslanger Haft mit besonderer Schwere der Schuld verurteilt, wobei die als verwertbar anerkannte Zeugenaussage eine der Grundlagen für die Verurteilung war.

Alle drei oben beschriebenen Mörder versuchten auf unterschiedliche Weise, den Verdacht von sich wegzulenken. In allen drei

Fällen hatten die Vernehmungsbeamten die jeweils unterschiedlich motivierte Aussagebereitschaft entweder im Zeugen- oder Beschuldigtenstatus klug genutzt und möglichst lange aufrechterhalten.

Im rationalen Bereich gilt:

- keine Seelenmassage (freundliche Sachlichkeit)
- keinen Belastungseifer zeigen (Kompetenz ausstrahlen)
- Belehrung kurz und knapp (Routine und Gelassenheit)
- Aussagebereitschaft nutzen (nicht bedrängen)
- Lügen lassen (Widersprüche in Aktenvermerk dokumentieren)
- Möglichst sofort protokollieren (keine Vorhalte in Anfangsphase)
- Nach Möglichkeit immer wieder kontaktieren und belastende Fakten gebetsmühlenartig aufzeigen (mürbe machen).

Kennzeichnend für jenen rationalen Tätertypus, egal ob noch im Zeugen- oder schon im Beschuldigtenstatus, ist ein ausgeprägtes Eigeninteresse. Im Mittelpunkt ihres Handelns standen die konsequente Umsetzung des Tatplanes und die Suche des Taterfolges. Dazu gehört unter Umständen auch die Aussagebereitschaft, nicht aber die Geständnisbereitschaft. Schließlich will man keinen Verdacht erwecken, indem man nicht aussagewillig ist, obwohl man sich im Zeugenstatus befindet.

Wenn beispielsweise die Ehefrau erschlagen, erstochen, erwürgt oder erdrosselt in der eigenen Wohnung liegt und angeblich vom Ehemann, der den sterbenden Schwan markiert, aufgefunden wurde, wäre es schon sehr auffällig, würde dieser keinerlei Angaben machen, obwohl er doch angeblich unschuldig ist. Eine solche Verweigerung würde man zu Recht als abweichendes Verhalten bezeichnen, weil es nach allgemeiner Lebenserfahrung nicht dem Verhalten eines Angehörigen eines Tatopfers entspricht, die Aufklärung zu torpedieren. In solchen Fällen schrillen bei Ermittlern natürlich die Alarmglocken. Das weiß auch der Täter, und deshalb bleibt ihm gar nichts anderes übrig, als zu reden, will er nicht in Verdacht geraten. Und planende Täter haben es von vornherein auch einkalkuliert, dass sie um Angaben nicht herumkommen werden. Deshalb muss jede Aussagebereitschaft genutzt werden! Festlegen und lügen lassen! Lügen können oft beweiserheblicher sein als halbherzige Geständnisse, denn Lügen orientieren sich meistens an der Wahrheit. Deshalb möglichst lange keine Vorhalte, aber darauf achten, gegebenenfalls rechtzeitig von der Zeugen- zur Beschuldigtenvernehmung umzuschalten.

Liegt bereits ein Haftbefehl vor oder ist die Beschuldigteneigenschaft unumgänglich, werden diese Täter meist schweigen oder sofort einen Anwalt einschalten. Allerdings hat sich auch die plötzliche, überraschende Konfrontation mit der Tat als »redemotivierend« bewährt, in Verbindung mit der sofortigen Festnahme, bei der nur das Allernötigste erklärt wird (Aushändigung des Haftbefehls, keine Kommentare dazu).

Nur wenn rationale Tätertypen mit »dem Rücken an der Wand stehen« und selbst davon überzeugt sind, dass weiteres Leugnen oder Schweigen sinnlos und eher nachteilig für sie sein dürfte, werden sie, um »besser wegzukommen«, zumindest den objektiven Sachverhalt einräumen (»Okay, ich war's, aber ...«). Hier steht der Eigennutz (Schadensbegrenzung) im Vordergrund und nicht das schlechte Gewissen. Mörder, die wissen, dass sie um ein »Lebenslang« nicht herumkommen werden, hoffen häufig, durch ein Geständnis wenigstens die Feststellung der »besonderen Schwere der Schuld« abwenden zu können. Deshalb sollte man diese drohende Strafverschärfung durchaus thematisieren und erklären, was die besondere Schwere der Schuld bedeutet und dass sie eventuell nur abgewendet werden kann, wenn ein ehrliches Geständnis erfolgt, welches sich bekanntlich strafmildernd auswirken kann. Eiskalte Mörder, die sich selbst ausrechnen können, welche Strafe ihnen blüht, wollen wenigstens diese empfindliche Strafverschärfung vermeiden, die einen Antrag auf Entlassung nach 15 Jahren sinnlos macht. In der Regel verlängert sich nämlich die Haftzeit durch die besondere Schwere der Schuld um fünf bis zehn Jahre.

Mischformen

Häufig entwickelt sich trotz eines emotionalen Tathintergrundes eine geplante Tat. Eine Mutter, die – wie geschehen – den Mörder ihrer kleinen Tochter im Gerichtssaal erschoss, handelte aus emotionalen Gründen (Hass, Rache, fehlendes Unrechtsbewusstsein), plante die Tat aber akribisch und setzte sie eiskalt wie ein Profi um. Oder man denke an die vielen Familientragödien, die uns immer wieder erschüttern. Es sind jene Fälle, bei denen es Ehemänner nicht verkraften können, verlassen worden zu sein. Getrieben von Verlassensangst, Verzweiflung und vergeblichen Versuchen, die Partnerin zurückzugewinnen, entwickeln sie letzten Endes Rachegedanken, so nach dem Motto: »Wenn ich dich nicht haben kann, soll dich auch kein anderer haben, und meine Kinder schon gar nicht.« Schließlich töten sie dann die Ehefrau und manchmal auch die Kinder. Fast wöchentlich ereignet sich irgendwo in Deutschland ein solches Drama. Es sind also Fälle, bei denen starke Emotionen in eine geplante, rational umgesetzte Tat mündeten. Besonders krass zeigt sich diese Umwandlung im Bereich der sogenannten Ehrenmorde. Hier töten Menschen nahestehende Personen, die sie eigentlich lieben. So tötet der Vater die geliebte Tochter oder der Bruder die Schwester, nur weil sie angeblich die Familienehre beschmutzt haben soll. In der Regel sind das sehr brutale, erschreckend herzlose Morde, die in unserem Kulturkreis in keiner Weise nachvollziehbar sind.

Umgekehrt gibt es auch rational handelnde Täter, die sich zu emotionalen Reaktionen hinreißen lassen und töten, obwohl dies nicht dem eigentlichen Tatplan entsprach. Der rational eingestellte Täter ließ sich also bei Ausübung bzw. Durchführung der Tat trotz gewohnheitsmäßiger Routine und / oder detaillierter Planung zu einer emotionalen Reaktion hinreißen, weil etwas eingetreten ist, womit er nicht gerechnet hat und was ihn überfordert. Wenn zum Beispiel ein Einbrecher überrascht wird, in Panik gerät und den Wachmann ersticht oder erschlägt, wurde der rational handelnde Einbrecher zwangsläufig zu einer Tat hingerissen, die ihm eigentlich fremd ist. Einige weitere Beispiele:

- Dealer wird vom Konsumenten bedroht und ersticht ihn
- Berufseinbrecher wird überrascht und erschießt jemanden
- Zuhälter schlägt aggressiven Freier nieder, der stirbt.

Normalerweise hat man in solchen Fällen gute Chancen, diese Täter zu einem Geständnis bewegen zu können, da die Tötungshandlung eigentlich wesensfremd für diese Klientel ist (»Sie sind doch eigentlich kein eiskalter Mörder, oder?«).

Grundsätzlich empfiehlt sich aber die Sachlichkeitstaktik.

Zusammenfassung

Die vorstehenden Strategien orientierten sich an den verschiedenen Tätertypen und unterscheiden deshalb zwischen rationalen und emotionalen Tathintergründen. Abschließend nun eine Zusammenfassung, die für beide Bereiche gilt und wohl auch als Ergänzung zu Kapitel 1.11 (Verhaltensgrundsätze) zu sehen ist, also als Richtschnur, Teil II.

Zeige dich souverän und tolerant, sei geduldig und bleibe gelassen. Höre zu und zeige Interesse an dem, was man dir erzählt.

Unterlasse Vorhalte in der Anfangsphase und bezichtige niemand der Lüge, solange du eine solche nicht zweifelsfrei beweisen kannst. Im Gegenteil: höre geduldig zu, lasse (zunächst) lügen und protokolliere das Gesagte korrekt. Vorhalte machen nur dann Sinn, wenn man einen Gegenbeweis hat oder wenn man vernünftig begründen kann, warum man diese oder jene Angaben nicht glauben kann.

Motiviere zum Reden, indem du (zunächst) positive Aspekte in den Vordergrund stellst, und halte dich mit Vorhalten, Vorwürfen und dem Aufzeigen von Konsequenzen zurück. Behalte stets die Kontrolle, lasse dir das Heft bei aller Zurückhaltung nicht aus der Hand nehmen und vermittle Souveränität und Kompetenz. Druck solltest du nur dann aufbauen und eventuell verstärken, wenn du genügend »in der Hand hast« und es taktisch klug ist. Sei einfach neugierig, gehe sukzessive ins Detail und lege dein Gegenüber Punkt für Punkt gemäß der »sieben goldenen W« fest. So lange, bis du glaubst, alle Zweifel und Unklarheiten ausgeräumt zu haben.

8 Polizeibeamte vor Gericht

Am Ende der Ermittlungskette steht das Gericht. Dort, und nur dort, wird über Schuld oder Unschuld, Bestrafung oder Freispruch entschieden. Dabei gilt das Prinzip der mündlichen Verhandlung. Das heißt, im Hauptverfahren haben die Richter eine absolute Aufklärungspflicht, ohne Bindung an das vorangegangene Ermittlungsverfahren. Sie wiederholen deshalb die gesamte Beweisaufnahme und überprüfen den Fall erneut nach allen Seiten, ohne sich auf Polizei und Staatsanwaltschaft zu verlassen. Strafrichter hören die Zeugen noch einmal selbst, besichtigen gegebenenfalls Tatorte und Originalurkunden mit eigenen Augen, beauftragen unter Umständen weitere Sachverständige und müssen alles im rechtlichen Rahmen Mögliche und Zulässige unternehmen, um die Wahrheit zu ermitteln.

Im Urteil dürfen grundsätzlich nur solche Indizien und Beweise berücksichtigt werden, die vor Gericht mündlich erörtert wurden. Die oft gemachte Bemerkung: »Es steht doch alles in den Akten, warum muss ich da noch aussagen«, ist also überflüssig. Das Verlesen von Schriftstücken oder Vernehmungen ist nur in bestimmten Ausnahmefällen zulässig (zum Beispiel richterliche Protokolle, Zeugen verstorben, unauffindbar, unerreichbar oder schwer krank usw.).

Grundlage richterlicher Entscheidungen sind die polizeilichen Ermittlungen, die in den Akten ihren Niederschlag finden und sich als hoffentlich stabiles Fundament erweisen. Dabei ist eine übersichtliche, lückenlose und korrekte Aktenführung unabdingbar. Schlampig geführte Akten lassen nicht nur ein schlechtes Licht auf polizeiliche Ermittler fallen und schwächen deren Glaubwürdigkeit, sie können sogar eine Verurteilung verhindern. Eine gute, übersichtliche Aktenführung ist deshalb das Aushängeschild der Ermittlungen und darf nicht unterschätzt werden.

Hat ein Angeklagter vor der Polizei ein Geständnis abgelegt, dieses aber widerrufen, und macht er auch vor Gericht keine Angaben mehr (meist auf Anraten seines Anwaltes), kommt es darauf an, ob das vor der Polizei abgelegte Geständnis verwertbar ist oder ob es als unverwertbar aufgrund von Fehlern oder Rechtsverstößen eingestuft werden muss. Die Entscheidung darüber ergeht meist erst nach Einvernahme der Vernehmungsbeamten im Rahmen der Hauptverhandlung, wobei diese, im Gegensatz zu Ermittlungsrichtern oder Sachverständigen, aus dem Gedächtnis berichten müssen. In Ausnahmefällen kann das Gericht die Einsicht in Notizen oder Handakten genehmigen.

Liegt kein Geständnis vor oder wird ein solches, das »nur« vor der Polizei abgelegt wurde, als unverwertbar eingestuft, spricht man von Indizienprozessen. Indizienprozesse sind deshalb besonders problematisch, weil die Wahrheit nun ohne Mitwirkung der Angeklagten gefunden werden muss. Dass dies schwierig ist, bedarf wohl keiner weiteren Begründung. Eine Verurteilung ist jedenfalls nur möglich, wenn eine schlüssige, lückenlose Indizienkette das Gericht zur Überzeugung führt, dass der Angeklagte schuldig ist. Dabei kommt es auf die Gesamtschau aller Indizien an und nicht auf jedes einzelne, nur für sich betrachtet. Denn einzelne Indizien müssen nicht zwingend nur belastend sein, sie können durchaus unterschiedliche Interpretationen zulassen. Entscheidend ist, ob sie im Kontext mit allen anderen Indizien ein überzeugendes Gesamtbild ergeben, wobei das Gericht das Recht der freien Beweiswürdigung hat und etwas glauben kann oder eben nicht.

Kann außer dem Angeklagten auch jemand anderes als Täter infrage kommen, greift der Grundsatz »in dubio pro reo« (im Zweifel für den Angeklagten). In der Praxis bedeutet dies nichts anderes, als dass mindestens zwei von fünf Richtern (drei Berufsrichter, zwei Schöffen) Zweifel an der Schuld des Angeklagten haben müssen. Damit ist das gesetzlich vorgeschriebene Verhältnis von 5 : 0 oder 4 : 1, das für den Schuldspruch zwingend ist, unterschritten. Endet die geheime Abstimmung im Richterzimmer also mit höchstens 3 : 2 für schuldig, hat Freispruch zu erfolgen.

Das umfassende Beweisantragsrecht ermöglicht es Verteidigern, einen Prozess in die Länge zu ziehen oder sogenannte Revisionsfallen zu platzieren. Die Ablehnung von Beweisanträgen ist problematisch, weil das Gericht eine absolute Aufklärungspflicht hat und grundsätzlich allen Anträgen oder Hinweisen, sofern sie nicht völlig weltfremd oder unsinnig sind, nachgehen muss. Hinzu kommt eine Fülle von Formvorschriften, die für Laien oft nur schwer nachvollziehbar sind, deren Beachtung aber ausschlaggebend dafür sein kann, ob ein Urteil Bestand hat oder vom BGH aufgehoben wird.

Der in München stattgefundene NSU-Prozess beispielsweise dauerte mehr als fünf Jahre, wobei es fast schon an ein Wunder grenzt, dass er überhaupt vollendet werden konnte. Eine großartige Leistung der beteiligten Richter übrigens, die sich gegen eine Fülle von Befangenheits- und Beweisanträgen der ca. 80 Nebenklägeranwälte und der regulären Strafverteidiger zur Wehr setzen mussten. Da stellt sich schon die Frage, ob es noch vertretbar ist, dass für die zehn Todesopfer, die diese schreckliche Mordserie gefordert hat, nicht auch zehn Nebenklagevertreter ausgereicht hätten, zumal es ja nicht im Sinne der Opferangehörigen sein kann, dass ein Heer von Anwälten einen effektiven Verhandlungsablauf geradezu blockiert, was ja letztendlich den Tätern zugutekommt, denn ein Abbruch wäre schließlich ganz im Sinne der Angeklagten gewesen, sie hätten dann vermutlich sofort freigelassen werden müssen.

8.1 Die Hauptverhandlung

Viele Polizeibeamte empfinden ein gewisses Unbehagen, wenn sie vor Gericht aussagen müssen. Die Ursache ist sicherlich darin zu sehen, dass sie als Ermittlungspersonen in der Hauptverhandlung besonders kritisch befragt werden. Und zwar in aller Öffentlichkeit, oft auch noch in Anwesenheit der Presse und nicht selten mit der Folge, sich nachträglich gegenüber dem Dienstherrn rechtfertigen zu müssen, sollten irgendwelche Vorwürfe erhoben worden sein. Besonders Konfliktverteidiger nutzen dies aus und meinen, die »Damen und Herren Ermittler« seien ihnen im Zeugenstand hilflos ausgeliefert, weil sie sich dem schier unbegrenzten Fragerecht fügen müssen. Tatsächlich fühlen sich nicht nur Polizeibeamte, sondern auch andere Zeugen oder Opfer vor Gericht oft wie »Opferlämmer«, wenn sie durch unfaire Fragen oder aggressive Unterstellungen verunsichert oder provoziert werden. Derart in die Enge getrieben, reagieren manche leider sehr emotional und meinen, sich ebenfalls aggressiv verteidigen zu müssen. Sie werden laut und unsachlich, und damit haben Konfliktverteidiger ihr Ziel erreicht.

Der Zeuge wirkt zusehends unsicherer, oft sogar hilflos und wird letztendlich unglaubhaft.

Leider sind es auch wir Polizisten selbst, die Verteidigern so manche »Steilvorlage« liefern, weil wir oberflächlich gearbeitet und / oder die elementarsten Grundsätze des Ermittlungsverfahrens missachtet haben. So viel Selbstkritik sollte angesichts so mancher »Ermittlungspannen« erlaubt sein. Nicht umsonst durchforsten Anwälte die polizeilichen Ermittlungsakten nach Fehlern und Versäumnissen, um sie in der Hauptverhandlung »genüsslich« präsentieren zu können. Meist ganz gezielt ausgesucht und so gewählt, dass Ermittler damit nicht rechnen. Wenn sich diese dann auch noch unzureichend auf die Hauptverhandlung vorbereitet haben, werden sie wirklich zu »Opferlämmern«. Weshalb das Verfahren dann oft so endet, dass es als Niederlage empfunden wird.

Die Konfrontation mit Strafverteidigern beginnt nicht erst im Gerichtssaal, sondern bereits dann, wenn diese noch gar nicht in Erscheinung getreten sind, also vom ersten Tag des Ermittlungsverfahrens an. Bereits am Tatort oder bei Anzeigenaufnahme können jene Fehler passieren, die vor Gericht plötzlich zum Vorschein kommen und den Ermittlern gar nicht (mehr) bewusst waren (»Warum haben Sie … oder haben Sie nicht …«).

Interessant ist, dass es eigentlich immer die gleichen Vorwürfe sind, die von Anwälten erhoben werden (vgl. Kapitel 8.2). Das aber hat den Vorteil, dass man sich darauf einstellen kann. Hauptangriffspunkt sind die Vernehmungen, wobei besonders die Vernehmungsmethoden zunehmend kritischer hinterfragt werden. Nur wenn Sachbearbeiter die »lauernden Gefahren« kennen, können sie unliebsame Überraschungen vermeiden. Dazu gehört auch, sich die verschiedenen Taktiken zu verinnerlichen, mit denen man im Zeugenstand konfrontiert werden wird.

Die Vorbereitung

Das Wichtigste ist die gründliche Vorbereitung. Sie gibt Sicherheit und macht selbstbewusst Wenn man gut vorbereitet ist, fühlt man sich gut gewappnet. Man bleibt ruhig und sachlich und kann zu seinen Entscheidungen stehen. Auch wenn diese grenzwertig oder gar falsch gewesen sein sollten. Selbstsicherheit generiert Souveränität und schenkt Gelassenheit. Und genau darauf kommt es an.

Polizeibeamte sind sogenannte Berufszeugen, aber ohne Sonderstatus. Sie müssen sich an dienstliche Ereignisse erinnern, die meist lange zurückliegen und entweder als Massendelikte längst wieder in Vergessenheit geraten sind oder aufgrund ihres Umfanges und Komplexität nicht mehr im Detail abgerufen werden können. Ob es sich aber um ein Massendelikt handelt oder ein umfangreiches Verfahren, genaue Fall- bzw. Sachkenntnisse werden vorausgesetzt. Die gründliche Vorbereitung ist deshalb unabdingbar, von ihr hängen Souveränität, Glaubwürdigkeit und Glaubhaftigkeit des Sachbearbeiters ab und letztendlich auch der Ausgang des Verfahrens. Das ist auch der Grund, warum die gründliche Vorbereitung im Beamtengesetz ausdrücklich vorgeschrieben ist. Weil aber insbesondere Konfliktverteidiger wissen, dass viele Polizisten im Zeugenstand zu fabulieren beginnen, wenn man ihnen Vorhalte macht, auf die sie nicht gefasst waren, und weil sie wissen, dass nicht alle Ermittler gut vorbereitet sind, richten sie ihre Befragungstaktiken darauf aus, die Damen und Herren Ermittler regelrecht vorzuführen (s. Kapitel 8.3).

Fragestellungen zur Vorbereitung

- Wo könnten Lücken sein, was wird sicher hinterfragt werden?
- Was würde ich fragen, wenn ich Anwalt wäre (»Advocatus Diaboli«)?

- Info-Austausch mit Kollegen: ja; Absprachen: nein (»wir sagen …«)
- Gespräche mit anderen Prozessbeteiligten unterlassen
- Informationsaustausch nur mit Staatsanwaltschaft
- Nichts auswendig lernen (Sachverhalt verinnerlichen)!

Beispiel für schlechte Vorbereitung

Ein Angeklagter stand wegen schweren Raubes vor Gericht. Er hatte eine Bank überfallen und den Kassierer mit einer Schusswaffe bedroht. Wie sich nach seiner Festnahme herausstellte, handelte es sich um eine Gaspistole, deren Lauf aber durchgebohrt war, sodass sie quasi zur scharfen Waffe geworden war. Das hat eine Straferhöhung von mindestens drei Jahren zur Folge. Als der zuständige Sachbearbeiter vom Gericht zum Zustand der Schusswaffe gefragt wurde, zuckte dieser mit der Schulter und meinte wortwörtlich: »Keine Ahnung, da müssen Sie den Erkennungsdienst fragen. Ich habe die Waffe nie gesehen.« Man kann sich vorstellen, dass die Vernehmung des Täters, die dieser Kollege durchgeführt hat, mehr als nur mangelhaft war, wenn er nicht einmal den Zustand der Tatwaffe hinterfragt hat. Leider gibt es immer wieder Kolleginnen und Kollegen, die sich überschätzen und glauben, Vorbereitung nicht nötig zu haben. Ein schwerer Fehler.

Aussagegenehmigung

Es besteht eine generelle Aussagegenehmigung für Polizeibeamte vor Gericht. Gab es allerdings im Ermittlungsverfahren sensible Bereiche (verdeckte Maßnahmen usw.) und ist damit zu rechnen, dass Fragen auftauchen könnten, für deren Beantwortung man eine Aussagegenehmigung braucht, sollte man dies rechtzeitig vor Beginn der Verhandlung durch das Polizeipräsidium klären lassen und dabei die Staatsanwaltschaft einbinden.

Kommen dennoch einmal bei einem Beamten im Zeugenstand Zweifel dahingehend auf, ob er bestimmte Fragen ohne Aussagegenehmigung beantworten darf, ist das Gericht darauf hinzuweisen. Dieses muss sich dann selbst um die Einholung einer Aussagegenehmigung beim zuständigen Präsidium bemühen. Besteht das Gericht allerdings auf Beantwortung der Frage(n), ohne dass die Zweifel beim Beamten ausgeräumt sind, sollte eine Unterbrechung beantragt werden, um sich rückversichern zu können. Dabei sollte die Staatsanwaltschaft dem Polizeibeamten beistehen, was leider nicht immer geschieht. Normalerweise wird das Gericht aber der Unterbrechung zustimmen.

Aussagegenehmigungen können erforderlich sein bei

- innerpolizeilichen Angelegenheiten (Einsatzkräfte, Ausrüstung etc.)
- Kriminaltaktischen und -technischen Maßnahmen
- Verdeckten Ermittlern; Observationen, V-Leuten usw.
- Aktensammlungen und Dateien (Computerprogramme usw.)
- Personaleinsatz, Ausrüstung, insbesondere bei Spezialeinheiten

Recht auf zusammenhängende Schilderung

In der Regel formulieren Richter und Staatsanwälte klare Fragen zu bestimmten Komplexen. Konfliktverteidiger aber verwirren gerne dadurch, dass sie »kreuz und quer« durch das Verfahren springen, um den Zeugen zu verunsichern und zu verwirren. Oft versteht man gar nicht mehr, worauf die Fragen abzielen, weil sie vollkommen aus dem Zusammenhang gerissen sind.

Das ist der Zeitpunkt, wo man darauf bestehen sollte, zunächst zusammenhängend schildern (§ 69 StPO) zu dürfen.

Es ist kein Zeichen von Schwäche oder mangelnder Intelligenz, wenn man zum Ausdruck bringt, den Fragestellungen nicht folgen zu können. Tatsächlich ist es sehr schwer, Fragen zu beantworten, ohne zu wissen, worauf die fragende Person hinauswill. In der Regel sind das Suggestivfragen, auf die man nur mit »Ja« oder »Nein« antworten kann. In solchen Fällen sollte man den Richter ansehen und vortragen, dass sowohl die Beantwortung mit »Ja« als auch die mit »Nein« ein völlig falsches Bild ergäbe, weil dadurch die entscheidende Frage nach dem »Warum« völlig unbeachtet bliebe.

Bei verwirrenden Fragestellungen gilt:

- Gang der Ermittlungen grob schildern (nicht in Details verlieren)
- Probleme und Schwierigkeiten herausstellen
- Fehler und Fehleinschätzungen zugeben
- Entlastendes und Belastendes herausstellen
- Nur Fakten berichten (was selbst gesehen, festgestellt wurde usw.)
- Informationsquellen genau bezeichnen (woraus ergibt sich was)
- Gedächtnislücken nicht mit Schlussfolgerungen auffüllen
- Bei Unsicherheit um Vorhalt aus den Akten (Vernehmungen) bitten

Beispiel für verwirrende Fragestellung

Verteidiger: »Haben Sie zu meinem Mandanten gesagt, dass sich ein Geständnis strafmildernd auswirken würde, obwohl der Haftbefehl auf Mord lautet und Mord zwingend die lebenslange Freiheitsstrafe nach sich zieht?«

Beamter: »Wir haben über Strafmilderungsgründe gesprochen, weil ...«

Verteidiger (unterbricht ihn und erhebt die Stimme): »Haben Sie das zu meinem Mandanten gesagt, ja oder nein? Beantworten Sie nur meine Frage.«

Beamter (empfohlene Antwort): »Ich beantworte Ihre Frage nicht, weil es sich um eine Suggestivfrage handelt, deren Beantwortung ein völlig falsches Bild ergäbe, ohne dass ich erklären kann, warum wir über Strafmilderungsgründe gesprochen haben, die es selbstverständlich auch bei Mord geben kann. Ich habe zunächst darauf hingewiesen ...« usw.

8.2 Verteidiger

Die meisten Strafverteidiger, die ich kennengelernt habe, waren kooperativ, seriös und fair. Und selbstverständlich erfüllen Strafverteidiger als Organe der Rechtspflege eine wichtige Aufgabe. Aber leider gibt es auch einige, die nicht das Recht verteidigen, sondern das Unrecht. Es handelt sich um solche Anwälte, die man auch als Konfliktverteidiger bezeichnet, weil sie, wie das Wort schon sagt, den Konflikt suchen, nicht den Konsens. Erfahrungsgemäß lehnen diese Herren (Damen sind nach meiner Erfahrung intelligenter und deshalb kooperativer als diese Anwälte) von Anfang an jede Zusammenarbeit mit der Polizei ab, die sie ohnehin nur als Büttel der Staatsanwaltschaft sehen und nicht auf Augenhöhe mit Volljuristen. In ihren Augen haben »einfach strukturierte Polizisten zu tun, was befohlen wird, ansonsten hätten sie gar nichts zu sagen« (Originalton eines Anwaltes).

Obwohl Strafverteidiger als Organe der Rechtspflege ebenso wie die Strafverfolgungsbehörden der Wahrheit verpflichtet sind, dürfen sie ausschließlich im Interesse ihrer Mandanten handeln. Im Strafverfahren nehmen sie also die Belange von Beschuldigten bzw. Angeklagten wahr, während die Strafverfolgungsbehörden im Grunde genommen die Interessen der Opfer bzw. deren Angehörige vertreten. Unter Wahrung der Objektivität und Neutralität. Strafverteidiger dürfen also unsere Rechtsordnung, welche die Bestrafung von Straftätern für unabdingbar hält, nicht unterlaufen, indem sie bewusst die Wahrheit beugen.

Sie sind zwar verpflichtet, für ihre Mandanten Partei zu ergreifen und ausschließlich deren Interessen zu vertreten, aber nicht durch illegale Methoden wie zum Beispiel der Bedrohung oder Manipulation von Zeugen oder dem Beseitigen von Beweismitteln (beispielsweise wenn ein Anwalt an ihn gerichtete Briefe eines Zeugen verschwinden lässt, die seinen Mandanten belasten würden).

Die unterschiedlichen bzw. konträren Aufgabenstellungen zwischen Strafverfolgung und Verteidigung haben zwangsläufig eine Interessenkollision zur Folge, die allerdings einen fairen Umgang miteinander nicht ausschließen müsste. Der größte Teil der Strafverteidiger hält sich auch an die Regeln und steht auf rechtsstaatlichem Boden. Das soll hier ausdrücklich betont werden. Ganz anders sieht es jedoch bei den Konfliktverteidigern aus. Um im enormen Konkurrenzkampf unter den ständig mehr werdenden Rechtsanwälten (allein in München gibt es ca. 20 000) bestehen zu können, suchen viele von ihnen ihr Auskommen in der wachsenden Nachfrage nach eher konfliktbereiten Verteidigern. Viele Straftäter sind davon überzeugt, harte Auseinandersetzungen mit den Strafverfolgungsbehörden würden ihre Chance auf einen Freispruch oder eine möglichst milde Strafe vergrößern. Ich habe oft genug miterlebt, dass ganz bestimmte Verteidiger in Justizvollzugsanstalten ein und aus gingen, um Klienten zu gewinnen, die sie dann mit fragwürdigen Versprechungen köderten, so nach dem Motto: »Mach dir keine Sorgen, ich hole dich da schon raus.« Natürlich klammern sich die meisten Untersuchungsgefangenen an den vermeintlich rettenden Strohhalm und favorisieren eher einen Anwalt, der ihnen das Blaue vom Himmel verspricht, als einen, der ihnen den Ernst der Lage vor Augen führt. Damit verschwindeln sich die (wenigen) Konfliktverteidiger einen Vorteil gegenüber seriösen Strafverteidigern. Interessanterweise habe ich, wie oben schon erwähnt, nie eine Anwältin kennengelernt, die man unter die Kategorie Konfliktverteidigerin hätte einordnen können. Sind Frauen vielleicht doch schlauer?

Rechtsanwälte sind Organe der Rechtspflege (§ 1 BRAO),

- welche zur Wahrheitsfindung beitragen müssen (müssten)
- aber auch zur einseitigen Parteinahme verpflichtet sind
- unter Nutzung aller legalen Möglichkeiten.

Konfliktverteidigung

Über Moral, Gerechtigkeit und Gefahrenabwehr muss man mit Konfliktverteidigern nicht diskutieren. Sie sehen ihre Aufgabe ausschließlich darin, die Strafverfolgungsbehörden zu kontrollieren, zu kritisieren, zu bekämpfen und die Ermittlungsergebnisse gegebenenfalls zum Einsturz zu bringen. Ihr Ziel ist es, den Mandanten einen Freispruch zu verschaffen, egal wie die Anklage lautet. Konfliktverteidigern geht es ausschließlich um den Sieg. Dabei stehen nicht immer die Interessen der Mandanten im Vordergrund, sondern oft auch der persönliche Erfolg. Ich habe sogar erlebt, dass Konfliktverteidiger die Gefahr für die Öffentlichkeit, die von äußerst gefährlichen, hochgradig rückfallgefährdeten Mandanten ausging, völlig ausgeblendet haben. Mit dem Argument, Verurteilungen hätten aufgrund nachgewiesener Schuld zu erfolgen und nicht allein aus präventiven Gründen. Kann also die Tat nicht nachgewiesen werden, ist ein Angeklagter freizusprechen, egal wie gefährlich er auch sein mag. Eine Einstellung, die aber nicht von der Hand zu weisen ist. Wir haben nun einmal ein Schuldstrafrecht, und kann Schuld nicht zweifelsfrei nachgewiesen werden, kann auch keine Strafe verhängt werden. Und die Moral ist hier zweitrangig. Ich habe vielen Anwälten die Frage gestellt, ob sie einen Mörder verteidigen würden, der ihnen die Tat gestanden hat, aber darauf besteht, als Unschuldiger verteidigt zu werden. Einige seriöse Anwälte erklärten, sie würden ein solches Mandat ablehnen, sollte sich der Mandant nicht vom Gegenteil überzeugen lassen. Aber die meisten Anwälte antworteten auf diese Frage, sie wollten gar nicht wissen, ob jemand schuldig sei oder nicht, sie sähen ihre Aufgabe ausschließlich darin, die Einhaltung der rechtlichen Vorschriften im Ermittlungsverfahren und vor Gericht zu überprüfen, zu überwachen, einzufordern und gegebenenfalls anzuprangern. Als Anwälte hätten sie ausschließlich die Pflicht, darauf zu achten, dass der Mandant ein faires Verfahren bekommt. Konfliktverteidiger schieben in der Regel moralische Bedenken beiseite, ihnen geht es in erster Linie darum, den polizeilichen Ermittlungspersonen Fehler und Versäumnisse nachzuweisen und sie unter Umständen vor Gericht als unfähig, überfordert und unglaubwürdig erscheinen zu lassen. Dazu durchforsten sie die Ermittlungsakten oft wochenlang und warten bei der Hauptverhandlung mit verschiedenen raffinierten Befragungsstrategien auf. Sie versuchen auch Zeugen durch teilweise völlig aus der Luft gegriffene Anschuldigungen und entsprechende Beweisanträge unglaubwürdig zu machen. Es ist oft schwierig oder gar unmöglich, solche Beweisanträge zu entkräften.

Vorwürfe an die Polizei

Polizisten bzw. sogenannte Ermittler suchen den Erfolg mit allen Mitteln und schrecken auch vor illegalen oder kriminellen Methoden nicht zurück. Sie manipulieren Akten, verfälschen Ermittlungsergebnisse und vertuschen Fehler, die sie zuhauf machen, weil sie meist auch noch unfähig und überfordert sind. Für sie ist nur wichtig, möglichst schnell einen »Täter« präsentieren zu können, egal ob dessen Schuld bewiesen ist oder nicht. Haben sich Ermittler erst einmal ein Opfer »auserkoren«, entwickeln sie einerseits hartnäckigen Belastungseifer, andererseits vernachlässigen und vertuschen sie Spuren und Hinweise, die möglicherweise zu den wirklichen Tätern geführt hätten. Nicht selten erfüllen diese einseitigen Ermittlungen den Tatbestand der Verfolgung Unschuldiger. Viele schrecken nicht einmal davor zurück, Zeugen zu beeinflussen oder einzuschüchtern, Beschuldigte zu bedrohen und zu misshandeln oder Beweismittel einfach verschwinden zu lassen. Wie man weiß, wurden sogar schon Foltermethoden angewandt, wobei die Dunkelziffer in dem Bereich erheblich sein dürfte. Was zählt, sind Erfolg und eine »gute Presse«.

Obige Vorwürfe kennt wohl jeder erfahrene Ermittler. Von einem besonders aggressiven Konfliktverteidiger wurden sie allesamt nach und nach in einem Mordprozess (Indizienverfahren) gegen die Ermittler erhoben, entweder laut brüllend im Gerichtssaal oder durch sogenannte Statements an die Medien. Der Gang in die Öffentlichkeit war Teil der Verteidigungsstrategie, um die öffentliche Meinung zu manipulieren. In den meisten Fällen funktioniert das sogar, weil das Misstrauen gegenüber den Strafverfolgungsbehörden leider noch immer sehr groß ist und weil die Medien vermeintliche Fehler und angebliche Skandale interessanter finden als gute Polizeiarbeit.

Polizei und Staatsanwaltschaft sollten sich hüten, mit gleicher Münze zurückzuzahlen und ihrerseits Vorwürfe öffentlich zu äußern. Ermittler würden sofort als voreingenommen, einseitig und damit unglaubwürdig hingestellt. Außerdem wäre ein solches Verhalten schlicht und einfach unwürdig.

Übrigens: Manche Vorwürfe gegen die Polizei sind leider nicht immer unberechtigt. So viel Selbstkritik müssen wir aufbringen, wenn wir ehrlich sein wollen. Insbesondere durch Routine, Überbelastung oder auch Schlampigkeit liefern wir gerade Konfliktverteidigern oft genug so manche »Steilvorlage«.

Gedankenlosigkeit, Bequemlichkeit, Überforderung, bürokratische Hürden sowie Uneinigkeit, Streitereien oder Kompetenzgerangel aufseiten der Strafverfolgungsbehörden sind die besten Komplizen von Konfliktverteidigern. Fehler der Ermittler werden rücksichtslos angeprangert, denn wie das Wort schon zum Ausdruck bringt, suchen Konfliktverteidiger den Konflikt und nicht den Konsens.

Angriffspunkte

Wie die Praxis immer wieder zeigt, sind es stets die gleichen Vorwürfe, die Konfliktverteidiger vorbringen. Das hat auch damit zu tun, dass es fast immer die gleichen Fehler sind, die begangen werden. Und zwar deshalb, weil auch die Fehlerquellen immer dieselben sind. Insofern ist nachfolgende Aufzählung fast als Checkliste zu verstehen, anhand derer man die Ermittlungsergebnisse vor Abgabe an die Staatsanwaltschaft noch einmal kritisch überprüfen sollte.

Innerhalb der nachgenannten »Säulen« eines Ermittlungsverfahrens suchen Konfliktverteidiger erfahrungsgemäß nach

Fehlern und Versäumnissen der Ermittler, immer unter dem Gesichtspunkt, eine Verletzung oder Missachtung der Rechte ihrer Mandantschaft nachzuweisen. Ziel ist es dabei, Ermittlungsergebnisse infrage zu stellen, um deren Unverwertbarkeit durchzusetzen.

In der Vorbereitung auf die Hauptverhandlung hat es sich bewährt, anhand der nachfolgenden »Checkliste« kritisch zu überprüfen, welcher der dort aufgelisteten Vorwürfe denkbar wäre. Gegebenenfalls sind sogar Rollenspiele sinnvoll, bei denen ein Kollege den »Advocatus Diaboli« spielt, in die Rolle des Verteidigers schlüpft und kritische Fragen stellt. Auf diese Weise erkennt man mögliche Schwachpunkte und kann sich speziell darauf vorbereiten. Denn wenn man weiß, was eventuell kritisiert werden könnte, kann man besser parieren.

Angriffspunkte beim Personenbeweis (Vernehmungen):

- Belehrung(en) zu spät, unvollständig, fehlerhaft, falsch?
- Recht auf Verteidiger missachtet, unterlaufen, verweigert?
- Zeugnisverweigerungsrecht übersehen, missachtet?
- Beschuldigte(n) unter Druck gesetzt, getäuscht (§136a StPO)?
- Aussageverweigerungsrecht unterlaufen, ignoriert?
- Vernehmungsprotokolle nicht authentisch, manipuliert?
- Suggestivfragen, Beeinflussung durch Vorgaben?
- Verbotene Vernehmungsmethoden (V-Mann-Einsatz usw.)?
- Zeugen manipuliert, beeinflusst, unter Druck gesetzt?

Angriffspunkte beim Sachbeweis (Spurensicherung):

- Tatortspuren fehlerhaft, unvollständig, falsch gesichert?
- Spuren gesetzt, vertragen, verfälscht (»Tatorttourismus«)?
- Tatrelevanz der Spuren fraglich bzw. falsch interpretiert?
- Beweismittel fraglich, irrelevant, unterschlagen, gefälscht?
- Sicherstellungsverzeichnis unvollständig oder falsch?
- Verbleib sichergestellter Gegenstände nebulös?

Angriffspunkte bezüglich der Gesamtermittlungen:
- Ermittlungen schlampig, einseitig, tendenziös, dilettantisch
- Vorurteile und / oder Belastungseifer erkennbar
- Entlastendes wurde ignoriert
- Spuren zu anderen Tatverdächtigen wurde nicht nachgegangen
- Vorwurf illegaler Ermittlungsmethoden (V-Mann, verdeckte Ermittler)
- Aktenführung irreführend, lückenhaft, manipuliert
- Gegenüberstellungen, Lichtbildvorlagen manipuliert?
- Durchsuchungen, Gegenüberstellungen, Observationen illegal?
- Telefonüberwachung, Funkzellenauswertung usw. mangelhaft?

8.3 Befragungstaktiken von Verteidigern

Detail- und Nebensächlichkeitstaktik

Wenn man etwas nicht sicher weiß, sollte man keine Mutmaßungen vortragen, nur weil man meint, alles wissen zu müssen. Im Gegenteil. Erweckt der Sachbearbeiter den Eindruck, er habe alles auswendig gelernt und berichtet nicht mehr aus der Erinnerung und dem Erlebten heraus, sondern trägt vor, was er sich nahezu wortwörtlich eingeprägt hat, leidet letztendlich die Glaubhaftigkeit. Deshalb sollte man auf Fragen, die man nicht sicher beantworten kann, klipp und klar sagen, man erinnere sich nicht mehr (genau) und bitte vorsorglich um Vorhalt aus den Akten, um sich den Sachverhalt ins Gedächtnis zurückrufen zu können. Wichtig ist, dass der Sachbearbeiter bzw. polizeiliche Zeuge immer die Quelle benennen kann, aus der er sein Wissen schöpft (Zeugenvernehmung, Telefonüberwachung, Spurenauswertung, Auswertung von Unterlagen usw.).

Konfliktverteidiger eröffnen auch gerne »Nebenkriegsschauplätze«. Das sind Ermittlungsbereiche, die eigentlich »mit dem Fall direkt nichts zu tun haben« und deshalb oft vernachlässigt wurden im Ermittlungsverfahren. Obligatorisch ist zum Beispiel die Infragestellung von Glaubwürdigkeit und Glaubhaftigkeit bei Zeugen und Opfern bzw. Geschädigten, man denke hier etwa an Vergewaltigungsopfer. Die Taktik besteht darin, dass diese Zeugen mit Erkenntnissen konfrontiert werden, die bislang unbekannt waren, wie kriminelle Handlungen oder sonstigen Verfehlungen aus der Vergangenheit, die eventuell gar nicht angezeigt, sondern verschwiegen wurden. Ebenso wird gerne mit körperlichen und geistigen Defiziten von »Belastungszeugen« aufgewartet, um die Glaubhaftigkeit ihrer Angaben in Zweifel ziehen zu können. Dadurch soll gleichzeitig der Eindruck erweckt werden, als habe der Sachbearbeiter nicht gründlich ermittelt (»Warum haben Sie eigentlich nicht überprüft, ob der Zeuge eine Brille braucht?«, oder: »Haben Sie denn die Glaubwürdigkeit des Zeugen nicht überprüft?«). Meist haben solche »Überraschungen« umfangreiche Nachermittlungen zur Folge, die den Prozess zumindest verzögern oder sogar zum »Platzen bringen« können. Auf jeden Fall leidet die Glaubwürdigkeit des Sachbearbeiters.

Auch die Abklärung und Bearbeitung »anderer Spuren«, die der polizeiliche Zeuge bearbeitet hat und die eventuell im »Sande verlaufen« sind oder nicht gründlich ausgetragen wurden, wird gerne angesprochen und thematisiert, um dem Sachbearbeiter oberflächliche, schlampige Arbeitsweise unterstellen und dadurch das gesamte Ermittlungsergebnis infrage stellen zu können. Wichtig ist deshalb, dass insbesondere bei Indizienprozessen alle Spuren sorgfältig ausgetragen und andere mögliche Täter sicher ausgeschlossen wurden.

Beispiel einer Nebensächlichkeitstaktik

Der Beamte bereitet sich für seine Aussage wie auf eine mündliche Prüfung vor und gerät deshalb vor Gericht in eine Prüfungssituation. Er will alle Fragen genau beantworten und brilliert mit seinem Wissen. Der Konfliktverteidiger stellt anfänglich nur Fragen, deren Beantwortung gesichert erscheint und die der Beamte auch vorbildlich beantwortet. Er wird dafür sogar gelobt.

Dann stellt der Verteidiger Fragen, die sich aus der Aktenlage nicht ergeben, oder solche, die Nebensächlichkeiten und andere Spuren betreffen oder die sich erst während der Verhandlung ergeben haben, ohne dass der Sachbearbeiter davon erfahren hat.

Der Beamte versucht nun, auch hier präzise zu antworten, kann es aber nicht und wird deshalb vom Konfliktverteidiger dazu verleitet, Vermutungen und Schlussfolgerungen anzustellen, weil er sich ja keine Blöße geben will. Er gerät ins Fabulieren und wird zunehmend unglaubwürdiger …

Rechtswidrigkeitstaktik

Polizeibeamte sind keine Juristen und sollten vor Gericht nicht versuchen, mit rechtlichen Kenntnissen zu glänzen. Die Strafprozessordnung legt ausdrücklich fest, dass Zeugen keine rechtlichen Würdigungen abzugeben haben. Zeugen, und damit auch Polizeibeamte, schildern ausschließlich die subjektive Einschätzung und Bewertung eines Sachverhaltes zum Zeitpunkt der Maßnahme. Egal was sich eventuell nachträglich erwiesen hat und ob die Maßnahme richtig oder falsch war. Auch Polizeibeamte können sich irren. Wichtig ist deshalb, den Mut aufzubringen, zu seinen Entscheidungen zu stehen, auch wenn sie falsch oder grenzwertig waren. Nachteilig ausgelegt wird nur der Versuch, sich herauszureden und die Maßnahme als rechtens hinzustellen.

Praxisbeispiele

Auf die Frage des Verteidigers, nach welcher Rechtsgrundlage eine Wohnung durchsucht wurde, nennt der Beamte keine Paragrafen, sondern schildert die damalige Situation und deren Einschätzung:

»Ein Mann im Erdgeschoss rief uns zu, dass der Täter in die Wohnung im zweiten Stock geflüchtet ist, und um ihn festnehmen zu können, haben wir sofort die Wohnung gestürmt, zumal wir den Mann als sehr gefährlich eingestuft haben und nicht wussten, ob sich dort Menschen aufhalten …«

Auf die Frage des Verteidigers, weshalb der Zeuge bei der Belehrung Strafmilderung in Aussicht gestellt habe: *»Auf welche Rechtsgrundlage begründet sich Ihre Formulierung in der Belehrung, wonach sich ein Geständnis strafmildernd auswirken könne, obwohl der Haftbefehl auf Mord lautet und bei Mord ausschließlich die lebenslange Freiheitsstrafe vorgeschrieben ist?«*, antwortet der Sachbearbeiter richtigerweise: *»Wenn es so dasteht, habe ich es so formuliert. Sollte es rechtlich nicht korrekt sein, tut es mir leid. Ich bin davon ausgegangen, dass es auch bei Mord Milderungsgründe geben kann«* (was auch so ist).

Versucht der Konfliktverteidiger mit folgender Frage den Beamten zu verunsichern *»Worauf begründet sich folgende Formulierung in der Belehrung: ›Sie haben das Recht, vor der Polizei die Aussage zu verweigern …‹, kennen Sie nicht das allumfassende Aussageverweigerungsrecht, nach dem Beschuldigte auch vor Gericht die Aussage verweigern können? Sie haben meinen Mandanten mit dieser falschen Belehrung in die Irre geführt, weil er davon ausging, vor Gericht bestehe Aussagepflicht«*, lautet die richtige Antwort des Beamten: *»Eine routinemäßige Formulierung, die aber meiner Meinung nach sein Aussageverweigerungsrecht nicht untergräbt, weil er ja vor Gericht auch wieder belehrt wird.«*

Verunsicherungstaktik durch Suggestivfragen

Suggestivfragen, die dazu verleiten, etwas zu bestätigen oder zu verneinen, auf die man also nur mit Ja oder Nein antworten kann, sind bekanntlich im Rahmen von Beschuldigtenvernehmungen nicht erlaubt und können zur Unverwertbarkeit der Vernehmung führen.

Wie die Praxis aber immer wieder beweist, werden nirgends mehr Suggestivfragen gestellt als vor Gericht. Ganz besonders Konfliktverteidiger benutzen Suggestivfragen dazu, Zeugen zu verunsichern. Das gelingt ihnen meist dadurch, dass sie Fragen stellen, die man nur beantworten kann, wenn man eigene Einschätzungen vorträgt oder Schlussfolgerungen zieht. Genau dies aber ist nicht Aufgabe von Zeugen, die ausschließlich Fakten wiedergeben sollen. In dem Glauben, alle Fragen beantworten zu müssen, verfallen die meisten Zeugen daraufhin in Spekulationen und beginnen zu fabulieren. Damit hat sie der Konfliktverteidiger dort, wo er sie haben wollte: Sie vermitteln nun einen unsicheren Eindruck, verlieren ihre Objektivität und Neutralität und werden wirklich unglaubwürdig.

Beispiele für Suggestivfragen:

- »Können Sie ausschließen, dass ...«
- »Halten Sie es für (un)möglich, dass ...«
- »Könnte es sein, dass ...«
- »Könnte es nicht auch sein, dass ...«
- »War es (nicht) so, dass ...«

- »Glauben Sie (wirklich), dass …«
- »Glauben Sie nicht, dass …«
- »Sind Sie sicher, dass …«
- »Wollen Sie damit sagen, dass …«

Polizeibeamte sollten bei derartigen Fragen hellhörig sein und souverän reagieren, beispielsweise durch Antworten wie folgt:

- »Ich habe gar nichts auszuschließen, das ist Aufgabe des Gerichts.«
- »Hier geht es nicht darum, was ich glaube oder nicht glaube. Ich bin Zeuge und habe hier das Ermittlungsergebnis vorzutragen, Schlussfolgerungen sind Sache des Gerichtes.«
- »Ich bin mir sicher, dass die Aussage, die ich hier vorgetragen habe, vollständig ist und der Wahrheit entspricht.«
- »Es war genauso, wie ich es hier geschildert habe. Ich habe nach pflichtgemäßem Ermessen gehandelt, entsprechend dem damaligen Erkenntnisstand und der damaligen Lage. Nicht mehr und nicht weniger.«

Aggressionstaktik

Die Verteidigung hat ein Fragerecht, im Zeugenstand ist ihr der Sachbearbeiter quasi »ausgeliefert«. Die Beschränkung dieses Fragerechtes durch das Gericht ist problematisch, weil dadurch Revisionsgründe geschaffen werden können. Deshalb schränken Gerichte dieses nur ungern ein oder entziehen es dem Verteidiger gar ganz.

Die Aggressionstaktik ist typisch für Konfliktverteidiger und baut sich wie folgt auf: Der Anwalt provoziert durch Vorwürfe und Unterstellungen. Der Sachbearbeiter wird unter Umständen sogar persönlich angegriffen in der Absicht, dass der Beamte ebenfalls aggressiv reagiert. Verhält sich der Beamte entsprechend, ist das vom Verteidiger beabsichtigte Ziel erreicht. Der Zeuge präsentiert sich als unbeherrscht und verliert seine Objektivität, Souveränität und Glaubwürdigkeit.

In der Regel greift der Vorsitzende Richter nur dann ein, wenn bestimmte Grenzen überschritten wurden, das heißt, beleidigende oder ehrrührige Fragen gestellt werden, die Fragen nicht mehr zur Sache erfolgen oder Inhalte betreffen, die bereits abgehandelt bzw. beantwortet wurden. Dadurch soll der gerne angewandten Taktik entgegengewirkt werden, wonach Konfliktverteidiger bestimmte Fragen immer wieder in anderen Formulierungen stellen, um den Zeugen zu verwirren und zu Widersprüchen zu bringen.

Das Eingreifen durch die Staatsanwaltschaft bleibt davon unberührt.

Beispiele für Provokationen (aus der Praxis):

- »Sie sind doch für Ihre illegalen Vernehmungsmethoden bekannt.«
- »Sie wollen ein erfahrener Kriminaler sein und wissen nicht einmal …«
- »Worauf beruht denn Ihre große Erfahrung?«
- »Waren gegen Sie schon Disziplinarverfahren eingeleitet?«
- »Stimmt es, dass Sie eine schlechte Beurteilung haben?«
- »Sie gelten doch in Insiderkreisen als aggressiver Vernehmer …«
- »Wie viele falsche Geständnisse haben Sie denn bisher herausgepresst?«
- »Stimmt es, dass Sie als der ›Mann fürs Grobe‹ gelten?«

Deshalb: Nicht provozieren lassen! Auch wenn es einem noch so schwerfällt. Man sollte die Ruhe bewahren und allzu provozierende Fragen einfach ignorieren und schweigen. Schweigen und den Richter ansehen. Keinesfalls das Gericht fragen, ob man diese Frage(n) beantworten muss. Dadurch würde man das Gericht in eine schwierige Situation bringen, weil es eine Entscheidung zur Einschränkung des Fragerechts des Anwaltes treffen müsste. Das wiederum ist rechtlich äußerst schwierig und birgt die Gefahr eines Revisionsgrundes. Besser ist es, auf solche Fragen nicht zu antworten, sondern zu warten, bis sich der Vorsitzende von sich aus äußert. Wenn er sich dann mit dem Verteidiger auseinandersetzt und sich den Sinn der Frage erläutern lässt, erledigt sich die Beantwortung meist von selbst. Sollte der Richter jedoch zu dem Ergebnis kommen, dass die Frage beantwortet werden muss, dann muss man sie auch beantworten, und zwar wahrheitsgemäß.

8.4 Schlussbemerkung

»Vor Gericht und auf hoher See ist man in Gottes Hand«, sagt ein Sprichwort. Das hat damit zu tun, dass die Jurisprudenz keine exakte Wissenschaft wie Mathematik oder Physik ist, sondern zum großen Teil Auslegungssache. Bei der Betrachtung eines Sachverhaltes kommt es also immer auf den Blickwinkel des Einzelnen an, und der kann bekanntlich zu völlig unterschiedlichen Bewertungen führen. Am deutlichsten wird das im Rahmen von Gerichtsverhandlungen, wo die unterschiedlichen Sichtweisen der dort agierenden Volljuristen geradezu obligatorisch sind. Wissen sollte man auch, dass vor Gericht die Schuld der Täter im Mittelpunkt steht und weniger das Leid der Opfer. Wenngleich dieses natürlich in die Urteilsfindung einfließt.

In erster Linie geht es aber darum, Angeklagte entsprechend ihrer Schuld zu bestrafen, oder, wenn die Beweise nicht ausreichen, freizusprechen. Wichtig ist hierbei, dass polizeiliche Sachbearbeiter einen Freispruch keinesfalls als Niederlage empfinden sollten. Es sei denn, der Freispruch musste aufgrund von Fehlern erfolgen, die die Polizei zu verantworten hat.

Grundsätzlich ist es aber besser, wenn hundert Schuldige freigesprochen werden, als dass auch nur ein einziger Unschuldiger verurteilt und eingesperrt wird. Die Quote bezüglich sogenannter Fehlurteile liegt in Deutschland übrigens bei 0,26 Prozent, in den USA dagegen bei 4,9 Prozent. Das hat wohl damit zu tun, dass in Ländern mit Geschworenengerichten eher das Bauchgefühl entscheidet als der Sachverstand von professionellen, hauptamtlichen Richtern. An dieser positiven Bilanz haben wir Polizeibeamten einen hohen Anteil. Darauf können und sollten wir wirklich stolz sein.

Anhang

Anlage 1: Festlegevernehmung von Zeugen mit Opferbezug

Konzept für Festlegevernehmungen bei Zeugen / Tatverdächtigen mit Beziehung zum Tatopfer / Geschädigten

1 Zeugenbelehrung

- Vernehmungsgrund (nicht detailliert – keine §§)
- Ermahnung zur Wahrheitspflicht (Strafbarkeiten)
- Auskunftsverweigerungsrecht bei eventueller Selbstbelastung – § 55 StPO)
- Zeugnisverweigerungsrecht – Verwandte – § 52 StPO
- Zeugnisverweigerungsrecht – Berufsgeheimnis – § 53, 53a StPO

2 Angaben des Zeugen zur Tat (falls dieser bekannt)

- Kenntnis von der Tat
- Wann erstmals erlangt (Tag / Uhrzeit)?
- Was, wie, von wem? (Auffindung? Medien? von wem sonst?)
- Jetziger Kenntnisstand? (hat er Täterwissen?)
- Bezug zu außerhäuslichem Tatort
- Welchen Bezug hatte das Opfer zum Tatort / Auffindeort?
- Wo hielt sich das Opfer zuletzt auf? (am Auffindeort?)
- Welchen Zugang hatte das Opfer zum Tatobjekt? (berechtigt? Schlüssel?)

- Hielt sich das Opfer dort regelmäßig, sporadisch auf?
- Bezug des Opfers zur Tatzeit
- Hatte das Opfer Besuch erwartet? (Reiseabsichten usw.?)
- War Treffen vereinbart? Unentschuldigtes Fernbleiben?
- Wie waren übliche Zeitabläufe des Opfers? (Weggehen, Heimkommen usw.)
- Tatwerkzeug (falls vorhanden und Bekanntgabe taktisch sinnvoll)
- Könnte es aus Besitz des Opfers sein? (Waffenbesitzer usw.?)
- Fehlt etwas Ähnliches / Derartiges aus dem Besitz des Opfers?
- Tatbeute
- Fehlende Gegenstände? (Beschreibung)
- Herkunft? (Gekauft? Geschenkt? Lichtbilder, Belege, Rechnungen)
- Wert / Bedeutung für Opfer?
- Stehen fehlende Gegenstände in Bezug zu bestimmter Person?
- Mögliche Auskunftspersonen zu fehlenden Gegenständen?
- Tatbegehung
- Rückschlüsse auf bestimmte Personen möglich?
- Wenn ja, warum?
- Zusammenhang mit Neigungen des Opfers? (Sadomaso usw.)
- Zusammenhang mit bestimmten Personen aus Umfeld?

3 Angaben des Zeugen zum Opfer

- Art des Kontaktes zum Opfer (positiv, negativ usw.)
- Letzter Kontakt(versuch) mit Opfer
- Wann, wo, wie und warum? (Persönlich, telefonisch usw.)
- Indirekt über Dritte? (Erzählungen, Hörensagen, Gerüchte?)

- Vergebliche Versuche der Kontaktaufnahme?
- Besonderheiten? (Auffälligkeiten, Streit, Angst, Drohungen?)
- Letzte Bekleidung? (Identisch mit Kleidung bei Auffindung?)
- Umfeld des Opfers
- Verwandte / Bekannte / Freunde / Feinde?
- Umgang / Clique / Vereine / Milieu / kriminelle Kreise?
- Vorstrafen, Inhaftierungen, Straftaten?
- Persönlichkeit des Opfers
- Charakterliche Eigenschaften (aggressiv, brutal, ruhig usw.)
- Äußeres Erscheinungsbild (Kleidung, Auftreten usw.)
- Konsumverhalten (bescheiden, luxuriös, geizig, angeberisch …)
- Gewohnheiten (Hobbys, Freizeitverhalten, Zuverlässigkeit)
- Laster (Rauchen, Trinkgewohnheiten, Drogen, Medikamente)
- Sexualleben (Rotlichtszene, Stricher, Perversitäten, Moral)
- Sicherheits- und Gefahrenbewusstsein (zum Beispiel Schließverhalten)
- Psychische Auffälligkeiten (Depressionen? Suizidversuche?)
- Gesundheitszustand (allgemeine körperliche Verfassung)
- Krankheiten, Behinderungen, Gebrechen
- Behandelnde Ärzte, auch Zahnärzte, Krankenhausaufenthalte
- Soziale Situation des Opfers
- Berufliche / geschäftliche Situation
- Finanzen, Einkommen (Vermögenslage)
- Bargeld / Schmuck (Aufbewahrungsgewohnheiten)
- Schulden, Alimente (bei wem und wie viel)
- Lebensversicherungen (Begünstigte)
- Finanzielle Forderungen des Opfers (gegenüber Dritten)
- Kreditkarten, Sparbücher, Scheckhefte …

- Wohnungen – auch frühere (Nachbarschaftskontakte)
- Erben, Testamente (wo hinterlegt)
- Fahrzeuge (Luft, Wasser und Land)
- Waffen (besaß Opfer solche oder hatte Zugriff usw.)
- Telekommunikation (Opfer-Handys, Telefonanschlüsse, Fax)
- Beziehungen des Opfers
- Ehe (Liebesheirat? Glücklich? Probleme? Eifersucht?)
- Häusliche Gewalt? (Misshandlungen, seit wann? Wie oft?)
- Sexueller Missbrauch?
- Außereheliche Beziehungen? (Heimlich, offen, mit wem usw.)
- Partnerschaften (seit wann? Wie tief? Probleme usw.)
- Nachbarschaft, Arbeitskollegen, Vereine usw. (Probleme?)
- Kinder, Enkel (Verhältnis zu ihnen?)
- Auskunfts- und Vertrauenspersonen (wer kannte Oper am besten?)

4 Selbstauskunft des Zeugen

- Alibiangaben
- Nachweise für Abwesenheit vom Tatort (großer Zeitraum)
- Besondere Ereignisse (Geburtstage, Termine, Arztbesuche usw.)
- Alibizeugen (Verhältnis zu diesen)
- Belege, Fahrkarten, Fernsehprogramme, Terminkalender usw.)
- Persönliche Verhältnisse des Zeugen
- Familiäre Situation / persönliches Umfeld
- Berufliche / geschäftliche Situation, Fahrzeuge (auch frühere)
- Finanzen / Vermögen / Schulden / Bankverbindungen
- Berührungspunkte / gemeinsame Interessen mit dem Opfer

- Lokale, bevorzugte Örtlichkeiten, Waffen
- Raucher, Trinker, Drogen, Medikamente
- Rechts- / Linkshänder
- Vorstrafen / Inhaftierungen
- Je nach Situation / Bedarf auch Fragen aus dem Bereich Anlage 4
- Bezug des Zeugen zum Tatort / Auffindungsort
- Berechtigter?
- Schlüssel / Zugangsmöglichkeiten?
- Schon dort gewesen, wann zuletzt?
- Mit wem?
- Möglicherweise Spuren hinterlassen, wenn ja, wo und warum?
- Tatverdacht
- Gegen wen und warum? (Be- oder Entlastungseifer erkennbar?)
- Tatmotiv? (Habgier, Sexualtat, Raubmord, Eifersucht usw.?)
- Eigene Beziehung zum Tatverdächtigen / Täter (welcher Art?)
- Beschreibung dessen / deren Persönlichkeit
- Beziehung zwischen Tatverdächtigem und Opfer?
- Kontakte (wann zuletzt und warum?)
- Angenommenes Tatmotiv?
- Spurenvergleich
- Fingerabdrücke / Handflächen (mit Abgabe einverstanden?)
- Speichel / Blut / Haarprobe (wenn nicht, warum verweigert?)
- Lichtbilder (möglicherweise gleich Polaroidfoto)
- Formblätter
- Entbindung von ärztlicher Schweigepflicht
- Einverständnis zum freiwilligen DNA-Vergleich

- Entbindung vom Bankgeheimnis
- sonstige Verzichtserklärungen (Waffen o. dgl.)
- Erreichbarkeit / Telekommunikation
- Privat / dienstlich / Arbeitsstelle (Handys usw., auch frühere)
- Beabsichtigte Reisen
- Wohnungswechsel beabsichtigt?
- Aufenthalt zukünftig

Anlage 2: Festlegevernehmung von Zeugen ohne Opferbezug

Konzept für Festlegevernehmungen bei Zeugen ohne erkennbare Opferbeziehung

1 Zeugenbelehrung

- Vernehmungsgrund (nicht detailliert – keine §§)
- Ermahnung zur Wahrheitspflicht (Strafbarkeiten)

2 Kenntnis von der Tat

- Wann erstmals erlangt (Tag / Uhrzeit)
- Wie erlangt (Medien, Mitteilung von wem?)
- Was erfahren (genaue Wiedergabe)? Mit wem darüber gesprochen?
- Jetziger Kenntnisstand (wie und wodurch erlangt)?

3 Feststellung / Beobachtung / Wahrnehmung (ganz genau festlegen)

- Wann, wo was gehört, gesehen, beobachtet, wahrgenommen?
- Wie was von wem erfahren, mitbekommen, bemerkt usw.?

4 Tatopfer

- Tatopfer bekannt? (gegebenenfalls Lichtbild vorlegen)
- Falls ja: woher, wie genau, wo zuletzt gesehen usw.?
- Sind Personen bekannt, die Bezug zum Opfer hatten?

5 Bezug zum Tatort / Auffindungsort

- Wann, wie oft, warum dort?
- Zugang zur Örtlichkeit (Berechtigung? Schlüssel usw.?)
- Frage: Können Spuren von Ihnen am Tatort / Auffindungsort gefunden werden?

6 Bezug zu tatrelevanten Gegenständen / Fahrzeugen

- Tatwerkzeug / Fahrzeuge / Opferutensilien bekannt / nicht bekannt?
- Aus wessen Besitz? Wo schon einmal gesehen, Herkunft, Besitzer?

7 Persönliche Angaben

- Berufliche / geschäftliche Situation / Schulbildung
- Aufenthaltsorte / Wohnorte / Erreichbarkeiten, Auslandsaufenthalte
- Familie / Ehe / Beziehung / Freunde / Bekannte / Umgang
- Fahrzeuge / Waffen, Lokale, bevorzugte Örtlichkeiten
- Raucher (welche Marken?), Trinkgewohnheiten, Drogen, Medikamente
- Rechts- / Linkshänder / beidhändig; Brillenträger / Kontaktlinsen

8 Alibi (Nachweis der Abwesenheit vom Tatort)

- Wo waren Sie am … um …, zwischen …?
- Wer kann das bezeugen? (Alibizeugen / telefonische Kontakte usw.)
- Wie? (Rechnungen, Quittungen, Fernsehprogramme, Terminkalender …)

9 Persönliche Einschätzungen des Zeugen

- Tatverdacht gegen wen und warum? (Begründung)
- Tatmotiv (wer? warum?)

10 Spurenvergleich

- Fingerabdrücke / Handflächen (zum Vergleich)
- Speichel / Blut / Haarprobe auf freiwilliger Basis (sonst Beschluss)
- Lichtbilder / Personenbeschreibung

11 Formblätter

- Gegebenenfalls Entbindung von ärztlicher Schweigepflicht
- Einverständniserklärung zur freiwilligen Abgabe einer Speichelprobe
- Entbindung vom Sozialgeheimnis / Bankgeheimnis

Beim vorstehenden Konzept handelt es sich um eine Auflistung aller denkbaren Fragen an Zeugen. Selbstverständlich muss in diesem Zusammenhang nach Delikt bzw. Informationsbedürfnis des entsprechenden Falles sowie Position, insbesondere der Beziehung des Zeugen zu Tatverdächtigen und dem Tatgeschehen, selektiert werden.

Im Prinzip orientieren sich die Fragen, wie das gesamte Ermittlungsverfahren schlechthin, an den »sieben goldenen W«. Es ist dabei grundsätzlich darauf Rücksicht zu nehmen, wozu der Zeuge überhaupt etwas sagen kann, in welchem Umfang und in welchem Detaillierungsgrad. Andernfalls kommt man leicht ins Uferlose, was unter Umständen die gesamte Aussage verwässern kann. Deshalb: Vernehmungsspiegel erstellen anhand der zu erhebenden Erkenntnisse über den Zeugen im Vorfeld der Vernehmung.

Anlage 3: Konzept Beschuldigtenvernehmung

Konzept zur Beschuldigtenvernehmung bei geständigen Beschuldigten

1 Belehrung (§ 136 I StPO)

- Tatvorwurf (tatbestandsmäßig, keine Paragrafen)
- Aussageverweigerungsrecht?
- Anwalt? Pflichtverteidiger?
- Recht auf Beweiserhebung (protokollieren)
- Ausländer (Verständigung mit Dolmetscher? Verständigung Konsulat?)
- Eventuell Einbringen des Vorgespräches
- Einbringen vorheriger Vernehmungen (qualifizierte Belehrung)

2 Sondierungsfragen

- Momentane Verfassung des Beschuldigten? (Seelisch und körperlich)
- Alkohol, Drogen, Medikamente? (Zeitraum, wie lange vor der Tat usw.?)
- Zeitliche und räumliche Orientierung? (Welcher Tag, Zeit? Seit wann hier?)

3 Schilderung mit eigenen Worten

- Wortgetreue Wiedergabe der Aussage (wortwörtlich diktieren)
- Keine Vorhalte in der Phase der Öffnung (»ich glaube Ihnen nicht« usw.)
- Glaubwürdigkeit der Aussage in dieser Phase nicht infrage stellen

4 Vertiefung der Aussage durch Fragen und Hinweise

Vortatphase:

- Ereignisse im Vorfeld der Tat / Entstehung / Ursachen
- Zuspitzung der Ereignisse / Tatmotiv
- Tatentschluss / Tatplanung / Mitwisser
- Vorbereitungshandlungen / Beschaffungen / Vortatgeschehen

Tatphase:

- Tatzeit
- Tatgeschehen (exakter Tatablauf, Tatbeiträge)
- Tatausführung / Tatwerkzeug (wo beschafft usw.)
- Tatfolgen (Verletzungen usw.)
- Tatbeute

Nachtatphase:

- Unmittelbares Nachtatverhalten (Flucht, Versteck usw.)
- Verbleib von Beweismitteln (Beute, Tatwaffe, Bekleidung usw.)
- Spurenbeseitigung / falsche Spuren gelegt?
- Mittäter / Mitwisser (wem anvertraut?)
- Rekonstruktion mit dem Täter, im Bild festhalten

5 Das Kreuzverhör

- Vorhalte von widersprüchlichen Aussagen des Beschuldigten selbst
- Vorhalte anderslautender Aussagen von Zeugen / Beteiligten
- Vorhalte von Erkenntnissen aus dem Bereich Sachbeweise (Erkennungsdienst, Spurenlage, sonstige Beweismittel usw.)

Anlage 4: Beschuldigtenvernehmung zur Person

1 Belehrung

- Auch Vernehmung zur Person ist Beschuldigtenvernehmung
- Belehrung auch, obwohl schon bei vorangegangenen Beschuldigtenvernehmungen belehrt wurde
- In der Regel ist schon Anwalt bestellt, diesen unterrichten

2 Fragen zu Kindheit / Schule / Entwicklung

Kindheit

- Eltern (Berufe, soziale Situation usw.)
- Bezug zum Vater (streng, gewalttätig, Alkoholiker usw.)
- Bezug zur Mutter (warmherzig, abweisend, fürsorglich usw.)
- Beziehung zu den Großeltern (Anteil an der Erziehung)
- Beziehung zu den Geschwistern (Lieblingsbruder, -schwester?)
- Verhältnis der Eltern zueinander (Streit, Gewalt)
- Züchtigungsmittel / Strafmaßnahmen
- Kindergarten / Vorschule
- Schlüsselerlebnisse (schöne und schlimme)
- Bettnässer, Nagelbeißer, Temperament
- Hyperaktiv, schüchtern, ängstlich?

- Sterbefälle / Verluste / Verlassensängste (wie empfunden?)
- Scheidungen, Stiefeltern, Stiefgeschwister usw.
- Wohnsituation (eigenes Zimmer usw.)
- Taschengeld / Spielsachen / Entbehrungen
- Haustiere (Vorlieben) / Tierquälereien usw.

Schule

- Wann und wo eingeschult?
- Welche Schulen mit welchem Erfolg?
- Leistungen, Lieblingsfächer?
- Gerne zur Schule gegangen? / Lehrer / Schläge usw.?
- Schulschwänzen / Bestrafungen / Wiederholungen?
- Abbrüche / Abschlüsse / Zeugnisse?
- Sonderschulen / Internate / Heimataufenthalte (bei Ausländern)
- Studium / Hochschulen / Universität?

Körperliche und geistige Entwicklung, Krankheiten, sportliche Leistungen

- Krankheiten / Fehlentwicklungen / Behinderungen usw.
- Unfälle / Opfer von Straftaten usw.
- Ärztliche Behandlungen / Krankenhausaufenthalte
- Medikamentöse Schwerpunkte / bleibende Schäden
- Rauchen (seit wann?) / Alkohol / Drogen (erstmals?)
- Sportliche Leistungen / geistige Leistungen / Kampfsportarten
- Auszeichnungen / Schulungen
- Freizeitgestaltung / Vereinszugehörigkeiten / Idole in der Jugendzeit (kulturell und sportlich)

Sexuelle Entwicklung

- Kindheitserlebnisse (Missbrauch wann durch wen usw.?)
- Aufklärung (wann und durch wen?)
- Selbstbefriedigung / Doktorspiele (wann erstmals?)
- Gleichgeschlechtliche Kontakte?
- Erste Liebe?
- Erster Geschlechtsverkehr (wann, mit wem und mit welchem Empfinden?)
- Sexualität in der Jugend (freizügig, verklemmt, wechselnde Partner?)
- Jetziges Sexualleben (Häufigkeit, Wichtigkeit, Unzufriedenheit usw.)
- Vorlieben / Praktiken / Störungen / Perversitäten usw.?

3 Fragen zur gegenwärtigen Lebenslage

Partnerbeziehung

- Jetziges Verhältnis zum Partner?
- Partner wann, wo und wie kennengelernt?
- Liebe auf den ersten (zweiten?) Blick?
- Liebesheirat (Kind bereits unterwegs?)
- Verehelichung (wann, wo?)
- Eheverlauf, Eheprobleme, Ehebruch? (Wer mit wem?)
- Sexualleben harmonisch oder sexuelle Probleme in der Beziehung?
- Kinder (wie alt, wo jetzt usw.?)
- Verhältnis zu den Kindern?
- Wohnungen? Umzüge?
- Finanzielle Situation während der Ehe (Hauptverdiener?)

- Scheidung / Trennung (wann, warum? Wessen Verschulden?)
- Scheidungsauseinandersetzung oder gütliche Einigung?

Familie, Freunde, persönliches Umfeld, Freizeit, Hobbys

- Familienmitglieder / Verwandtschaft (Aufzählung)
- Verhältnis zur Verwandtschaft / Feindschaften? (Warum?)
- Familienkontakte (wie häufig usw.?)
- Streitigkeiten innerhalb der Verwandtschaft
- Besondere Bezugspersonen?
- Engste Vertrauensperson?
- Freundeskreis, bester Freund, Freundin?
- Zerbrochene Freundschaften? (Warum?)
- Feindschaften? (Auch nachbarlich, beruflich usw.)
- Vereinszugehörigkeiten / Interessengemeinschaften
- Religiöses Leben (Zugehörigkeiten, gläubig, ungläubig?)
- Soziales Engagement (wie und wo)
- Politische Einstellung / Aktivitäten
- Freizeitverhalten / Unternehmungen / Urlaub / Reisen
- Hobbys / Leidenschaften und sonstige Neigungen?
- Führerscheine oder sonstige Erlaubnisse (wann?)
- Fahrzeuge (zu Lande, Luft und Wasser)

Wirtschaftliche und finanzielle Verhältnisse

- Verdienst, Vermögen, Ersparnisse (wo, wie viel?)
- Erbschaften, zu erwartendes Erbe
- Schulden, Abzahlungsverpflichtungen, Alimente usw.
- Bankverbindungen, Konten (genau aufzählen)
- Immobilien, Wertpapiere, Aktien, sonstige Geldanlagen
- Arbeitslosengeld, Sozialhilfe (seit wann, wie viel usw.?)
- Nebeneinkünfte, Schwarzarbeit

Wehrpflicht, Militär- und Zivildienst

- Kriegsdienstverweigerer (gegebenenfalls warum?)
- Zivildienst (warum, Zeitraum, wo?)
- Freiwilliger (warum?)
- Musterung, Tauglichkeit
- Einheit, Waffengattung, Standorte
- Ausbildung (besonders an Waffen)
- Strafen / Entlassung (wann und warum?)
- Besondere Vorkommnisse
- Erreichter Dienstgrad

Beruflicher und sozialer Werdegang

- Wünsche (Traumberuf, Interessenlage, Verwirklichung)
- Lehrstellen (wann wo begonnen, abgebrochen usw.?)
- Warum keinen Beruf erlernt?
- Studium (Studienfächer, Abschlüsse, Abbrüche usw.)
- Weiterführende Kurse / Fortbildung
- Arbeitsplätze (Firmen) / berufliche Entwicklung
- Freie Berufswahl, zum Beruf gedrängt oder Notlösung?
- Verhältnis zu Arbeitskollegen / Vorgesetzten
- Konflikte wann, mit wem und warum?
- Kündigungen (wann, warum und von wem?)
- Stellenangebote (gegebenenfalls warum nicht angenommen / bekommen?)
- Derzeitige Arbeitsstelle / berufliche Situation
- Arbeitslosigkeit (Zeiträume, Gründe)
- Verdienst, Nebenbeschäftigungen, Schwarzarbeit
- Fremdsprachen (Grad der Beherrschung)
- Besondere Befähigungen / Erlaubnisse (Pilotenschein, Jagdschein, Bootsscheine usw.)

Persönlichkeit (Selbsteinschätzung)

- Charakterliche Eigenschaften
- Sexuelle Orientierung, Vorlieben, Probleme usw.
- Konsumverhalten usw.

Wichtig ist auch hier zu wissen, warum man welche Fragen stellt. Es geht also nicht darum, dieses Konzept abzuarbeiten, sondern dem jeweiligen Fall anzupassen.

Register